APUESTA POR TI

WALTER DRESEL

APUESTA POR TI

No dejes que tu vida
pase de largo

rayo|Planeta
www.harpercollins.com

Los libros de HarperCollins pueden ser adquiridos para uso educacional, comercial o promocional. Para recibir más información, diríjase a: Special Markets Department, HarperCollins Publishers, 10 East 53rd Street, New York, NY 10022.

Este libro fue publicado originalmente en Uruguay en el año 2005 por Editorial Planeta, S.A.I.C.

PRIMERA EDICIÓN RAYO, 2008

ISBN: 978-0-06-156546-5

08 09 10 11 12 ❖/RRD 10 9 8 7 6 5 4 3 2 1

A ti:

Hoy es el tiempo.

Tú eres la esencia misma de la vida.

Aférrate a tus sueños y lucha incansablemente hasta ver cumplidas tus metas.

Cree en ti; defiende tu lugar en el universo.

No te compares con los demás y traza tu propio surco.

Recuerda que hoy es el tiempo de cambiar tu actitud.

Asume el compromiso de ser un poco mejor cada día y avanza a pequeños pasos.

Al final del camino te esperan tres recompensas: el éxito, la paz interior y el bienestar.

¡Ve hacia ellas, porque tú lo mereces!

DR. WALTER DRESEL

INTRODUCCIÓN

Goza este día porque es la vida. La misma
vida de la vida. En su breve curso estarán todas las realidades y verdades de la existencia:
la dicha del crecimiento, el esplendor de la
creación, la gloria del poder. Porque ayer es
sólo un sueño y mañana sólo una visión, pero
el hoy, bien vivido, hace del ayer un sueño
de felicidad y de cada mañana una visión de
esperanza.

ANTIGUO TEXTO EN SÁNSCRITO

La vida transcurre, sí mi amigo lector o amiga lectora. Es posible que ya nos conozcamos a través de la lectura de mis libros anteriores. Si no es así, permítame de todas formas lla-
marlo amigo o amiga, con el mayor respeto, porque creo que
de esa forma vamos a entendernos mejor, con más soltura,
y podremos mantener una comunicación más fluida.

Como decía, la vida transcurre, nos detengamos a pensar en eso o no. Esto significa que cada uno de nosotros
tiene un pasado, un presente y un futuro. Para comprender
lo que quiero transmitirle en este libro tomaremos como
punto de partida el presente y desde de allí iremos delineando un proyecto personal para nuestra vida. Sin duda el pasado forma parte inseparable de nuestra realidad actual, y de
él debemos extraer las enseñanzas necesarias para no repetir
errores. Pero trataremos de evitar quedar anclados en ese pasado, que eventualmente puede haber sido fuente natural de
frustraciones y de experiencias vividas como fracasos.

Apuntaremos, pues, a un objetivo más alto, que implicará

el compromiso de realizar el máximo esfuerzo en pos de cumplir nuestro proyecto personal para sentirnos realizados en el presente y darle a nuestro futuro una cuota de la esperanza, el bienestar y la paz interior que tanto necesitamos. Esto, sin duda, exigirá un cambio de actitud de todos nosotros. Un cambio que necesariamente dependerá de haber realizado una revisión profunda de nuestros modelos y de las decisiones que hayamos tomado en el pasado para, de esa forma, detectar hasta dónde hemos saboteado nuestro propio futuro.

Como suele resultar difícil autoevaluarse, le propongo realizar juntos esa investigación, que tiene como finalidad ordenar nuestra casa interna y establecer las prioridades necesarias para llevar a cabo nuestro nuevo proyecto de vida. Partiremos de la base indiscutible de que, mas allá de los naturales obstáculos a los que la vida nos enfrenta, todos somos capaces de lograr lo que nos proponemos. Que seamos jóvenes o que tengamos más años vividos, que provengamos de un hogar acomodado económicamente o que ésa no haya sido nuestra realidad, todo eso no importa ahora. La vida es neutral y nos devolverá exactamente lo que le hayamos aportado. En este preciso momento, cuando nos disponemos a iniciar un camino diferente, deberemos determinar con claridad qué es lo que estamos dispuestos a entregar en cuanto a compromiso y certezas acerca de nuestro futuro.

Tener éxito en la vida es tratar de vivir de acuerdo con nuestras expectativas, y esto no depende exclusivamente de tener un bienestar económico, si bien es importante para satisfacer las necesidades básicas de la existencia. Buscar fuera de nuestra persona las causas de nuestros fracasos nos deja en una mejor posición para autojustificarnos, pero nos aleja de la verdad de los hechos.

No tener un rumbo fijo ni saber hacia dónde nos dirigimos

son dos de las razones básicas para ir acumulando frustraciones, porque nos llevan a trabajar en lugares que no nos gustan, a mantener vínculos que no nos agradan, y de esa manera nos hacen funcionar muy por debajo de nuestras posibilidades. La única manera de alcanzar el bienestar es planificar nuestro proyecto de vida, es tener claro adónde queremos llegar y cuáles son los caminos que deseamos recorrer.

Cada ser humano es un universo integrado y separado a la vez de la existencia de los demás. Cada uno de nosotros debe tratar de cumplir su propio sueño, pero eso no nos impide aprender de aquellos que han tenido éxito en la vida y evaluar cuáles de sus principios son aplicables a nuestra idea primaria del proyecto que queremos iniciar.

Amigo lector o amiga lectora, el tiempo es hoy, y es en este mismo instante, mientras usted sostiene este libro entre sus manos, cuando tomará la decisión de cambiar su presente y su futuro a través de la elaboración de su proyecto personal.

Ahora interrumpa por un instante la lectura y haga una lista de sus anhelos, de aquello que usted espera que la vida le otorgue, y evalúe su grado de compromiso para poder alcanzar eso que tanto desea. Con esfuerzo, claro está, pero también con la íntima convicción de que los seres humanos estamos alcanzando objetivos que eran impensables en el pasado, debemos pensar que hoy todo es posible. ¿Por qué habría usted de quedar fuera de esa legión de hombres y mujeres que se realizan en la vida?

¿Alguna vez se ha hecho esta pregunta? Ésa será una de las tareas que encararemos juntos a lo largo de este libro.

Saber con certeza lo que queremos y a lo que aspiramos debe ser el eje central de la primera parte de nuestro viaje. Establecer cuáles son los parámetros con los que cada uno de nosotros juzga el éxito nos ayudará a descubrir los caminos que debemos recorrer. Visualizarnos en el futuro, es decir, representarnos mentalmente cómo será nuestra vida una vez que alcancemos nuestros objetivos, funcionará como una poderosa motivación para avanzar.

Lo invito a iniciar este camino poniendo nuestro pensamiento en el punto cero, en el punto de partida. Sé que ahora debe estar preguntándose: «¿Qué hago con mi pasado?». Por un instante prescinda de él y pregúntese lo siguiente: «Si debiera tomar una decisión hoy, a la luz de las experiencias que he acumulado y con el conocimiento que tengo de la realidad de mi vida, ¿qué haría?». Piense y luego establezca una respuesta que sea totalmente sincera con su manera de pensar y de sentir. Recuerde que todo lo que obtenemos en la vida comienza con el análisis de la intención, de la decisión y de la acción acerca de lo que realmente deseamos. Una vez que tengamos claros los objetivos podremos dedicarnos a ellos poniendo el mayor de nuestros empeños.

Satisfacer nuestro proyecto personal es posible. Para lograrlo utilizaremos una estrategia que comenzará ubicándonos en un escenario correcto. En otras palabras, cada uno de nosotros deberá posicionarse en el lugar adecuado desde donde comenzará a delinear las características que desea darle a su proyecto vital. Una vez que percibamos claramente desde dónde hemos de partir, utilizando un pensamiento nuevo y fresco que nos permita respetar nuestros deseos y necesidades, escribiremos las bases fundamentales del nuevo esquema de vida. Finalmente asumiremos el compromiso de tomar el control de nuestra existencia para que, estableciendo prioridades, seamos capaces de alcanzar la paz y el equilibrio interiores, tan necesarios para nuestra realización como seres humanos.

Muchas gracias por aceptar este desafío que tiene como única finalidad mejorar nuestra calidad de vida. Mi idea es brindarle las herramientas para que pueda cambiar su actitud y, a partir de hoy, ver su existencia como algo agradable, como un espacio luminoso en el que se verán reflejadas todas sus expectativas y sus sueños. Atravesaremos momentos difíciles, en los que pondremos a prueba nuestra entereza. Pero tenga la certeza de que creceremos sin límites hasta conocernos en profundidad y, de esa manera, aprenderemos a descubrir nuestro verdadero potencial, poniéndolo al servicio de nuestro crecimiento personal.

Permítame que le tienda una mano para ayudarlo o ayudarla a que pueda verse tal cual usted es, sin temores y estimulando la confianza en sus propias capacidades, que son muchas y que, a través de los distintos capítulos de este libro, aprenderá a reconocer y a utilizar en su favor. Ésta es una nueva etapa en su vida. Disfrútela plenamente.

Muchas gracias también por estar dispuesto o dispuesta a volver a creer en la gran capacidad que todos tenemos para alcanzar nuestros objetivos con esfuerzo y perseverancia.

Ahora que ya nos hemos presentado, sólo resta comenzar el camino ascendente hacia la cristalización de nuestros sueños. Manos a la obra. Ha llegado el momento de empezar a visualizar el escenario en el que seremos protagonistas de la obra más importante de nuestra existencia.

PRIMERA PARTE

EL ESCENARIO CORRECTO

Decídete a ser virtuoso y comienza. Postergar
el cambio de tu conducta es como imitar la in-
genuidad del viajero que, hallando un río en
el camino, espera a que haya fluido todo, siendo que el río corre y correrá eternamente.

SÓCRATES

1

LA RESPONSABILIDAD SOBRE NUESTRO DESTINO

> Nunca trates de disuadir a quien esté avan-
> zando. No importa cuán lentamente lo haga.
>
> PLATÓN

Saber hacia dónde nos dirigimos en la vida es experimentar que tenemos el control sobre nuestras decisiones y sobre nuestras acciones. Y si bien esto puede parecer, en primera instancia, una situación ideal en lo que se refiere a hacernos cargo de la responsabilidad de nuestro bienestar, también lleva implícito un proceso de maduración acerca de cuál es el rol que nos compete en la construcción de nuestro presente y de nuestro futuro.

Asumir la responsabilidad respecto de nosotros mismos es fundamental a la hora de evaluar el juicio que nos merece nuestra propia persona y es sin duda también el reflejo fiel de que hemos recorrido un largo trayecto en el análisis de la realidad de nuestra existencia. Un análisis que nos ha hecho llegar a la conclusión de que, a partir del momento en que comenzamos a recorrer las páginas de este libro, el planteamiento y el desarrollo de un proyecto personal se impone como una estrategia que debemos seguir para que nuestra calidad de vida mejore y se transforme en el sueño que empezaremos a construir sobre un escenario acorde con nuestros más sinceros deseos y necesidades.

Habrá advertido, querido lector o querida lectora, que usted y yo vamos a recorrer este camino juntos, ambos involucrados en la concreción de nuestras más legítimas aspiraciones, esas mismas aspiraciones que quizá muchas veces se vieron postergadas por circunstancias ajenas a nuestra voluntad y que se convirtieron en verdaderos escollos difíciles de sortear. El desafío es inmenso, pero al mismo tiempo es fascinante.

Evaluar nuestras capacidades y responsabilidades será la primera estación en la que deberemos detenernos para reconocer nuestros valores y decidir adónde queremos llegar, cada uno con su propio proyecto y con la íntima convicción de que es posible y de que, una vez más, deberemos hacer un esfuerzo para triunfar sobre la adversidad, la apatía, el desinterés y el aburrimiento.

Una buena manera de ubicarnos en el escenario correcto, que no es otra cosa que la representación ampliada de nuestra propia vida, es asumir que en gran medida somos responsables de lo que sentimos y de dar satisfacción a nuestros deseos. Del mismo modo debemos ser responsables de nuestras elecciones, de nuestras decisiones y de nuestras acciones.

Al comienzo del camino, esta afirmación parece indiscutible. Sin embargo, en la vida cotidiana solemos atribuir a todo tipo de factores externos la responsabilidad de nuestras frustraciones y nuestros fracasos, sin admitir que, en última instancia, cada uno debe hacerse cargo de la forma en que jerarquiza su tiempo, de la forma en que comunica aquello que quiere decir y de la escala de valores según la cual desarrolla un determinado estilo de vida. Porque todo esto también forma parte del ámbito privado de nuestra manera de ser y de estar en el mundo.

Si cada uno de nosotros es capaz de construir un proyecto personal sobre el escenario imaginario del que estamos hablando, basado en el respeto por lo que anhela para su existencia, también nos compete la responsabilidad de diseñar un plan de acción que nos permita dar curso a aquello que fue creado por nuestro pensamiento.

Este punto es de capital importancia, pues nadie tiene por qué asumir la concreción de nuestros deseos, y queda claro que si no nos sentimos dispuestos a luchar por obtener aquello que queremos, en realidad esos deseos no pasarán de ser simples ilusiones.

La voluntad de cambio

Para que el planteamiento de un proyecto personal pueda llevarse a cabo, necesitamos estar en condiciones de responder a una pregunta que refleja nuestra voluntad de cambio y nuestra fuerza interior, para dejar de ser meros espectadores y convertirnos en agentes activos de aquello que nos sucede: ¿qué estamos dispuestos a hacer para concretar nuestro proyecto personal?

Si el proyecto es nuestro, si es la consecuencia del respeto profundo por nuestros deseos y necesidades actuales, si queremos de una vez por todas cambiar las coordenadas de nuestra vida, pues entonces deberemos comprender que cada uno es su propia fuente de luz. Las elecciones y las decisiones son personales e intransferibles, y debemos llevarlas adelante sintiendo en lo más profundo de nuestro ser que somos y seremos siempre los únicos agentes causales de nuestros éxitos y de nuestros fracasos.

Es cierto que también influye la interacción con los demás seres humanos que componen un conglomerado social y que la posibilidad de concretar exitosamente nuestro proyecto puede sufrir la interferencia de la acción involuntaria o maliciosa de otras personas. Pero hacernos cargo de llevar a buen puerto ese esfuerzo que realizamos minuto a minuto, hora a hora, día a día, nos llena de vigor, porque poco a poco vamos comprendiendo que el bienestar y la felicidad dependen del nivel de responsabilidad con que actuamos en el momento de cumplir con los objetivos que nos hemos propuesto.

Claro está que, desde este punto de vista, cuando hablamos de nivel de responsabilidad nos estamos refiriendo a las habilidades que poseemos para enfrentar adecuadamente los desafíos diarios a los que la vida nos expone. Para poder posicionarnos adecuadamente en este nuevo escenario que estamos creando en nuestro pensamiento es aconsejable que tengamos claro que el pasado, si bien forma parte inseparable de nuestra persona, no deja de ser sólo eso, un pasado capaz de desencadenar recuerdos y sentimientos de alegría o de tristeza. Lo importante es no permitirnos, bajo ningún concepto, quedar encadenados a ese pasado y que no nos deje avanzar en el propósito de alcanzar la realización de nuestro proyecto personal.

Este punto es verdaderamente relevante, porque nuestro destino va a depender en buena medida de que seamos capaces de cambiar nuestros modelos o paradigmas y que podamos utilizar un pensamiento fresco, renovado, que nos permita creer en la realidad de que somos capaces de cumplir con nuestros sueños.

Delinear a grandes rasgos las características de su proyecto personal puede hacer que usted se detenga por un momento en la lectura de este libro y que comience a pensar seria y profundamente qué curso habrá de tomar su vida a partir de hoy. Escriba y revise una y otra vez sus inclinaciones, sus tendencias, lo que realmente desea y necesita en la vida para alcanzar ese nivel de bienestar y paz interior que todos anhelamos.

A partir de todas esas ideas irá tomando forma su proyecto personal, un proyecto que no dependerá de su edad, ni de su sexo, ni de cuál sea su situación al tomar contacto con este libro. Le aseguro que todos podemos y debemos tener un proyecto que se convierta en la razón de ser de nuestra vida y por el que hemos de trabajar y luchar sin descanso hasta que experimentemos esa tan agradable sensación de haber cumplido con nosotros mismos. Sí, probablemente le suene extraño esto de cumplir con uno mismo, pues estamos muy acostumbrados a satisfacer los deseos de los demás, postergando los nuestros una y otra vez.

Sea cual sea su situación, de todos modos tenemos que empezar por algún sitio. Y en este momento es oportuno decir que me he propuesto no resolverle sus problemas porque, aunque le confieso que me sentiría muy halagado de poder hacerlo, eso sería imposible. En cambio, le propongo que encontremos juntos las herramientas que nos permitirán recuperar la esperanza, la fe en nuestras capacidades y las ganas y la alegría de vivir, pero no solamente con declaraciones verbales, sino asentadas en la construcción de un plan de vida creíble y realizable.

No parece lógico aceptar que un ser humano pueda ser responsable de su destino si no tiene metas u objetivos que conformen un proyecto personal, pues la ausencia de éste nos deja a la deriva en un mundo que cada vez exige más de nosotros. Frente a esas demandas, es imprescindible contar con un plan de acción que nos permita resolver con inteligencia nuestro presente y nuestro futuro.

El ser autónomo e independiente, tanto de pensamiento como de acción, opera como una gran ayuda a la hora de establecer ese cambio tan trascendente del cual estamos hablando. Aunque no podamos manejar todas las variables que se presentan a la hora de luchar por nuestra supervivencia con una metodología sana y adecuada, hay algunas preguntas fundamentales que usted, yo y cada uno de nosotros podemos hacernos en determinada etapa de nuestra existencia.

Después de haber hecho ese primer balance, que arrojará como resultado un diagnóstico de la situación que nos mostrará la realidad tal cual es, es el momento de responder a ciertos interrogantes que van a señalarnos el camino que deberemos tomar. Es imprescindible, en este punto, responder a dichos interrogantes sin falsear nuestra realidad, aunque no nos sea demasiado favorable. De todas, la pregunta más importante es la siguiente: ¿qué determinaciones debo tomar y qué acciones debo llevar a cabo para cambiar o superar la incómoda situación en la que me encuentro?

Ser responsable es sinónimo de tener una actitud activa frente a la vida, asumiendo las posibilidades de éxito o de fracaso en cada una de las decisiones que deberemos tomar para modificar nuestra situación. El solo hecho de tener la sensación de que estamos liderando nuestro propio proceso de crecimiento nos ayudará a desarrollar una buena tolerancia a la frustración, porque nos permitirá aceptar que en el devenir de nuestro plan de vida nos encontraremos necesariamente con dificultades que tendremos que sortear, sin perder nunca la confianza en que al final lograremos nuestros propósitos.

Una actitud activa

Volviendo al concepto de tener una actitud activa frente a la vida, sería bueno recordar que respetar nuestro propio pensamiento tiene un precio elevado, ya que es mucho más sencillo conformarse con el esfuerzo y las ideas de aquellas personas que integran nuestro entorno habitual. Pensar por uno mismo es la consecuencia natural de aceptar la realidad de aquellos sucesos que nos van aconteciendo y de asumir la responsabilidad frente al proyecto personal que estamos tratando de llevar a cabo.

Ser responsables de nuestro destino, así como ser los autores intelectuales de esta nueva empresa, implica también que debemos ser capaces de aprender de los demás, de escuchar sus opiniones y hasta de tener en cuenta las soluciones que nos sugieren para resolver nuestros problemas. Lo importante, en este caso, es utilizar todas esas herramientas para tomar nuestras propias decisiones, aquellas que cada uno de nosotros considera más atinadas para acercarnos definitivamente a la realización de nuestros sueños más deseados y para ir delineando el tipo de vida que queremos de aquí en adelante.

Pensar y elaborar un juicio crítico acerca de la manera en que estamos viviendo es una señal de madurez. También es una señal de que estamos capacitados para evaluar el curso de nuestra existencia y de que nos encontramos muy cerca de la posibilidad de cambiar nuestro presente a través del desarrollo de un proyecto distinto, un proyecto que respete, quizá por primera vez, nuestras necesidades reales, sin que esto signifique el abandono de otras responsabilidades que podamos haber asumido en el transcurso de nuestras vidas.

Considero que esta idea es de capital importancia, porque suele confundirse la autonomía y la independencia con una especie de anarquía existencial que propone romper con todo lo establecido para comenzar a idolatrarnos y considerarnos el centro del universo. De ninguna manera esto es así. Hay un abismo entre esa manera egoísta de vincularnos a los demás y el derecho que nos asiste de crear un proyecto de vida distinto, que establezca límites precisos entre nuestra realización personal y aquello que decidimos entregar a nuestros seres queridos.

Nadie debe olvidar que sin paz interior y sin equilibrio emocional se torna muy difícil entregar lo mejor de cada uno a quienes dependen de nosotros o a quienes hemos elegido para compartir nuestro destino. Solamente a través de descubrirnos tal como somos y de respetarnos en el derecho inobjetable a nuestro bienestar, encontraremos caminos luminosos que nos conducirán hacia nuestro crecimiento y desarrollo como seres humanos útiles a nosotros mismos y a nuestros semejantes.

Hay también algunos principios éticos y morales que rigen la existencia de los individuos y que se ven reflejados en la decisión de tomar el control de nuestra vida mediante una actitud activa. Cuando actuamos de manera responsable, estamos aceptando sin vacilaciones que nuestra pareja, nuestra familia o nuestros amigos no están junto a nosotros para satisfacer nuestras necesidades básicas. Porque una cosa es compartir la vida con quien amamos como pareja o con quienes queremos como amigos o amigas y otra cosa muy diferente es pensar y sentir que los demás están obligados a proporcionarnos el bienestar y la felicidad.

Proceder de esta manera en la vida no sólo nos permite afirmarnos en nuestra seguridad, sino que establece normas de respeto propio y por los demás. Claro está que si la persona tiene serios problemas de autoestima, si cree que no es lo suficientemente capaz para hacerse cargo de su propia existencia, vivirá este proceso como un abandono por parte del mundo que siempre lo sustentó.

Si usted siente que ésa es su situación, le propongo que revise su postura. De ningún modo debe pensar que no puede. Tenga en cuenta, por ejemplo, que por algún motivo usted ha tomado contacto con este libro, en el que se le está sugiriendo que establezca un proyecto propio y personal. Yo intentaré, a lo largo de los diferentes capítulos, acompañarlo y demostrarle que todos somos capaces de romper con las ataduras que nos han hecho dependientes hasta el día de hoy y que también somos capaces de sostenernos sobre nuestros propios pies, con nuestras propias fuerzas.

Sin duda, a partir de estas reflexiones, usted experimentará un cambio trascendente en su manera de ser y estar en el mundo. Un cambio que los demás reconocerán de forma inmediata, aun cuando no todos lo aprueben. El precio de ser diferentes a como hemos sido hasta hoy es el único peaje que deberemos pagar. Pero se trata apenas de una pequeña inversión si la comparamos con lo que vamos a ganar: el respeto de los demás y la incomparable sensación de que podemos hacernos cargo de nuestra supervivencia y de nuestro bienestar. Justo en ese momento estaremos en condiciones de abrirnos al mundo para compartir con alegría una nueva identidad y alcanzar la felicidad que tanto anhelamos.

Cada ser humano tiene sus tiempos, y usted no es la excepción a esta regla. Esto quiere decir que no todos tomamos conciencia de la necesidad de convertirnos en seres autónomos e independientes en el mismo momento de nuestra vida. Las distintas experiencias que vamos acumulando a lo largo de nuestro largo proceso de maduración van conformando esa individualidad que caracteriza a hombres y mujeres. Esas experiencias dividen a los seres humanos en distintos grupos de acuerdo con su urgencia por cambiar su estatus vital.

De todos estos acontecimientos y pensamientos de los cuales somos protagonistas activos, hay uno que considero el verdadero responsable de ese cambio de actitud frente a la manera en que estamos viviendo. Se trata de un pensamiento que crece a la luz de comprobar que nadie va a resolver nuestros problemas y que si no hacemos algo por nosotros mismos jamás lograremos avanzar. El sueño del milagro redentor, del milagro capaz de resolver de un día para otro toda nuestra vida, pierde cada vez más fuerza a medida que comprobamos que la realidad es muy diferente.

Si bien podemos sentirnos decepcionados y solos ante esta certeza, también es importante aceptar que esa soledad está ahí para ser utilizada en nuestro beneficio y no para ser considerada como un castigo. Como en tantas otras facetas de nuestra existencia, a veces necesitamos encontrarnos con la adversidad en toda su magnitud para sentirnos obligados a tomar caminos alternativos que nos impulsen hacia la construcción de esa nueva identidad, una identidad basada en los principios de autonomía, de independencia y de respeto por nuestra propia persona.

Hay autoengaños que pagamos muy caros: creer que sufrir indefinidamente o anhelar algo con desesperación son actitudes que harán que el milagro se produzca. Mientras tanto, no tomamos conciencia de que estamos dejando pasar etapas muy importantes de nuestra vida que no regresarán y que durante ese lapso de tiempo, a veces realmente prolongado, podríamos haber tomado decisiones que habrían tenido como consecuencia una manera diferente de experimentar nuestro mundo cotidiano.

La queja constante respecto de aquello que no hicimos no nos aporta nada constructivo. Lo que ya hemos vivido no tiene posibilidad de ser cambiado. Sufrir y angustiarnos por lo que hoy consideramos que fueron probablemente errores y decisiones equivocadas no soluciona absolutamente nada y perturba ese pensamiento nuevo, fresco y positivo que debemos tener para establecer nuestras metas y alcanzar nuestros objetivos de aquí en adelante. Por lo tanto, le sugiero que tratemos de establecer nuestros propósitos a partir de hoy, de nuestro presente.

Respetar nuestros deseos

Como seres humanos tenemos en primer lugar derecho a existir y luego tenemos derecho a establecer cómo queremos existir. Crear un plan de vida distinto para nuestro presente y nuestro futuro, un plan que nos convierta en individuos responsables de nuestro destino no puede surgir de la nada, no puede surgir de una manera de pensar y sentir nuestra existencia como algo opresivo que sólo tiene obligaciones y donde hemos ido perdiendo el derecho a pensar.

No es común encontrar personas que hayan sido educadas para saber respetar sus deseos, sus necesidades, y para elaborar su propia escala de valores. En general se nos educa en la obligación de respetar a nuestros semejantes, y esto muchas veces nos lleva a postergar nuestros anhelos indefinidamente porque el bienestar de los demás siempre está primero. Por supuesto que existen matices en las afirmaciones que estoy haciendo, pero la necesidad de complacer al otro y de evitar conflictos suele ser el objetivo de muchos procesos educativos en el nivel familiar y, lo que es tanto o más grave, en el nivel institucional.

No es necesario que entreguemos todos nuestros espacios y que no mantengamos ningún territorio propio desde donde establecer buenas relaciones interpersonales. Esta pérdida a veces imperceptible de nuestra propia identidad nos aleja cada vez más de saber cómo somos, qué pensamos y qué queremos para nuestro propio equilibrio y bienestar.

La autoafirmación no es una declaración de guerra, no tiene que disfrazarse con ropajes de agresividad, y tampoco significa que debamos atropellar a diestra y siniestra sin mirar cómo ni a quién. Se trata, en cambio, de respetar la decisión que tomamos de valernos por nosotros mismos a partir de este mismo momento, de respetarnos tal como somos y de apoyarnos en uno de los pilares fundamentales de la autoestima: considerarnos aptos para establecer vínculos sanos con las demás personas. Se acabó el tiempo de decir «sí» cuando en realidad queremos decir «no». Ya no tenemos que mostrar una persona que no somos con el único objetivo de agradar a los demás y ganarnos su estima.

¿Por qué considero tan importante la autoafirmación en la elaboración de nuestro proyecto personal? Porque lo que estampemos en el papel como reflejo de lo que sentimos y queremos tiene que ser auténtico, tiene que emerger del centro mismo de nuestro corazón; porque sólo si logramos respetar sin desviaciones nuestros verdaderos sentimientos, tendremos la fuerza y el empuje que nos augurará el éxito.

Ejercer el derecho a la autoafirmación es vivir como cada uno entiende que tiene que hacerlo, significa comunicarnos y actuar a partir de nuestras más íntimas convicciones, adaptándonos a cada una de las situaciones a las que la vida suele enfrentarnos diariamente. No siempre vamos a actuar de la misma forma, pero nuestra flexibilidad y la capacidad de adaptarnos a las diferentes situaciones estarán en función de las circunstancias, sin que esto signifique que debamos entregar nuestra integridad o que debamos perder la noción de nuestra realidad.

No siempre tendremos que hablar o actuar. Habrá oportunidades en las que nuestro silencio también será una expresión genuina de lo que consideramos adecuado para ese momento. De este modo no solamente nos iremos conociendo más profundamente, sino que además permitiremos que aquellos que nos rodean reconozcan nuevas aristas de nuestra persona, aristas que sin duda nos van a convertir en seres más respetables.

Usted estará de acuerdo conmigo en que en cada situación en la que debemos relacionarnos con otras personas siempre tenemos la posibilidad de actuar de forma auténtica, respetando lo que pensamos y sentimos. La elección es siempre nuestra. Al diseñar su proyecto personal, por favor respete lo que siente y lo que piensa. No se asuste de lo que surge de su propio ser, pues ésa es su realidad.

Un plan de acción

Veamos ahora, desde el punto de vista práctico, cómo debemos encarar la elaboración de un plan de acción. Por supuesto que cada uno puede darle su propio enfoque, ya que esto certificará su individualidad, que es en definitiva lo que pretendemos.

Decidir qué deseamos o qué queremos de la vida no resulta sencillo. Es muy probable que hasta hoy no nos hayamos tomado el tiempo necesario para confrontar nuestras ideas, ya que hemos estado ocupados en dedicarnos casi exclusivamente a cumplir con nuestras obligaciones asumidas, con mucho esmero pero sin un rumbo específico. Hay momentos en el curso de la existencia en que sentimos que tenemos una fuerza incontenible que nos va a impulsar hacia nuestros objetivos deseados y hay otros períodos donde experimentamos todo lo contrario, donde se impone una sensación de incapacidad, de desolación y de falta de motivación para encontrar nuestro verdadero camino de realización personal.

Para desarrollar un proyecto de vida debemos saber que, antes de alcanzar los resultados positivos que anhelamos, es preciso decidir qué es lo que deseamos y qué es lo que vamos a plantearnos como desafío existencial. Suele suceder que, justo cuando nos enfrentamos a la frustración que producen los sucesivos fracasos, y en el intento por alcanzar ese milagro que nos proporcione el bienestar, nos damos cuenta de que aquello que nos pasa es que en realidad nunca supimos a ciencia cierta qué era lo que realmente queríamos.

Nos esforzamos, quizá mucho más de lo necesario, en soñar con esa paz y con ese bienestar que actuará como un bálsamo para nuestras heridas, pero nunca nos formulamos una idea clara de qué significa el *equilibrio* para cada uno de nosotros. Podemos ser excelentes trabajadores, pero eso no nos convierte en seres realmente eficaces, porque nos faltan los objetivos a los que queremos llegar. Somos capaces de mover con gran destreza la pelota, pero eso no va a servirnos de nada si no sabemos dónde está la portería para poder meter el gol, sinónimo del verdadero triunfo y del éxito.

Las características que adoptará el desafío que nos estamos planteando dependen también en gran medida de nuestro estado de ánimo, de nuestro estado emocional. Si bien lo ideal sería que tuviéramos un nivel elevado de confianza en nosotros mismos y la motivación funcionando plenamente, también es necesario que no maquillemos la manera en que estamos en ese momento en el mundo.

Con las herramientas que tiene, aunque sean escasas, yo le sugiero que vuelva a creer en usted, en su capacidad, en su inteligencia y en los sentimientos que alberga, pues esos instrumentos lo guiarán genuinamente por el camino de su reconstrucción personal, si es necesario, o lo ayudarán a continuar ascendiendo por la escalera de las realizaciones, si es que usted ya ha iniciado ese trayecto sin retorno.

A menudo sucede que a lo largo de la vida vamos acumulando situaciones que no nos convencen, metas que no se cumplen y objetivos que no están claros. También puede suceder que no tengamos definidas cuáles son nuestras necesidades reales, porque ni siquiera nos hayamos autorizado a desear algo de nuestro paso por la vida.

Esto nos pasa una y otra vez, año tras año, hasta que un día nos damos cuenta de que, si queremos que nuestra realidad sea otra, lo que realmente tenemos que hacer es cambiarnos a nosotros mismos. Sin proponérnoslo, un día comprendemos que si no nos sentimos bien con lo que vivimos, que si lo que la vida nos devuelve no es satisfactorio para nuestros intereses, y podríamos seguir enumerando una serie de hechos adversos a nuestra manera de estar en este mundo, somos nosotros los que tenemos que hacer algo al respecto. A partir de ese momento clave comenzará una búsqueda incansable para encontrar respuestas a los interrogantes que nos planteamos cuando observamos que hay personas iguales a nosotros que obtienen resultados mucho más concretos que los nuestros y que disfrutan de una calidad de vida también diferente de la que nos ha tocado a nosotros.

Ahora piense, o mejor, pensemos juntos: ¿qué sucede?, ¿acaso esos individuos que disfrutan plenamente de su existencia porque se sienten realizados con lo que esperaban de la vida tienen un cerebro distinto al suyo o al mío?, ¿acaso su organismo posee una constitución anatómica y fisiológica distinta que los hace funcionar mejor? Desde ahora mismo le advierto que no. Más allá de las diferencias en nuestro coeficiente intelectual, o mejor, en nuestra inteligencia emocional, que sí determina algunas ventajas o desventajas, los seres humanos estamos constituidos de una manera similar.

Lo que sucede es que nunca podremos conseguir resultados satisfactorios si no somos capaces de reconocer nuestras propias metas y nuestros más anhelados objetivos. ¿Cómo podemos esperar conseguir grandes cosas a lo largo de nuestra vida si ni siquiera sabemos que existen?

Por eso le reitero una y otra vez, amigo lector o lectora, que el paso imprescindible y prioritario es establecer con claridad qué es lo que deseamos que la vida nos devuelva.

Imaginar cómo sería nuestra vida si alcanzáramos aquello que deseamos opera como un estímulo formidable para conseguir nuestros propósitos. Esta visualización de nuestra realidad es lo que unifica la experiencia de todos aquellos seres humanos exitosos en sus proyectos. Todos tuvieron una visión clara de lo que debería ser su existencia y cuáles eran sus aspiraciones personales. Y una vez más le digo que ese sueño de cómo tendría que ser nuestra vida de aquí en adelante se convertirá en un poderoso agente de motivación para alcanzar nuestras metas.

Por supuesto que la sola declaración de principios, o el hecho de ser capaces de visualizarnos en un futuro en el que nos sentiremos representados por lo que estaremos viviendo, no es suficiente para que el cambio y la instrumentación de nuestro proyecto personal se cumplan y funcionen. Si bien ya todos hemos vivido una parte de nuestra vida, algunos más y otros menos, es el momento de revisar el concepto de responsabilidad sobre nuestro destino, y es hora, además, de encontrar una definición adecuada para nuestra idea de éxito en la vida.

Todos tenemos una noción clara de cómo ha sido nuestra existencia hasta el día de hoy. A partir de ese reconocimiento tendremos un sentimiento de bienestar o malestar que dependerá del balance existencial que hayamos hecho hasta el presente. Para volvernos responsables de nuestro destino tenemos que hacer el esfuerzo de borrar transitoriamente nuestros pensamientos respecto del pasado y permitirnos partir de cero.

Cabe aclarar que en realidad no partimos de un cero absoluto, pues toda la experiencia acumulada a través del tiempo nos ayudará a tomar decisiones basadas en lo que ya conocemos y nos evitará repetir errores similares como los que pudimos haber cometido en el pasado. Por una vez, para poner en funcionamiento toda esa fuerza interior que usted posee y que le permitirá tener un comienzo sin retornos, pregúntese con total honestidad qué es lo que quiere para su vida y qué es lo que haría para cumplirlo.

En este momento usted no debe pensar si será o no capaz de alcanzar sus sueños. La realización de cualquier sueño de un hombre o de una mujer comienza con el simple acto de decidir qué es lo que quiere y necesita. Luego vendrá el tiempo de poner en práctica estrategias y de dedicarse por entero a alcanzar sus anhelos.

En períodos difíciles o de crisis personales y en un mundo altamente conflictivo, puede parecer que lo que más necesitamos es resolver nuestra situación económica. Es habitual pensar que una vez que ésta se encuentre nivelada el resto de problemas se solucionarán como por arte de magia. Sin embargo, las cosas no suceden de esta forma. Es necesario establecer un enfoque totalmente diferente, en el que predominen aquellos elementos que son de capital importancia para sentirnos verdaderamente realizados y en los que, por supuesto, el factor económico tendrá su lugar, pero sólo el lugar que se merece.

Cuidar nuestra salud física y emocional

El primer paso que deberemos dar para alcanzar nuestros objetivos es intentar descubrir cuál es nuestra misión en la vida, hecho que va íntimamente ligado a fijarnos las metas y los objetivos que conforman nuestro proyecto de vida personal. Generalmente nos olvidamos de nuestra salud, que es una herramienta fundamental para el logro de cualquier sueño. Tener responsabilidad sobre nuestro destino es también ser responsables en el cuidado de nuestra salud. La forma de lograrlo es realizar los controles necesarios para saber cuál es el estado de nuestro «cuerpo físico».

Algo más difícil, en cambio, es mantener el control sobre nuestro «cuerpo emocional», que suele verse constantemente sacudido por las circunstancias que vivimos diariamente. Sin embargo, alcanzar el equilibrio y nuestra paz interior debe ser también un objetivo impostergable, para el que deberemos invertir nuestros mayores esfuerzos. Esa paz interior será el reflejo del estado de satisfacción que experimentamos respecto de lo que nos está sucediendo. Se torna extremadamente difícil tener éxito como persona si no desarrollamos al mismo tiempo un sentimiento de equilibrio y de paz mental.

Siguiendo con este razonamiento, la comprobación cotidiana de que carecemos de esa paz mental nos estaría certificando que vivimos intentando cumplir con nuestros roles, pero que estamos muy lejos de un proyecto real, bien establecido, que nos permita alcanzar esos objetivos básicos aunque absolutamente necesarios: nuestra salud física y emocional. El alto consumo de psicofármacos para controlar nuestra ansiedad o nuestra tendencia a la depresión es una dura evidencia de la incapacidad que hombres y mujeres hemos tenido hasta el día de hoy para manejar nuestros problemas con soluciones que reflejen un cierto respeto por nuestra propia persona. Claro está que, para cada uno de nosotros, nuestros problemas son importantes. Quizá incluso pensemos que no existe otra forma de resolverlos que la que estamos intentando. Permítame decirle, con todo respeto, que todo problema que podamos tener siempre admite más de una solución. Es posible que por estar involucrados, nuestra visión sea muy estrecha. Yo lo sé porque a mí también me sucede lo mismo; no es fácil admitirlo, pero si lo logramos, estaremos abriendo una puerta muy grande que nos permitirá acceder a la solución definitiva del conflicto o de los conflictos que podamos estar atravesando.

Regular las relaciones interpersonales

El segundo paso es la regulación de nuestras relaciones afectivas. Cuando me refiero a las relaciones afectivas, estoy pensando en las relaciones interpersonales, que son el termómetro con el que podemos medir la temperatura de los vínculos que establecemos con el mundo. Un primer plano sin duda lo ocupan las relaciones amorosas y, entre ellas, la relación familiar, que es prioritaria en tanto apoyo u obstáculo para el logro de nuestros sueños.

Pero además de las relaciones amorosas y de las relaciones familiares, nuestra capacidad o incapacidad para relacionarnos con el resto de las personas también desempeña un papel determinante a la hora de concretar nuestro proyecto. Porque aunque el proyecto sea nuestro y tenga el empuje y el toque personal que lo definen, no estamos solos en la vida y seguramente nos llevará a vincularnos a muchas otras personas que irán apareciendo conforme vayamos cumpliendo con las diferentes etapas del itinerario.

La interacción social nos obliga a relacionarnos con muchas personas, que serán parecidas o diametralmente opuestas a nosotros, pero esto no debe ser un obstáculo, sino que debemos ser capaces de adaptarnos a las distintas modalidades. Lograr una armonía en nuestros vínculos creará el clima adecuado para la realización personal, laboral y para todo proyecto que deseemos iniciar y culminar exitosamente.

Los mayores problemas de la vida son problemas que giran alrededor de cada ser humano, con sus virtudes y con sus defectos. Las grandes guerras y los grandes enfrentamientos entre los pueblos justamente se generan por este tipo de problemas e incompatibilidades entre los hombres, y suelen ser problemas que terminan deteriorando nuestra salud física y emocional hasta llevarnos a tomar decisiones que trabajan en favor de nuestra propia destrucción.

Por eso es tan importante seleccionar un entorno humano adecuado para que podamos cumplir con nuestros propósitos. Pero como esto generalmente no es sencillo de obtener, debemos tener claro que aun con un entorno que no sea del todo favorable es necesario seguir adelante y no buscar excusas que nos justifiquen por habernos quedado en la mitad del camino.

Explicar lo que sentimos y lo que queremos puede ser un proceso lento, y los demás no tienen por qué estar en nuestra misma sintonía. Pero se trata de un proceso imprescindible, ya que por una vez necesitamos jerarquizar nuestros deseos y nuestras necesidades y no actuar siempre en favor de lo que los demás requieren para sentirse felices y contentos. No crea, sin embargo, que esto es egoísmo. Por el contrario, se trata de respetarnos a nosotros mismos teniendo en cuenta que nuestro bienestar y nuestra felicidad nos permitirán brindar lo mejor de nuestra persona a aquellos que nos rodean.

Establecer nuestros objetivos

El tercer paso será determinar de forma real y sincera lo que queremos lograr. A lo largo de los años, muchas personas han respondido a esta pregunta diciéndome que no lo saben, que no lo sienten, que no son capaces de decidirse por una inclinación o una vocación concreta.

Tomar un café con uno mismo y establecer un diálogo interno se impone aquí como primera medida, pues se trata de una pregunta que no puede ser respondida por ninguna otra persona más que por nosotros mismos. No se inquiete, no intente encontrar una respuesta mágica hoy o mañana. Tómese su tiempo y piense, medite, visualice su futuro. Pero atención: el pensamiento y los sentimientos deben ser genuinos, propios. Se trata de determinar qué queremos y necesitamos. No hay que mirar a los lados, ni mirar hacia adelante o hacia atrás, no hay que imitar o copiar a los otros, sino encontrarnos con nuestra verdadera misión en la vida. Dada la trascendencia del descubrimiento que tenemos por delante, es importante dedicarle a esta reflexión todo el tiempo que sea necesario.

Tengamos en cuenta, además, que este encuentro con uno mismo no tiene tiempo ni edad y que es imprescindible para impulsarnos a construir nuestros sueños. No tiene importancia que cada uno de nosotros se encuentre en una etapa diferente de la vida, ya que si usted está leyendo este libro es porque, independientemente de lo que haya vivido, a partir de ahora pretende generar un nuevo proyecto personal.

Tenga la certeza de que, como consecuencia de ese fructífero diálogo que ha comenzado a entablar con usted mismo, aparecerán en su mente pensamientos y sentimientos hasta ahora ignorados, y que esos pensamientos lo ayudarán a crear un escenario donde usted, como un fino artesano, diseñará su nueva identidad.

Como consecuencia de ese diálogo aparecerán también quizá uno, dos, tres o más sueños. En el momento en que esos sueños se presenten debemos escribirlos y numerarlos, no por orden de importancia sino por orden de aparición. Esto nos permitirá evaluarlos a todos con el mismo rasero hasta que podamos conformar un proyecto creíble ante nuestros propios ojos y posible de ser realizado con nuestras propias fuerzas.

Una agradable sensación de seguridad invadirá nuestro cuerpo y nuestra mente al sentir que estamos comenzando a ser protagonistas de nuestro propio presente y de nuestro futuro, cumpliendo con la responsabilidad de crear nuestro destino y siendo los agentes activos de aquellas cosas que nos han de pasar de aquí en adelante. Quizá no seamos capaces de apreciar de forma inmediata la diferencia abismal que existe entre continuar siendo seres pasivos, aquellos a los cuales las cosas les suceden, y convertirnos en seres con una conducta *proactiva*, que nos impulsa a ser responsables de nuestros actos y por ende de sus resultados.

El camino correcto

Notará usted, amigo lector o amiga lectora, que no he elaborado ninguna lista de posibles inclinaciones que desarrollar, pues creo firmemente que ése debe ser su hallazgo personal. Aquí encontrará usted las herramientas para activar su propia mente y para finalmente tomar contacto con lo que siente que deben ser su presente y su futuro. Desde aquí, lo único que yo tengo que decir es que, más allá de las experiencias que pueda haber vivido como fracasos y de las adversidades que puedan haberse atravesado en su camino, es posible alcanzar los sueños.

Podemos caer en innumerables ocasiones, pero también es cierto que mientras tengamos la certeza de que podremos encontrar en nuestro interior la fortaleza necesaria para levantarnos una y otra vez, sólo nosotros estableceremos nuestros propios límites. Esta certeza nos dará además autonomía, independencia y convicción en nuestras decisiones. Sentir que dominamos nuestra vida y no que la vida nos domina a nosotros es dar un paso adelante que nos aporta la seguridad de que nos encontramos en el buen camino.

La elección de los caminos dependerá de nuestras capacidades y también de lo que el medio nos ofrece. Pero cuidado con abandonar antes de haber empezado, cuidado con creer en ciertas ideas negativas que circulan como que ya todo ha sido creado o que existen personas mucho más inteligentes que nosotros que han fracasado. Las experiencias de vida son absolutamente personales e intransferibles, por lo tanto, lo que haya pasado con los demás puede servirnos de advertencia, pero de ninguna manera debe llevarnos a desechar decisiones que hemos meditado cuidadosamente.

Lo importante es tratar siempre de utilizar al máximo nuestras capacidades para sortear cada dificultad. No olvidemos que la actitud que cada persona adopta ante los desafíos también clasifica a los seres humanos. Es fundamental decidir si queremos pertenecer al grupo de los que desaparecen ante la primera adversidad o si queremos encontrarnos entre aquellos que asimilan los golpes y no decaen en su intento por alcanzar la meta. Si usted cree que pertenece al primer grupo, le aseguro que hay lugares disponibles en el segundo grupo y que será muy bienvenido. Lo importante es asumir ese proyecto personal con alegría y con la convicción de que, a pesar de que tendremos que lidiar con todo tipo de dificultades, finalmente nos encontraremos con el éxito: vivir de acuerdo con nuestras expectativas.

También me adelanto y le advierto que es posible que encuentre más de una misión que realizar en su proyecto. Esto, sin embargo, no es una complicación, sino que va a enriquecerlo más profundamente, pues descubrirá que cada uno de nosotros es el único que pone un techo a sus sueños.

Cuando podamos advertir que los límites no están previamente delineados ya que la expansión de nuestra conciencia los ha borrado definitivamente, entonces tendremos la certeza de que nos encontramos en el lugar correcto. Por eso es tan importante definir, antes que nada, el escenario donde protagonizaremos la obra más importante de nuestra vida, una obra que siempre se mantendrá en cartel, pues está basada en un guión escrito por nosotros mismos, que podremos modificar tantas veces como se nos ocurra y que culminará en el diseño de nuestro proyecto personal.

La realización personal

El cuarto paso se refiere a lograr nuestra realización personal. Es un sentimiento al que llegamos cuando tomamos conciencia de que gracias a nuestro esfuerzo estamos obteniendo aquello que nos habíamos propuesto como meta o como proyecto. Ese sentimiento de autorrealización está en consonancia con la autonomía y con la independencia, y se encuentra íntimamente ligado a que podamos hacernos cargo de los desafíos básicos de la existencia, aspirando, desde luego, a crecer también desde el punto de vista económico, hasta ver cumplido la totalidad de nuestro proyecto personal.

El equilibrio, la paz interior y la sensación de plenitud existencial se logran cuando percibimos que somos capaces de realizarnos en los distintos aspectos que hacen a un ser humano. Una vez que hayamos alcanzado ese estado nos encontraremos en la mejor situación para ayudar a que los demás también cumplan con su propio sueño, aquel que emerge de lo más profundo de su ser.

Todo parte de la necesidad intrínseca de cada persona de comenzar una búsqueda de su verdad, a la luz de los resultados que la vida le ofrece por sus esfuerzos. Cuando llegamos a la conclusión de que las cosas no pasan en la vida porque sí, y de que es necesario actuar y hacerlo con convicción para que nuestros objetivos se cumplan, entonces comprobamos que la existencia es una suma de situaciones que debemos enfrentar y sortear con la máxima habilidad posible.

Un proyecto de vida se construye de la misma forma que un arquitecto o un constructor erigen una casa o un edificio. Hay un proyecto que indica las coordenadas principales, un orden de actividades que se debe cumplir y un plano que señala que debemos responder a determinados interrogantes que se nos irán planteando y que son el camino hacia el encuentro con nuestra verdad, la única verdad válida e intransferible.

Entonces, deberemos ser fieles a lo que pueda surgir del diálogo interno, de aquellas voces interiores que nos indican lo que es bueno para nosotros y lo que no lo es. No debe importarnos lo que digan los demás. Lo único importante es esa intuición, esa sensación tan difícil de explicar y que se siente como una fuerza avasalladora que nos indica cuál es el camino que debemos seguir.

Respetar cada vez más nuestras decisiones nos pondrá a la par de aquellas personas que tienen gran confianza en sí mismas y a las que la vida les ha demostrado que estaban en lo cierto.

Sé que usted ahora debe estar pensando: «¿Y si me equivoco?». Déjeme decirle que siempre es mejor equivocarse a partir de una decisión tomada por uno mismo que errar el camino por haber estado atento a lo que los otros consideraban como el rumbo más viable de acuerdo con sus posibilidades.

Cada artesano cuenta con un determinado tipo de herramientas y con ellas realiza su trabajo. Pensemos en nosotros como en un artesano más: con las herramientas que cada uno de nosotros tiene, vamos a hacer el intento de construir nuestro proyecto personal. No mire a los demás, porque aquel que supuestamente tiene una herramienta más moderna que la suya no posee la garantía de que va a alcanzar antes su objetivo final.

Cada uno es como es. Usted y yo somos tal cual nos conocemos y no podemos esperar a ser personas diferentes para juntar la motivación, el coraje y la valentía necesarios para salir al mundo a decir con toda nuestra fuerza: «¡Aquí está mi idea del mundo y de la vida!». Lo importante es pensar que a partir de este momento todos los esfuerzos están destinados a conseguir nuestros objetivos. Para lograrlo, debemos tener la convicción de que sí podemos, de que sí somos capaces y de que, como tantos otros seres humanos ya lo han hecho, estamos habilitados para ser responsables de nuestro destino.

Es aconsejable que adoptemos una determinada metodología para el abordaje de los problemas que inevitablemente se nos han de presentar y que es nuestra obligación sortear con éxito. Ningún método es mejor que otro, pero no es posible saber adónde queremos llegar si previamente no trazamos un itinerario.

En todas las disciplinas del vasto mundo de los hombres y de las mujeres ya ha habido otras personas que han logrado muchas cosas en sus vidas. Reflejarnos en los elementos comunes de aquellas personas que nosotros consideramos como exitosas, porque han logrado vivir de acuerdo con sus expectativas, nos enriquecerá sobremanera y nos permitirá aumentar el bagaje de conocimientos que nos facilitarán la tarea.

Todo objetivo, todo proyecto, toda meta, requerirá de nosotros algo que se denomina «compromiso». Compromiso es el precio que debemos estar dispuestos a pagar para alcanzar aquello que soñamos. Generalmente el valor no se tasa en dinero. El precio es abrir nuestra mente para aprender, para incorporar información y para aplicar con una actitud de crecimiento y de desarrollo personal el método que hayamos elegido.

Amigo lector, amiga lectora, hemos diseñado juntos el escenario correcto. Hemos distribuido los papeles de cada uno de los actores de esta historia que apenas se inicia y que nos tiene como protagonistas a nosotros, seres humanos deseosos de cambiar el rumbo de nuestra existencia a partir de cierto orden, de la elaboración de un proyecto creíble para nosotros mismos y para el mundo, con el orgullo que surge del reconocimiento de nuestro esfuerzo personal.

Nos deseo éxito en el abordaje de esta tarea que, sin duda, enaltecerá nuestra condición humana y nos habilitará como individuos con las credenciales suficientes como para asumir la responsabilidad de nuestro destino. Asumir esa responsabilidad será un signo de madurez, un signo de evolución positiva en nuestra vida y nos pondrá a la altura de aquellos seres humanos que son protagonistas de su propia historia.

Debemos saber que encontrarnos al mando de nuestra existencia nos otorgará seguridad, aplomo y credibilidad ante los demás. A partir de ahora, y gracias a nuestra propia experiencia, a corto y medio plazo podremos convertirnos en un modelo que les indicará el camino que se debe seguir a nuestros seres queridos.

Ahora quiero reiterarle la invitación a participar de esta empresa imaginaria que nos llevará, a todos los que estemos verdaderamente involucrados, a descubrir dimensiones hasta hoy desconocidas para nosotros, y a que tanto usted como yo, como todos los que tengan la oportunidad de sostener este libro entre sus manos, seamos capaces de crecer y desarrollarnos hasta alcanzar la cima. A través del esfuerzo y del trabajo, y gracias al método que decidamos aplicar, lograremos que nuestro proyecto de vida se convierta en una hermosa realidad.

Gracias por aceptar este desafío. Le aseguro que no se arrepentirá.

2

EL PODER DEL PENSAMIENTO

> Cuando estás inspirado por un alto propósito,
> un extraordinario proyecto, tus pensamientos
> sobrepasan todos los obstáculos: tu mente
> trasciende sus limitaciones, tu conciencia se
> expande en todas direcciones y te encuentras
> en un nuevo, grandioso y maravilloso mundo.
> Despiertan tus fuerzas, facultades y talentos
> dormidos y descubres que eres una persona
> mejor de lo que nunca habías soñado ser.
>
> PANTJALI

La forma en que nos evaluamos a lo largo de las distintas etapas de nuestra vida incide enormemente en los resultados que obtenemos en todo aquello que emprendemos como consecuencia de la elaboración de nuestro proyecto personal.

En ese sentido, el poder del pensamiento inclina los resultados a nuestro favor o en nuestra contra. La confianza en nosotros mismos está constantemente en juego en cada una de las decisiones que debemos tomar para superar con éxito las diferentes situaciones en las que nos vemos involucrados en la vida.

Nuestra mente funciona como una gran central procesadora de información. Recibe una enorme cantidad de datos y cumple con un ciclo que comienza con la captación de esa información, continúa con su clasificación y luego la archiva para culminar en una de las etapas más importantes: la recuperación de aquello que hemos guardado celosamente en las celdas de la memoria. No parece muy difícil admitir que su funcionamiento es similar al de cualquier ordenador personal, como los que habitualmente utilizamos para simplificar nuestras tareas.

Sin embargo, nuestra mente actúa en más de una dimensión y hace que la información que recibimos de forma constante influya inevitablemente en nuestros pensamientos. Las dos dimensiones más estudiadas hoy por los científicos son la mente consciente y la mente subconsciente.

La mente consciente recibe los datos cotidianos, aquellos datos que surgen como resultado de la interacción social e individual que establecemos con las personas que nos rodean en la rutina diaria. Lo que experimentamos, lo que apreciamos a través de nuestros sentidos, incide directamente en nuestra forma de ser y de reaccionar frente a la vida. Pero más allá de la influencia natural que cada uno recibe del medio ambiente en el que se mueve, también somos seres únicos y singulares capaces de elaborar nuestros propios pensamientos.

¿Qué es un pensamiento? Un pensamiento es el diseño que elabora nuestra mente acerca de un determinado tema. Ese diseño adopta la forma de imágenes o de esquemas que pueden guardar estrecha relación con aquello que los motivó. Pero habitualmente los pensamientos se encadenan unos con otros y nos llevan, sin que podamos advertirlo ni resistirnos, a situaciones muchas veces adversas a nuestros intereses. Los pensamientos ayudan a la formación de sentimientos que pueden ser positivos y estimulantes o negativos y decepcionantes.

A pesar de lo intrincado que puede resultar este tema, podemos ir viendo cómo los pensamientos y los sentimientos finalmente desembocan en acciones a las que no podemos ofrecer resistencia.

A modo de ejemplo: si al final de una jornada habitual de

trabajo consideramos que hemos cumplido con nuestros objetivos, es muy probable que nuestra mente elabore pensamientos de entusiasmo. Los sentimientos que emergerán como consecuencia de estos pensamientos serán positivos y nos darán una apariencia sonriente y de armonía con nuestro entorno. En cambio, la ira, el resentimiento y la frustración generarán pensamientos y sentimientos diametralmente opuestos a los anteriores y nos darán un semblante serio, adusto, que cualquier persona que se nos acerque podrá advertir sin dificultad y que le dará el mensaje de que no estamos de humor para compartir nada. Como conclusión, podemos decir que los pensamientos y los sentimientos se traducen en nuestra manera de ser y estar en el mundo.

Es cierto, estoy de acuerdo con usted, en que esto es bastante complicado, pero por eso se lo transmito. No cabe duda de que no se logra comprender estos procedimientos y relaciones porque hay un elevado número de personas, tanto hombres como mujeres, que sienten que no tienen ningún control sobre sus vidas.

La mayoría de los individuos trabajan en áreas que no son de su agrado, en ambientes que detestan y con personas con las que jamás se relacionarían de forma voluntaria. Un medio negativo y poco estimulante puede llevarles a pensar que podría irles mucho mejor en la vida de lo que les va, y éste es un pensamiento que desencadena en nuestro interior una verdadera revolución, pero se trata de una revolución que no se traduce en una acción contundente capaz de establecer un cambio definitivo y de crecimiento personal. Tenemos que convertir esta impotencia frente a una realidad que nos asfixia en la gran oportunidad para cambiar el curso de nuestra existencia a través del diseño de un nuevo proyecto de vida.

Asumir el control de nuestros actos, ser los agentes responsables de aquellas cosas que nos suceden, dirigir nuestro presente y nuestro futuro inmediato y a medio plazo, nos darán la certeza de que estamos recorriendo el buen camino, aquel que nos llevará a la autonomía y a la independencia a través del gobierno de los fenómenos internos y externos que afectan a nuestra vida. De esta manera podremos ordenar nuestros pensamientos para que siempre estén dirigidos a sustentar ese gran potencial de cambio que todos tenemos.

Apuesta por ti comienza en el mismo momento en que tomamos conciencia de que los sucesos que conforman nuestra vida por alguna razón nos son adversos. La pregunta que entonces debemos hacernos es la siguiente: «¿Cuáles son las alternativas que tengo para que mi situación mejore?». Si la respuesta que encontramos a esta pregunta constituye una vía real y confiable para nuestra recuperación sólo nos queda tomar las decisiones necesarias y pasar a la acción. En cambio, si tras evaluar nuestra situación advertimos que no existen alternativas factibles y honorables que constituyan una salida, nuestro objetivo será no complicarnos la vida con cosas que se encuentran fuera de nuestro control.

Es muy probable que este planteamiento le resulte demasiado esquemático o difícil de aceptar, pero debo decirle que refleja la cruda realidad. No tiene ningún sentido que nos atormentemos con situaciones que se encuentran fuera de lo que podríamos llamar nuestro <círculo de acción inmediata», es decir, aquellas áreas en las que con nuestra actitud podríamos influir para cambiar la realidad. Cuando comprobamos que a pesar de nuestros esfuerzos la realidad sigue siendo la misma, debemos orientar nuestros pensamientos en otra dirección.

Así como la vida no es fácil, tampoco es sencillo asimilar estos conceptos. Lo importante es tener claros nuestros objetivos, porque de esa forma estaremos en condiciones de limpiar la maleza del bosque y aprenderemos a resolver nuestros problemas con mayor rapidez. También aprenderemos a no sufrir en vano y a recuperarnos más rápidamente de las contrariedades del pasado.

La importancia de los buenos recuerdos

La necesidad de elaborar un nuevo proyecto personal puede surgir en determinado momento de nuestra vida como fruto de un análisis profundo de la etapa en la que nos encontramos, o puede ser la consecuencia de sentir que hemos seguido caminos equivocados y que se hace imprescindible enmendar nuestro presente y nuestro futuro.

Cada uno de nosotros tiene que ser capaz de rescatar de su historia personal cosas buenas y cosas muy buenas que nos hayan sucedido, porque en los momentos críticos esos buenos recuerdos tienen que servirnos como sostén para ayudarnos a formular una pregunta fundamental: ¿qué tenemos que hacer para cambiar nuestra realidad?

Recordar los episodios positivos que han marcado nuestra historia personal, nos ayudará a no vernos envueltos en la niebla del fracaso y de la frustración por no haber podido lograr nuestros objetivos. La necesidad de preguntarnos qué debemos hacer de ahora en adelante, nos recordará que la responsabilidad de nuestro bienestar es siempre nuestra e intransferible, y nos obligará a tomar una actitud activa y práctica al respecto.

Vamos comprendiendo, querido lector, querida lectora, la gran importancia que tienen nuestros pensamientos, o mejor dicho, el sentido de nuestros pensamientos a la hora de concentrarnos en la elaboración de ese sueño posible y en la concreción del nuevo proyecto vital.

Los pensamientos positivos son de gran importancia, en especial si están basados en la realidad de nuestras capacidades y en la fe en el potencial que cada uno de nosotros alberga, aun cuando todavía no hayamos logrado desarrollarlos en toda su dimensión.

Pero cuidado, porque de nada sirve engañarnos y generar un falso orgullo que nos haga sentir omnipotentes y caer en el error de que podemos hacerlo todo solos y que nunca vamos a equivocarnos. De ningún modo éste es el mensaje que pretendo dar. Por el contrario, el verdadero poder del pensamiento depende de que lo apreciemos en su capacidad real, de que alimentemos la certeza de que todos los seres humanos tenemos que crecer apelando a la generosidad de nuestra mente para crear el escenario adecuado que nos permita alcanzar la madurez y el sentido de la responsabilidad sobre nuestro destino.

Nuestros pensamientos pueden acercarnos o pueden alejarnos de la importancia de asumir nuestra responsabilidad para alcanzar el bienestar, el equilibrio y la paz interior. Mientras no podamos ponernos de acuerdo con nosotros mismos para asumir el compromiso que nos permita comprender el poder liberador que tiene alcanzar la autonomía y la independencia a través de la realización de un proyecto personal de vida, seguiremos intentando avanzar en las tinieblas y, de esa manera, construiremos un futuro incierto y sin expectativas.

Me extiendo en este concepto porque es esencial orientarnos hacia la realización de nuestro nuevo proyecto. Si hacemos de esta actividad una práctica cotidiana, poco a poco nos irá embargando la agradable sensación de que somos los únicos propietarios de nuestra vida y de que sólo nosotros somos responsables, a través de nuestras elecciones y de nuestras decisiones, de cómo nos ubicaremos en el nuevo escenario, en nuestra nueva manera de ser y estar en el mundo.

Trabajar de manera intensa en la elaboración del itinerario que hemos de recorrer implica necesariamente utilizar nuestra capacidad de pensamiento. Pero esto no nos obliga a aislarnos del contexto social donde desarrollamos nuestra vida. Debemos tener clara esta idea, en especial cuando seamos cuestionados porque supuestamente nos estamos ocupando sólo de nuestro destino y estamos ubicando en segundo lugar las obligaciones contraídas en el libre ejercicio de nuestra madurez.

El principal argumento y soporte de este esquema de vida que estamos tratando de definir es que el bienestar y la felicidad de cada uno de nosotros es patrimonio intransferible de cada hombre o de cada mujer. Ejercer el derecho a elaborar un flamante plan de vida pasa por respetar estrictamente aquello que hoy pensamos y sentimos como viable para nuestro equilibrio interior.

Reconocer nuestras necesidades

El contexto social en el que nos desenvolvemos en la actualidad nos exige constantemente asumir los desafíos a los que la vida diaria nos expone y espera de nosotros respuestas claras y eficaces, que nos permitan ejercer el derecho a disfrutar de nuestro bienestar basándonos sólo en aquellas decisiones y acciones que sean correctas y que no lesionen los intereses de los demás.

Esto nos obliga a ser prudentes, a no invadir territorios ajenos, pero también nos habilita para ejercer el derecho a pensar, el derecho a sentir y el derecho a llevar a la práctica ese proyecto personal que colmará nuestras expectativas. Pero de cada uno de nosotros dependerá después que esos sueños se vean compensados por una realidad acorde a nuestras necesidades.

Si intentamos profundizar un poco más en el concepto de la responsabilidad individual, veremos que no sólo podemos interpretarla como el hacernos cargo de nuestro pasado, nuestro presente y nuestro futuro, sino también como el derecho y la obligación que tenemos de no asumir cargas pesadas que no nos corresponden, pues probablemente nunca debimos aceptar que fueran depositadas sobre nuestros hombros. Muchas veces sucede que, en el afán de agradar o complacer a quienes nos rodean, nos olvidamos de respetar nuestros derechos y nuestros intereses, y no tenemos en cuenta que al asumir responsabilidades que son de otros, nos estamos faltando al respeto a nosotros mismos.

Saber dónde se encuentran nuestros límites y los límites de nuestra responsabilidad es imprescindible para establecer con claridad hasta dónde debemos llegar nosotros y dónde se ubica la frontera que establece el lugar en el que comienzan y acaban los derechos y los deberes de los demás. Para que podamos crear un proyecto sustentable, tenemos que saber qué se encuentra dentro del marco de nuestras posibilidades y qué está fuera. De la misma manera, deberemos resaltar lo que es responsabilidad nuestra y lo que no lo es.

Si a través de este análisis usted llega a entender sin influencias externas lo que significa ser autónomo e independiente, relacionando directamente estos conceptos con el diseño de su proyecto de vida, estará de acuerdo conmigo en que este criterio que estamos manejando es básico para interactuar luego con los demás seres humanos que conforman el vasto conglomerado social del que formamos parte.

La autonomía, la independencia y la responsabilidad individual son herramientas que de ninguna manera podemos desconocer, ya que resultan fundamentales para alcanzar nuestro equilibrio emocional. Nuestra manera de pensar debe ser el reflejo de lo que somos y debe permitirnos, al mismo tiempo, ejercer el derecho a incorporar o a desechar los valores y los principios que sostienen otras personas. Esto nos dará la saludable sensación de que sabemos vivir de acuerdo con nuestros códigos éticos y morales, y que debemos defenderlos sustentándonos en la convicción de que representan fielmente lo que queremos y lo que sentimos.

El poder que nos da un pensamiento autónomo e independiente se relaciona directamente con ser los agentes causales de aquello que deseamos obtener en la vida. Ya no debemos esperar que los demás hagan algo por nosotros ni debemos atribuir a una larga lista de acontecimientos adversos la responsabilidad por nuestros fracasos, porque eso sólo nos conduciría a angustiarnos y a sufrir por cómo actuamos en el escenario de nuestra vida.

Entonces, queda claro que, a través de un pensamiento autónomo, seremos capaces de potenciar nuestra visión de un presente y de un futuro en el que viviremos con la esperanza de alcanzar, por encima de todas las cosas, la paz interior. Pero no hay que olvidar que sólo alcanzaremos esa paz interior si respetamos nuestras señales internas y si estamos dispuestos a tomar un café con nosotros mismos para, luego sí, poner manos a la obra y, con firmeza, cumplir paso a paso nuestro proyecto.

¿Qué nos aporta el poder del pensamiento?

Ahora le sugiero que por un instante nos detengamos a reflexionar juntos para determinar con certeza qué atributos nos aporta el poder del pensamiento.

Es real, y debemos admitirlo, que hoy en día los seres humanos nos vemos habitualmente desbordados por situaciones adversas y frustrantes que están fuera de nuestro control. Pero no es menos cierto que, cuando estamos sumidos en una percepción de fracaso, a través del poder del pensamiento, podemos correr el telón que cubre nuestros ojos y descubrir cuáles son nuestras alternativas reales. A partir de un cambio sustancial en la escala de valores que manejamos hasta el presente, podremos abrir de par en par las puertas que nos conducirán a una manera diferente de ser y estar en la vida.

A través del contenido de este libro, mi intención es que usted y todas aquellas personas importantes en su vida adquieran las herramientas necesarias para ejercer el poder del pensamiento, un poder que les permitirá descubrir la fuerza que probablemente desconocen que poseen y que al mismo tiempo los ayudará a adoptar una nueva actitud, más positiva, frente a las exigencias de la vida.

Podemos reflexionar acerca de nuestro proyecto de vida desde la tranquilidad que nos brinda una existencia estable o podemos hacerlo urgidos por las circunstancias, generalmente adversas, que se han instalado en nuestras vidas. Es muy probable que si usted se encuentra en la segunda situación, en este momento se esté preguntando: «¿Qué ha sucedido?, ¿qué herramientas tengo para resolverlo?, ¿cómo voy a lidiar con mis sentimientos?».

Si, como consecuencia de una visión errónea acerca de nuestra propia persona y sofocados por la realidad que nos toca vivir, nos consideramos seres sin posibilidades, víctimas sin luz y sin capacidad de respuesta frente a la adversidad, estaremos dándonos un margen extremadamente estrecho para resurgir a la vida con una identidad diferente, que realce nuestra fuerza interior.

¿Cómo nos pensamos?

La manera en que «nos pensamos» habla por sí sola de la confianza y del respeto que sentimos por nosotros mismos. Esto quiere decir que la forma de pensarnos refleja el nivel de autoestima que ostentamos en el momento en que nos disponemos a plantearnos un cambio trascendente en nuestra vida.

El poder del pensamiento traduce nuestro nivel de eficacia personal, entendiendo por eficacia personal la evaluación que hacemos de nuestro desempeño en las distintas áreas de la vida: en nuestra profesión o trabajo y especialmente en nuestras relaciones afectivas. La forma en que nos vemos, la forma en que nos pensamos y la confianza que tenemos en nuestras reales capacidades influyen profundamente en la manera de llevar adelante nuestra profesión, de dirigir un comercio o una industria, de organizar el hogar o el esfuerzo que hacemos por mantener el equilibrio en las relaciones afectivas y principalmente en las relaciones amorosas.

Si sentimos la urgencia de delinear un nuevo proyecto personal como consecuencia de haber atravesado una situación adversa, vivida como fracaso y con una gran cuota de frustración, seguramente el poder de nuestro pensamiento estará diezmado por los sucesos vividos. No olvidemos que es muy probable que en ese momento no nos creamos capaces de volver a construir un presente y un futuro exitosos, basados exclusivamente en nuestra fortaleza para enfrentar las situaciones críticas de la vida. Pero es justamente en estos momentos cuando es más necesario que aprendamos a separar el acontecimiento o los acontecimientos que nos han llevado a la situación actual, del juicio que nos merecen esos hechos. Esto es fundamental para preservar el poder de nuestro pensamiento y para volver a crecer a partir de nuestra capacidad para enfrentar los desafíos de la existencia mediante la planificación y la configuración de un escenario correcto, en el que sí seremos capaces de desarrollar nuestro nuevo proyecto personal.

Seguramente a todos nos ha pasado, o nos pasa, que frente al fracaso, frente a la adversidad, frente a la baja tolerancia de la frustración, nos sentimos profundamente confundidos. Es durante esa confusión cuando mezclamos los acontecimientos con el juicio que nos merece nuestra propia persona y con la capacidad que cada uno de nosotros cree tener para superar la crisis en la que estamos sumidos.

La claridad con la que cada uno logre separar las cosas y poner cada acontecimiento en su justo lugar será la clave para que podamos sortear rápidamente las situaciones más críticas de la vida. También será importante recordar que actitudes como devaluarnos, creernos incapaces o pensar que somos menos que los demás no nos ayudarán a sanar las heridas.

Por lo tanto, la manera en que nos pensamos tiene una influencia decisiva a la hora de recomponer fuerzas para, basándonos en nuestro propio esfuerzo y en una visión justa, equilibrada y honesta de la realidad, volver al punto de partida con la esperanza de que esta vez sí alcanzaremos las metas soñadas.

Si nos engañamos, si nos autoconvencemos de que «aquí no ha pasado nada», si no prestamos atención a los tropiezos que hemos dado y si no somos capaces de analizar, en profundidad y con una buena dosis de autocrítica, en qué nos hemos equivocado, corremos el riesgo de volver a cometer los mismos errores que inevitablemente nos devolverán al lugar en que nos encontramos hoy y que tanto nos hace sufrir.

El pensamiento autónomo

Desde el bienestar o desde la adversidad, el poder del pensamiento autónomo presenta una serie de ventajas que no siempre apreciamos en primera instancia.

Son muchos los que pueden preferir que su destino esté en manos de otros, que sean otros los que determinen qué caminos deben seguir, porque sienten que al ser autónomos tienen demasiada responsabilidad respecto de su presente y de su futuro.

Ejercer el control y establecer las coordenadas sobre las que desarrollaremos nuestra vida son las primeras consecuencias del ejercicio autónomo de nuestra existencia. Esto está íntimamente ligado a la capacidad que vamos a adquirir para hacernos cargo de nuestras obligaciones, de la potestad de tener una visión del mundo y de nuestra vida absolutamente personales, y de establecer un sistema de valores éticos y morales que van a ser el fiel reflejo de lo que pensamos y sentimos.

Tener un pensamiento autónomo no significa que en primer, en segundo y en tercer lugar estamos nosotros. No se trata de crear un espacio infranqueable a nuestro alrededor, sino que se trata de continuar aprendiendo de los demás, pero reservándonos el derecho a emitir nuestros propios juicios y opiniones.

Una cosa es estar abierto al pensamiento y al conocimiento de quienes tienen mayor experiencia en la vida y otra cosa muy diferente es anular nuestra capacidad de consenso o disenso, otorgando a quienes nos rodean el privilegio de determinar lo que está bien o lo que no está bien para nosotros.

En algún aspecto es cierto que tanto los hombres como las mujeres estamos solos con nuestra propia conciencia y con nuestro pensamiento. ¿Acaso alguien puede sentir por nosotros, amar por nosotros, pensar por nosotros o asumir la responsabilidad de vivir por nosotros? En ese sentido, estamos solos aun en medio de la multitud, porque no podemos eludir la responsabilidad de experimentar los pensamientos y los sentimientos que surgen de lo más profundo de nuestro ser.

Todos y cada uno de nosotros estamos solos, pero al mismo tiempo estamos interconectados con los demás seres humanos que conforman el conglomerado social que habitamos. Entre todos formamos una enorme red de comunicación, que es uno de los elementos más destacados de la interacción vital, y un espacio común en el que aportamos nuestras ideas y nuestros sentimientos a la vez que nos nutrimos de la experiencia de nuestros semejantes.

A medida que vamos atravesando las distintas etapas de la vida, sentimos la necesidad cada vez más imperiosa de ser eficaces y de obtener buenos resultados como consecuencia de nuestros esfuerzos. Pero muy a menudo esto es justamente lo que no sucede, y entonces nos sentimos impotentes.

Ser eficaces es sinónimo de ser capaces de utilizar una serie de herramientas que nos permitirán obtener los resultados que deseamos en cualquiera de las áreas en las que habitualmente nos desenvolvemos los seres humanos. Obtener resultados deseados nos da la seguridad de que somos competentes, y eso refuerza la confianza en nosotros mismos.

Es tan importante sentir que somos eficaces en aquello que nos proponemos que los resultados obtenidos se ven inmediatamente reflejados en nuestra actitud frente a la vida. Cuando alcanzamos nuestros objetivos, nuestro humor, nuestro estado de ánimo, nuestra postura frente a los demás es de complacencia, porque nos permite ver la vida como un ámbito en el que podemos cumplir nuestros sueños. En cambio, la impotencia y la frustración nos hacen sentir víctimas de un mundo hostil, un mundo que se ha ensañado con nosotros y en el que nos resulta imposible descubrir un espacio válido para nuestra reconstrucción.

Afortunadamente, a lo largo de la vida experimentamos de manera alterna períodos en los que nos sentimos muy eficaces y otros en los que las crisis personales, los problemas y las adversidades conspiran contra nuestra eficacia para lograr aquello que nos proponemos. Para conseguir la realización de nuestro proyecto personal dependemos al mismo tiempo de nuestra habilidad para resolver los diferentes conflictos, de nuestra visión de la realidad, de la humildad que nos permitirá pedir ayuda cuando la necesitemos y de saber aceptar que no todo en la vida puede salir como lo esperamos.

Una vez que hayamos reflexionado acerca de estas afirmaciones y de la importancia de desarrollar un pensamiento autónomo que regule nuestras emociones y oriente nuestras metas hacia la independencia emocional e intelectual, podemos preguntarnos dónde está el límite de nuestros sueños y cuál es el techo de nuestras ilusiones. Confío plenamente en que a medida que usted vaya avanzando en la lectura de este capítulo comenzará a creer en su capacidad para cambiar su presente y su futuro.

La necesidad de cambio

A veces recorremos grandes tramos de nuestra vida convencidos de que nuestro destino es uno, que está predeterminado y que nada ni nadie podrá modificarlo. Hasta que un día algo dentro de nosotros hace eclosión y un sentimiento de rebelión comienza a crecer y busca canalizarse adecuada y civilizadamente.

Es interesante observar que no existe una edad determinada para que esto suceda, ni una circunstancia especial para que ese sentimiento llegue a la superficie. En mi caso personal esa sensación se despertó un día como cualquier otro, mientras caminaba mirando despreocupadamente las vidrieras de los comercios en la avenida por la que transitaba. De pronto sentí que en mi interior se encendía un volcán que me obligaba a preguntarme, una y otra vez, por qué había construido un techo que oprimía mi cabeza y no me dejaba crecer.

Las preguntas comenzaron a sucederse de forma vertiginosa, me obligaron a encontrar respuestas y a iniciar un trabajo que culminaría en cambios sustanciales en mi manera de ser y estar en este mundo. Al mismo tiempo que me volví consciente de que nuevas posibilidades y esperanzas se desplegaban ante mí sólo porque les había dado espacio, se despertó un compromiso de esfuerzo, de trabajo, de duro aprendizaje acompañado por la confianza en mí mismo y con la mira puesta en la construcción de una nueva identidad a partir del reconocimiento de mi proyecto personal.

Es probable que a usted le haya sucedido lo mismo, o quizá le suceda muy pronto sin que usted pueda preverlo. No se asuste, reciba esa sensación con beneplácito, tómela como una señal de crecimiento personal, de madurez y de apertura a un mundo que siempre nos ofrece la posibilidad de desarrollarnos de una manera diferente y de reconstruirnos cuando nos ha ido mal. Porque es en estos momentos cruciales de nuestra vida cuando aprendemos a valorar la real magnitud del poder del pensamiento.

Si al replanteamiento de nuestra escala de valores le sumamos la reafirmación de nuestros principios, ambos se convertirán en una fortaleza inexpugnable en la que encontraremos refugio para construir sin dilaciones y sin claudicaciones nuestro nuevo proyecto de vida. Cada frase, cada punto, cada coma, estará sustentado por la idea de que somos seres útiles a nosotros mismos y a los demás. Esto nos da la certeza de que todos somos capaces de dirigir nuestro presente y visualizar nuestro futuro.

Cada uno lo hará a su manera, a su tiempo, con sus formas, pero todos debemos hacerlo con la convicción de que albergamos una gran potencialidad de cambio. Si nos sentimos motivados, si miramos más allá de las naturales limitaciones, cada uno de nosotros será capaz de desarrollar más de una capacidad. Esto amplía naturalmente el espectro de acción, algo que en momentos críticos adquiere enorme valor porque no nos encasilla en lo que hemos hecho siempre, sino que se expande cual abanico y nos da la posibilidad de elegir nuevos caminos para demostrarnos, una y otra vez, que podemos enfrentar los tiempos difíciles y que con decisión saldremos airosos de los distintos desafíos a los que la vida diaria nos expone.

No debemos considerarnos héroes ni seres sobrenaturales por haber descubierto algo que siempre estuvo en nuestro interior. Sólo debemos saber que, en determinadas circunstancias y estimulados por la necesidad, somos capaces de poner nuestro pensamiento al servicio de la supervivencia. Son ésos los momentos que hay que saber aprovechar, porque es entonces cuando generalmente se presentan en nuestra mente nuevas ideas que estaban allí, a la espera de que algún día pudiéramos utilizarlas a nuestro favor. Y no suelen ser sólo una o dos ideas, sino que generalmente brotan como el agua de una fuente multicolor y nos dan la posibilidad de elegir aquellas que mejor se adaptan a nuestro proyecto personal de vida.

Orientación vocacional

Desde el comienzo, la adolescencia es una etapa de nuestra vida en la que convergen una gran cantidad de sentimientos contradictorios e intensas emociones, fruto de esa verdadera explosión hormonal que la caracteriza. Sin embargo, y de acuerdo con la organización social y cultural de los países que habitamos, es durante esta etapa cuando, tanto las mujeres como los hombres, con poca o ninguna experiencia, debemos elegir una orientación, fijarnos un camino y tomar decisiones que condicionarán la forma en que viviremos en el futuro.

Salvo en algunos casos excepcionales, en los que desde niño la persona tiene una vocación definida, esta situación genera mucha angustia y ansiedad. Entonces, la gran mayoría de los adolescentes espera definirse respecto de lo que quieren hacer y ser en el futuro mediante la orientación vocacional. Pero es muy difícil que, en una o en varias sesiones, mediante ejercicios, entrevistas y otros procedimientos técnicos especializados, sea posible definir la verdadera orientación de un joven o de una joven a quienes aún les restan muchas experiencias por vivir.

Esta situación provoca no poca frustración en aquellos que eligen un determinado camino y luego, en la mitad del trayecto, se dan cuenta de que aquello que están haciendo no les gusta y buscan denodadamente un cambio que satisfaga sus expectativas. Esto nos lleva a pensar que las decisiones respecto de nuestro proyecto personal no son ni deben ser inamovibles.

La puesta en práctica de nuestro proyecto puede llevarnos a advertir la necesidad de introducir todas las modificaciones que consideremos imprescindibles para vivir de acuerdo con nuestras expectativas. Lo importante es no quedar atrapados en decisiones que pudimos haber tomado en ciertas etapas de nuestra vida en las que aún no estábamos lo suficientemente preparados. De ese modo podremos delinear nuevamente el sitio que deseamos ocupar en nuestro plan de vida, introduciendo todos los cambios que dicten nuestro propio desarrollo y crecimiento, nuestra madurez y la apreciación del mundo en el que vivimos. Entonces sí sentiremos que estamos más cerca de hacernos responsables de nuestro destino.

A medida que evolucionamos y que vamos logrando nuestros propósitos nos sentimos más eficaces. Al mismo tiempo, aumenta nuestra capacidad para afrontar los distintos retos a los que la vida nos enfrenta y sorteamos con mayor o menor éxito los escollos que se nos presentan. Aun las personas más dependientes se reconocen como los agentes responsables de producir resultados acordes con sus deseos en ciertas áreas de su vida.

La autonomía de pensamiento abre las puertas de par en par hacia la obtención de la independencia. Por eso es tan importante permitir que los demás también sean como quieren ser y que se hagan responsables de sus actos, siempre y cuando no vulneren los derechos y los espacios de las personas con quienes conviven. Esto es algo que debemos tener muy en cuenta cuando, por ejemplo, se trata de reflexionar acerca de la relación que queremos establecer con nuestros hijos. Lo importante, en ese caso, es advertir que la sobreprotección puede convertirlos en seres dependientes y carentes de los instrumentos indispensables para que puedan defenderse con éxito en su vida de adultos.

Nuestro pensamiento va adquiriendo mayor claridad a medida que vamos acercándonos a la madurez y a la concepción de que cada uno es responsable de su propia vida, de que no podemos pretender que nadie se haga cargo de satisfacer nuestras necesidades, y de que ni aun aquellas personas que nos quieren bien y que están cerca de nosotros son quienes deben ocuparse de proporcionarnos el bienestar que estamos demandando.

Esto implica que mediante la confección del proyecto personal cada ser humano será capaz de crear las circunstancias que lo llevarán a obtener los beneficios a los cuales aspira, siempre a través de su esfuerzo, su trabajo y haciéndose cargo de los aciertos y de los errores que pudieran surgir en el camino hacia sus metas y objetivos.

Todos somos libres de vivir como queremos por ese motivo, también debemos hacernos responsables de las consecuencias que pueda aparejar esa forma de vida que elegimos. Esto significa que si el estilo de vida que adoptamos nos aproxima al bienestar, a la paz interior y al equilibrio, los hechos nos estarán demostrando que hemos realizado una buena elección. Pero si como consecuencia de vivir como queremos cosechamos un fracaso tras otro, una frustración tras otra, también seremos responsables de habernos equivocado, pero aún tendremos derecho a corregir nuestro camino después de haber reflexionado respecto de nuestros verdaderos deseos y necesidades.

Algunas veces nos encontramos con personas que han elegido «no pensar»; esto quiere decir que han elegido vivir dejándose llevar por los acontecimientos y azares de la vida, como si estuvieran en una mesa de ruleta y su destino dependiera de la casilla en la que va a detenerse la bola. Quienes gustan de los juegos de azar siempre apuestan con la certeza de que van a ganar. Pero lo cierto es que, cuando se trata de dejar que el azar guíe nuestras vidas, se pierde la mayor parte de las veces. La existencia de los seres humanos es algo demasiado delicado, algo que, a mi juicio, no puede ser considerado como un juego.

Si bien cada uno es libre de elegir si desea o no desea «pensar», cuando hablamos de ser responsables de las consecuencias de nuestras decisiones estamos hablando también del poder de ese pensamiento. Actuar por nosotros mismos requiere de una independencia intelectual que se apoya en el hecho de actuar de acuerdo con nuestros propios criterios. Por eso debemos estar atentos para aprender de los que saben más, pero aunque las ofertas sean tentadoras nunca debemos estar dispuestos a entregar la administración de nuestra existencia.

No tenemos la oportunidad de vivir dos veces la misma vida. La vida es una sola y la estamos viviendo en el día a día. No tenemos la posibilidad de vivir por segunda vez para corregir todos los errores que podamos haber cometido. Cuando ya tenemos las cartas a la vista y creemos que no cometeremos los mismos errores, la vida se termina y la sensación de que todavía nos queda mucho por hacer se convierte en un torbellino de pensamientos que jamás podremos ordenar adecuadamente.

Esto debería hacernos reflexionar acerca de la necesidad de cambiar hoy, aquí y ahora; de no ponernos más excusas y de disponernos a trabajar inmediatamente en nuestro proyecto personal, utilizando nuestro pensamiento como una herramienta clave para reconocer lo que cada uno de nosotros necesita para alcanzar el equilibrio en la vida y haciéndonos responsables de nuestras ideas y de nuestros valores.

Abrir nuestra mente

La capacidad de pensar es uno de los recursos más valiosos que tenemos a nuestro alcance, pues gracias a ella evaluamos nuestra intención, tomamos decisiones y actuamos en consecuencia. Hay una innumerable cantidad de factores sobre los cuales no tenemos control y que pueden incidir negativamente en los resultados que buscamos, pero nuestro pensamiento es una herramienta que podemos manejar a nuestra entera voluntad.

Por más que busquemos incesantemente recursos, soluciones mágicas o que elaboremos fantasías acerca de nuestro futuro, hay un elemento que siempre está allí, a nuestro servicio, esperando a ser utilizado al máximo: nuestra mente. Nuestra mente es el socio ideal porque aporta el conocimiento, porque jamás nos traicionará y porque responde a la esencia misma de cada uno de nosotros.

La mente es el ámbito natural para las reflexiones, para elaborar un proyecto, para evaluar los aspectos positivos o negativos de una decisión y, sobre todo, es la que nos permite disfrutar de la agradable sensación de que la realidad comienza a cambiar en el mismo momento en que asumimos el control de nuestro pensamiento.

Teniendo en cuenta estas cuestiones, usted seguramente se habrá preguntado alguna vez por qué a algunas personas les va muy bien en la vida y otras, en cambio, parecen estar destinadas a sufrir indefinidamente.

El azar no desempeña un papel determinante en el destino de las personas; las cosas en la vida de los seres humanos no suceden porque sí. Hay razones de peso para que los hombres y las mujeres nos diferenciemos unos de otros y, por más que nos neguemos a aceptarlo, los resultados casi siempre están en función de los pasos previos que hemos dado y de nuestra capacidad para satisfacer nuestras expectativas. El hecho de que algunas personas tengan éxito en sus empresas nos induce a pensar que, a pesar de que podamos tener un concepto algo devaluado de nosotros mismos, potencialmente también podríamos tenerlo. Entonces sólo nos resta averiguar qué cosas deberíamos hacer para recorrer los mismos caminos que aquellos en los que hoy nos gustaría vernos reflejados.

Un primer paso que yo experimenté personalmente y que creo que transforma el escenario donde estamos actuando es abrir nuestra mente. Esta apertura nos permitirá revisar los parámetros y las coordenadas desde los que estamos enfocando nuestros proyectos. El mundo se desarrolla de manera vertiginosa, y no tomar conciencia de esto nos dejaría un paso por detrás de quienes tienen las riendas de su propia vida y son capaces de tomar decisiones sobre la marcha, respondiendo eficazmente a esos cambios súbitos e impredecibles.

Cuando estamos en una situación difícil, en un punto de inflexión en nuestra vida o en medio de una crisis personal, nunca debemos desechar lo que nuestros pensamientos nos indican. Claro está que si una persona está atravesando una depresión profunda es probable que en ese momento sus pensamientos no puedan aportarle soluciones reales. Pero en términos generales, el pensamiento siempre va acompañado de una natural tendencia a la creación, porque siempre precede a la realización práctica de nuestro proyecto.

Como ya dije en el capítulo anterior, la mayor parte de los cambios que podemos instrumentar para mejorar nuestra calidad de vida tienen como punto de partida la forma que tenemos de pensarnos. Por lo tanto, si cambiamos la manera de pensar también cambiará la manera de experimentar nuestra existencia. Ese cambio en la manera de pensar establece la diferencia entre las personas que logran alcanzar sus metas y aquellos que siempre encuentran una razón para justificar su eterno fracaso.

Hemos mencionado como un factor relevante en este proceso de pensamiento la actitud que asumimos frente a nuestro proyecto personal y frente al nuevo escenario que hemos diseñado para protagonizar la obra de nuestra vida. En este caso, *actitud* quiere decir la forma en que nos pensamos y que diferencia claramente a aquellos que invierten su tiempo en trabajar mentalmente para decidir qué es lo que desean y cómo obtenerlo, de aquellos que utilizan todo su tiempo en buscar responsables a quienes atribuir la culpa de sus problemas o de sus crisis.

Estos últimos nunca llegan a comprender que, a pesar de que se esforzaron tanto como los primeros y de que trabajaron intensamente, no pudieron cambiar los resultados porque no lograron cambiar su actitud. Si sólo hablamos de nuestro pasado, si utilizamos todo nuestro tiempo en hablar de la magnitud de nuestros problemas, no dejamos espacio para el pensamiento creativo, que es el único que nos marcará el camino del cambio.

El pensamiento positivo

Es probable que en este momento usted se esté preguntando, o que me esté preguntando a mí: ¿cómo se puede enfocar la mente hacia un pensamiento positivo cuando estamos rodeados de situaciones conflictivas y de problemas que no admiten dilaciones?

En primer lugar pensemos juntos: durante cuántas de las horas que permanecemos despiertos podemos decir con sinceridad que tenemos un pensamiento positivo y optimista. Porque, atención: una cosa es tener problemas y otra cosa es enfocar la solución de los mismos desde una actitud gris, pesimista y negativa.

El pensamiento positivo por sí mismo obviamente no va a resolver nuestros conflictos, pero nos ayudará sobremanera a abrir la mente para encontrar, de esa forma, las alternativas que nos permitan llegar a soluciones lógicas y dignas para sortear los tiempos críticos. Cuanto más positivos y optimistas podamos ser, más creativos seremos.

Es cierto que no todos podemos ser naturalmente optimistas y positivos, pero, como en tantas otras cosas de la vida, también se puede aprender a ser positivo. ¿Cómo se aprende a ser positivo? Intentando ver la realidad desde la óptica de la solución de nuestros problemas y no desde el muro que construimos a nuestro alrededor y que no nos permite ver ni sentir que hay otras personas que quizá tienen los mismos problemas que nosotros pero que no por eso pierden su alegría de vivir, sus ganas de soñar y la ilusión de que a partir del poder de su pensamiento van a encontrar las soluciones que les permitan estar mejor en un futuro cercano.

Las respuestas a nuestros problemas no van a venir desde el exterior. Entonces, si tenemos que trabajar para visualizar correctamente cuáles son nuestras dificultades, hagámoslo desde nuestra mejor perspectiva, que es sin duda anhelar cambios que nos hagan esbozar una sonrisa y creer que el mundo es un lugar habitable, donde cada uno de nosotros encontrará su espacio, un espacio que será respetado por nuestros semejantes.

Los hábitos se generan a partir de la repetición de una actitud o de un acto en particular. Si estamos atravesando una situación crítica en la vida, seguramente al principio nos resultará muy difícil mantener el optimismo y el pensamiento positivo. Pero si nos obligamos a abordar nuestros problemas con una considerable cuota de optimismo y fe en nuestra capacidad para resolver las situaciones por las que estamos atravesando, al final el hábito de pensar y actuar de esa manera se instalará definitivamente, y ése será el instrumento más idóneo con el que podremos contar para continuar resolviendo una a una todas las dificultades.

Seguramente usted pensará ahora, como lo hice yo en determinadas etapas de mi vida, que es mucho más fácil leer o escribir este tipo de mensajes que llevarlos a la práctica en la vida cotidiana. Porque la vida es a veces difícil y no nos permite flaquear ni perdona nuestros errores.

Ahora bien, razonemos juntos, querido lector o lectora: es evidente que también yo más de una vez me encontré empantanado en mis pensamientos negativos, creyendo que no había una salida digna a las dificultades que se me presentaban. Seguramente a usted le habrá pasado lo mismo. Pero entonces le pregunto: ¿cuántos de sus problemas ha logrado resolver desde esa óptica? Yo me adelanto y le confieso que desde ese lugar jamás pude resolver ninguno. Es más, sólo conseguí crear nuevos problemas que afectaron a mi cuerpo físico, ya que mi cuerpo emocional se vio completamente desbordado por un aluvión de pensamientos negativos. No me cabe duda de que a usted le puede estar pasando algo similar. De esto se desprende, en consecuencia, que únicamente podemos obtener resultados favorables en la medida en que intentamos mantener el optimismo y le otorgamos poder a nuestro pensamiento, que sin duda nos guiará hacia el camino de nuestra reconstrucción.

Si usted me acompaña, le propongo pasar al siguiente capítulo, en el que intentaremos mirar hacia lo más profundo de nuestro ser para descubrir el potencial que todos y cada uno de nosotros tenemos para reconstruirnos en tiempos difíciles o para aportar ideas novedosas en tiempos de éxito y de triunfos.

Recuerde que si hay algo maravilloso en la naturaleza y en

la creación es la nobleza de la esencia misma del ser humano, capaz de moldear su actitud y buscar en los lugares más recónditos de su propio ser las respuestas que le permitan vivir mejor, anhelando siempre el bienestar, el equilibrio y la paz interior para sí mismo y para todos aquellos a los que ama y respeta.

3

CONOCIENDO EL POTENCIAL QUE ALBERGAMOS

> El viaje más largo es siempre el viaje hacia
> adentro, el viaje hacia casa para encontrarse a
> uno mismo dura toda la vida… y tal vez más.
>
> JURGEN MOLTMAMN

Imaginemos que formamos parte de un grupo de personas que se desplaza en un vehículo por una carretera y que, en determinado momento, vemos un inmenso cartel que nos señala que unos metros más adelante encontraremos una rotonda desde la cual es posible tomar cuatro caminos diferentes. Somos cuatro los que viajamos en el vehículo, y cada uno, de acuerdo con el itinerario que se ha fijado previamente, quiere tomar un camino distinto.

Así es la vida. También nosotros llegamos a rotondas imaginarias en las que debemos elegir un camino. Para hacerlo, es necesario recurrir a todas las herramientas que ya sabemos que poseemos y a aquellas que yacen en la profundidad de nuestro ser esperando que vayamos a buscarlas para utilizarlas en la concreción de nuestro proyecto personal.

En determinadas circunstancias, la vida cotidiana nos indica que debemos optar por un camino diferente del que veníamos transitando. Frente a esta decisión es necesario revisar nuestro interior para ver con qué nos encontramos y elegir los instrumentos más adecuados para cumplir con nuestros sueños. Cuando por distintas razones las herramientas y la metodología que solíamos utilizar no nos dan resultado, entonces debemos recurrir a nuestro potencial.

Es por eso por lo que nuestro potencial generalmente es descubierto en períodos difíciles de nuestra vida, o en circunstancias críticas, ya que es entonces cuando se torna urgente instaurar cambios y transformaciones que nos permitan hacer frente a los desafíos.

En esa búsqueda febril de soluciones para nuestra situación, en ese diálogo interno en el que cada uno se plantea qué es lo que va a hacer de aquí en adelante, se produce ese descubrimiento maravilloso que nos permite acceder a nuevas alternativas que nos confirmarán que el ser humano es capaz de emerger satisfactoriamente de las situaciones conflictivas: el conocimiento de nuestro potencial. Es el potencial lo que nos permitirá explorar caminos y aplicar soluciones adecuadas a los distintos problemas que irán surgiendo en el ejercicio de vivir dignamente.

El deseo de cambiar o la necesidad imperiosa de alcanzar un mínimo bienestar encienden la chispa que nos estimula a la búsqueda constante de nuevas soluciones que nos permitirán sortear una encrucijada. Para lograrlo, debemos poner en práctica nuevos comportamientos con la convicción de que somos capaces de hacernos responsables de nuestro destino y de dar batalla con nuestras propias armas, con las armas que ya conocemos y con aquellas que esperan en lo más profundo de nuestro ser y que hoy rescatamos para ponerlas a nuestro servicio.

Para descubrir nuestro potencial es imprescindible, en primer lugar, controlar nuestro nivel de ansiedad. Eso nos permitirá establecer cierta distancia respecto de nuestra problemática actual y, de esa forma, nos resultará más sencillo hacer el análisis de lo que hemos vivido hasta ahora. Mediante el análisis, podremos entonces tomar algunas decisiones importantes que nos permitirán ensamblar un nuevo escenario en el que podremos obtener lo que deseamos. Este cambio en la planificación de nuestra vida nos dará más tiempo para dedicarnos a lo que realmente consideramos importante y nos permitirá redistribuir nuestra fuerza y nuestra energía de una forma acorde con los objetivos que perseguimos.

Con el paso del tiempo ha ido cambiando la valoración que se hace respecto del esfuerzo y el trabajo de los individuos. Actualmente, la mayoría de nosotros piensa que el resultado de nuestro esfuerzo está en directa relación con la cantidad de horas que dedicamos, por ejemplo, a nuestra tarea diaria en el ámbito laboral, profesional o doméstico. Incluso cuando no trabajamos hasta quedar rendidos, podemos llegar a sentirnos culpables, como si ésa fuera la razón por la que no ganamos el dinero suficiente para darle a nuestra familia el confort y el bienestar que deseamos. Pero debemos saber que esta manera de ver la vida responde a un modelo obsoleto, un modelo que tiene como consecuencia el agotamiento físico y emocional del individuo, hasta el punto de que literalmente pierde las referencias en su relación con el mundo que lo rodea.

Confiar en nuestro potencial

A medida que nos vamos desarrollando adoptamos una serie de creencias respecto de nosotros mismos, de nuestro desempeño y de nuestro esfuerzo, que pueden resultar positivas o negativas y que pueden incluso convertir nuestros pensamientos en profecías de autocumplimiento. Sin que nos demos cuenta, podemos inducir determinados resultados de acuerdo con las creencias que se imponen en nuestra forma de ver el mundo y de vernos a nosotros en él. Pongamos un ejemplo que ilustrará lo que estamos diciendo: si tenemos una visión predominantemente negativa acerca de nuestro potencial y debemos someternos a un examen junto con otras personas, podemos crear una situación en la que desde el principio nos ubicaremos en la casilla de los perdedores. Si después de examinarnos resulta que fallamos, tendremos lista una explicación: «Siempre tengo mala suerte para este tipo de pruebas». Nosotros mismos hemos cercenado cualquier posibilidad de éxito.

Si, por el contrario, la creencia que albergamos respecto de nuestra capacidad es positiva, el espíritu con que vamos a enfrentar ese examen va a ser totalmente diferente. Podremos reconocer la dificultad, pero no nos sentiremos ni más ni menos capaces que las demás personas que se encuentran en nuestra misma situación. La creencia positiva por sí misma no nos habilita para salvar el examen, pero sí nos ayuda a luchar denodadamente para lograrlo. Si no conseguimos pasar la prueba, al menos tendremos la certeza de haber dado lo mejor de nosotros en el intento, y de ese modo preservaremos nuestra autoestima.

Se hace necesario aquí volver a insistir en la importancia del autoconcepto. Si bien algunas imágenes acerca de nuestras creencias fueron concebidas en nuestra infancia, y eso tiene un peso indudable, también es cierto que no tenemos por qué permanecer amarrados a esas mismas creencias durante toda la vida. Mientras no logremos modificarlas, interpretaremos cualquier acontecimiento siempre desde la misma óptica, y eso nos conducirá automáticamente a estrechar nuestra visión del mundo.

Aunque a veces resulte difícil aceptarlo, cada uno de nosotros crea su propia realidad personal mediante la convicción de que tenemos o no ciertas capacidades y un potencial que desarrollar. Si el pensamiento predominante es negativo, atraeremos hacia nosotros todo lo negativo de nuestro entorno. Un pensamiento optimista, en cambio, atrae todas las formas positivas del campo emocional, espiritual, mental y físico.

Esto confirma una vez más que cada situación que nos toca vivir puede tener más de una interpretación, en especial si estamos directamente involucrados en ella. Aceptar esto es dar un paso adelante que nos permitirá descubrir el potencial que nos ayudará a construir nuestro proyecto personal de una manera sana y con alegría.

Si de niños hemos recibido un mensaje despreciativo respecto de nuestra persona, si se nos dio a entender que éramos incapaces, torpes o perezosos, es probable que esos mensajes hayan calado muy hondo y que hoy formen parte del concepto que tengamos de nosotros mismos. Los sentimientos de autoestima se construyen desde una etapa muy temprana de la vida, pero lo que importa, y lo que me interesa que usted sepa e incorpore a su pensamiento, es que pueden modificarse completamente y que es posible ganar confianza y respeto por uno mismo.

Descubrir nuestro potencial es una opción que depende de cada uno de nosotros, porque de cada uno depende la dirección que tomamos en nuestra vida, los distintos caminos que elegimos y el uso que hacemos de la información que está a nuestra disposición para lograr ese cambio.

Conocernos significa saber o comprender algo, y los cambios comienzan en la medida en que aprendemos a conocernos a nosotros mismos. Con esto quiero decir que para experimentar cambios importantes en nuestro proceder diario, primero tenemos que tomar conciencia de que esa transformación es absolutamente necesaria, por lo tanto también nos quedará claro que para lograr un resultado diferente debemos utilizar una metodología distinta.

Para hacer algo diferente, antes debemos conocer algo diferente. Y para descubrir algo distinto, tenemos que pensar que lo que hemos estado haciendo hasta hoy no ha sido lo suficientemente válido como para colmar nuestras expectativas. Es decir, debemos tomar nuevamente conciencia de que tenemos que mejorar. Esa percepción sólo puede ser personal e intransferible. Cuando nos miramos al espejo y decimos «no puedo seguir así», estamos dando el primer paso para abrir nuestra mente al descubrimiento de nuestro potencial. Ése es el momento clave de nuestra transformación.

Un hombre o una mujer pueden reunir gran cantidad de información respecto de las oportunidades reales que tienen para instrumentar un cambio significativo en su vida, un cambio que influya directamente en los resultados que espera. Pero más allá de toda esa información, lo que determina la intención de descubrir hasta dónde podría llegar ese cambio es la necesidad de modificar los procedimientos que se han puesto en práctica hasta el día de hoy y que no han permitido alcanzar el nivel de satisfacción que se esperaba.

Abrir la mente significa que, si nosotros estamos convencidos de algo, estaremos dispuestos a defenderlo porque se trata de nuestra creencia. Pero también significa que si alguien nos muestra una verdad diferente, o un atajo que nos permitiría acceder a nuestro bienestar de otra forma, tenemos la posibilidad de aceptar ese pensamiento y observar nuestro futuro desde un punto de vista nuevo.

Vernos tal como somos

Para descubrir qué potencial albergamos, antes que nada debemos tener la intención de conocernos interiormente y comprendernos. No seremos capaces de instrumentar cambios duraderos si no nos aproximamos a nuestra realidad. Visualizarnos tal como somos es el comienzo de toda transformación y vernos a nosotros mismos de un modo diferente es una tarea que sólo nosotros podemos emprender.

Por eso le sugiero que, a medida que vaya avanzando en la lectura de este capítulo, asuma el compromiso firme de ir en busca de su verdadera intención de cambio, confiando en que muy pronto encontrará el potencial que usted, yo y todos albergamos. Si el propósito no es férreo, la voluntad de cambio o la esperanza de un mañana mejor se irán diluyendo en esfuerzos vanos.

Es hora de que dejemos de hacer el intento de modificar la escenografía externa a nosotros como una forma de encontrar nuestro equilibrio y bienestar interior. Nuestra vida cambiará en el mismo momento en que aceptemos que somos una parte fundamental de lo que hoy nos está sucediendo y que asumiendo esa responsabilidad estaremos dando un paso gigantesco hacia una nueva forma de ser y estar en este mundo.

Aceptar la realidad tal cual es resulta un punto de inflexión a partir del cual cada uno de nosotros asumirá el control de su existencia. Recuerde que aceptar no significa doblegarse, no significa darse por vencido, sino que, por el contrario, quiere decir que a partir de entonces vamos a trabajar intensamente para modificar esa realidad recurriendo a la capacidad potencial que reside en nuestro interior.

Elaborar un proyecto personal de vida debe tener como objetivo convertirnos en alguien nuevo, alguien fresco, alguien que represente nuestro verdadero sentir y que esté asentado en la expectativa de que alcanzaremos no solamente el bienestar al cual aspiramos, sino también la libertad necesaria para tomar las decisiones que han de surgir de nuestro interior.

Si no conocemos nuestra realidad, si no la aceptamos, nos

estaremos limitando severamente. Para llegar a ser en verdad libres de pensamiento y de acción tenemos que conocer nuestra auténtica situación. Si no conocemos y aceptamos lo que hemos vivido y lo que estamos viviendo, no podremos aspirar a esa libertad y sin ella tampoco podremos alcanzar un cambio significativo en nuestras vidas.

Cuántas veces nos hemos encontrado varados en los caminos de la vida porque avanzamos dándole la espalda a nuestros deseos y necesidades. Desconocer quiénes somos, lo que pensamos y lo que sentimos puede conducirnos a buscar sistemas que deslumbran por sus destellos luminosos pero que carecen de contenido, de ese contenido espiritual que cada uno de nosotros necesita para crecer sobre bases firmes, en consonancia con nuestros principios y valores.

No todo sirve; cualquier consejo no es el adecuado. Sólo la voz que surge de lo más profundo de nuestra persona es la que nos indica hacia dónde debemos dirigirnos para aproximarnos a la armonía, al bienestar y a la excelencia. ¿Piensa que este planteamiento es demasiado ambicioso? Incluso yo mismo podría responderle que sí, pero sólo teniendo como meta la excelencia podremos avanzar con paso lento pero seguro en pos de ese proyecto personal de vida que hasta hoy, por distintas razones, nos ha sido esquivo.

Si cambiamos el procedimiento, si logramos recurrir a esas posibilidades que cada uno alberga en su fuero interno y que en los momentos críticos se hace necesario descubrir, una poderosa luz se reflejará en el camino de la concreción del plan de vida que estamos tratando de elaborar de forma conjunta a través de este libro. No voy a ser yo quien le indique aquello que usted debería incluir en su proyecto, sino que mi humilde intención es sugerirle que avance sobre una base firme, sin claudicar, y que cuando tome una decisión lo haga basándose en las más auténticas de sus convicciones.

La vida es una incesante búsqueda de nuestra verdad. Pero lo único cierto es que, aunque recorramos distintos caminos para encontrar las respuestas que necesitamos, llegaremos finalmente a la conclusión de que no existe un derrotero previo que nos acerque a esa verdad. El único sendero adecuado es el que cada uno de nosotros traza en el día a día mientras va resolviendo los problemas que se presentan en el curso de la existencia y que nos permite observarnos y ver con mayor claridad el contenido de nuestro proyecto personal.

El encuentro con nuestra verdad implica estar dispuestos a ver. Significa también que debemos estar inmersos en nuestra realidad y que debemos ser capaces de apreciarla en toda su dimensión. Sólo podremos descubrir nuestro potencial cuando hayamos tomado conciencia de nuestra realidad, porque es entonces cuando nace y crece la necesidad de cambiar las circunstancias que estamos viviendo. Ésta es una de las razones por las que no podemos incorporar la verdad de otra persona, porque esa otra persona tiene su propio escenario y sus propios parámetros para medir su manera de estar en la vida.

Ser capaces de ver nuestra verdad implica tener humildad y grandeza al mismo tiempo, implica visualizar lo que está sucediendo con nosotros en una etapa específica de nuestra existencia. Un torbellino de pensamientos acude a nuestra mente cuando deseamos transformaciones, cuando deseamos tener más conocimiento y más sabiduría, pero solamente podremos escalar esos peldaños de nuestro desarrollo en la medida en que seamos capaces de observarnos y descubrir aquellas habilidades que harán posibles esos cambios.

Cómo enfrentarse con situaciones conflictivas

Cada vez que nos enfrentamos con una situación conflictiva, y vaya si tenemos oportunidades de estar cara a cara con este tipo de acontecimientos en nuestra vida cotidiana, es necesario que dejemos fluir nuestro dolor frente al problema o a los problemas que se nos hayan presentado. De ese modo adquiriremos el valor preciso para elegir libremente de qué forma deseamos posicionarnos frente al dolor.

Veamos juntos por qué estas estrategias son tan importantes para encontrar aquellas alternativas que están ahí, esperándonos en lo más profundo de nuestro ser, y que son soluciones potenciales que nos permitirán aclarar nuestros sentimientos. Cuando debemos afrontar un problema que nos exige una pronta solución se nos presenta una pregunta ineludible: «¿Qué debo hacer?». Sería bueno, en ese momento, agregar una segunda pregunta: «¿Cuál es el mensaje que me trae este problema?».

Sentir que la vida que estamos viviendo es un largo camino de sufrimiento o que es una sucesión de oportunidades va a depender única y exclusivamente de la forma en que apreciemos nuestra realidad y no del análisis particular de cada una de las circunstancias que nos toque vivir.

Observarnos, conocernos, descubrirnos, éstas son algunas actividades indispensables para entender nuestra manera de reaccionar frente a las crisis personales. Saber interpretar nuestros miedos y darnos cuenta de que son sólo una serie de pensamientos unidos a sentimientos que van y vienen de continuo y que están íntimamente relacionados con nuestras creencias también nos ayudará a crecer como seres responsables de nuestro destino.

Observarnos es sinónimo de reunir la mayor cantidad de información acerca de nosotros mismos y ordenarla prolijamente. Luego llegará el momento de analizarla para decidir qué necesitamos y qué deseamos cambiar. Sin esa información, seremos como un barco a la deriva, incapaces de saber qué es lo que tenemos que buscar en nuestro interior, y qué pretendemos hallar en ese potencial que nos permita convertirnos en agentes válidos del cambio que intentamos realizar.

Observarnos, además, nos da la posibilidad de tomar contacto con nuestros miedos y nos hace reflexionar respecto de la forma en que esos miedos comandan nuestros sentimientos, obligándonos a veces a eludir el encuentro con nuestros verdaderos problemas. Pero, atención, no es una vergüenza estar rodeado de situaciones conflictivas. Lo que más nos confunde, lo que realmente nos impide encontrar la salida exitosa a las situaciones críticas es reprimirnos, es ser cada vez menos nosotros mismos. Esa actitud refuerza nuestros miedos y nos convierte en seres débiles que carecen de respuestas para enfrentar los desafíos.

Recordemos, y tengamos bien presente, que siempre será más enriquecedor mirar en nuestro interior por un instante que mirar siempre hacia afuera con la ilusión de que las respuestas a nuestros interrogantes vendrán desde el exterior. La realidad vive en nuestro interior y es justamente ese mandato interno el que nos dará las pautas que debamos seguir para transformar nuestra vida a través de un nuevo proyecto personal.

Preguntas trascendentes

Definir objetivos a través de este nuevo proyecto nos ubica en una posición de privilegio, porque nos permite saber exactamente qué queremos conseguir con nuestro esfuerzo. Cuando, por el contrario, no sabemos hacia dónde vamos, vivimos perdidos en medio de una gran incertidumbre que inexorablemente nos provocará una profunda frustración, porque pasarán los días, los meses y los años y veremos que no hemos logrado vivir de acuerdo con nuestras expectativas.

Una vez que nos hemos fijado objetivos, la necesidad de alcanzarlos nos llevará a buscar y encontrar nuestro potencial. Ese potencial será la herramienta más idónea para responder a algunas de las preguntas trascendentes que habitualmente nos hacemos cuando nos decidimos a cambiar el rumbo de nuestra existencia.

Antes de analizar algunas de esas preguntas trascendentes, me importa aclarar que usted no debe angustiarse si hasta el momento no se las ha formulado. No piense que es tarde para cambiar el presente y acariciar un futuro mejor. Si cree que ya no tiene edad para los cambios, si lo desconocido le produce inseguridad, entonces le digo: vamos, anímese y comparta conmigo esas preguntas cuyas respuestas serán fundamentales para descubrir el rumbo que deberemos seguir de aquí en adelante.

- ¿Qué espero de la vida?
- ¿Adónde quiero llegar?
- ¿Qué me motiva para emprender el cambio?

Si reflexionamos por un momento respecto de las coordenadas sobre las que se mueve el mundo en el que vivimos, veremos que ese mundo pertenece a aquellas personas que son capaces de abrigar un sueño, a aquellas que persiguen objetivos ambiciosos en lo que se refiere a su crecimiento personal y que han resuelto hacer un buen uso de su libertad, porque esa libertad les otorga el derecho de decidir lo que quieren hacer con su vida.

Crecer y desarrollarnos a partir de nuestro redescubrimiento y de utilizar todo el potencial que tenemos a nuestra disposición nos capacitará para hacer de nuestra vida una obra maestra. Quedarnos inmóviles a la espera de que alguien o de que circunstancias fortuitas resuelvan nuestros problemas sólo nos llevará a engrosar la larga lista de personas que viven sumidas en la mediocridad y en la frustración.

A esta altura del libro usted sabe muy bien que no estoy tratando de que compre la idea de que la vida es fácil y de que todo se resuelve en un abrir y cerrar de ojos. Por supuesto que no. Pero también estará de acuerdo conmigo en que en algún momento tenemos que poner un límite a nuestro sufrimiento porque supuestamente no pudimos alcanzar nuestro bienestar y nuestro equilibrio interior.

Hacernos responsables de nuestra vida y elaborar de forma simultánea un proyecto con la certeza de que podremos cumplirlo nos hace propietarios de nuestra existencia. Por esa vía seguramente dejaremos de atribuir a la mala suerte, a las circunstancias adversas o a un pasado doloroso las causas de nuestra realidad actual.

Aceptar la verdad incontrastable de que somos prácticamente los únicos responsables de lo que nos sucede en la vida nos obliga a programar nuestro presente y nuestro futuro respondiendo a nuestros verdaderos deseos y necesidades. Pero sólo podemos estructurar un proyecto personal si ante todo desarrollamos la confianza en nosotros mismos, si aprendemos a respetar nuestros pensamientos y, más allá de las dudas lógicas que cada decisión lleva implícita, si nos preocupamos por saber con claridad cuáles son nuestros objetivos finales. Todo esto nos dará la fuerza para buscar una y otra vez las habilidades que necesitamos para cumplir con nuestros sueños.

Nos guste o no, lo aceptemos o no, hombres y mujeres nos convertimos en aquello que deseamos ser. Por ese motivo es importante aprender a reconocer nuestros deseos más íntimos, porque ellos serán el motor que pondrá en marcha nuestra voluntad para construir un presente y un futuro mejores.

Hasta aquí, entonces, hemos expuesto las razones por las que cada uno de nosotros debería apelar a sus capacidades potenciales, aquellas que duermen en lo más profundo de todos los seres humanos, y ponerlas al servicio de nuestro proyecto, que será la plataforma de lanzamiento para una vida distinta, plena de logros y realizaciones.

Posicionarnos en la vida

En el ámbito empresarial y del marketing se habla frecuentemente de la importancia del «posicionamiento» de una marca o de un producto en la mente del comprador. Hoy seremos nosotros quienes, en el nivel personal, usaremos este concepto para hablar de la importancia de posicionarnos correctamente para ser capaces de tomar decisiones trascendentes, decisiones que nos permitan progresar y, al mismo tiempo, sentir que estamos haciendo algo útil por nosotros mismos.

Olvídese por un instante de su pasado, porque si permanecemos atados a nuestros antiguos fracasos nunca tendremos la claridad necesaria para visualizar un nuevo escenario. Pero tenga en cuenta que le he sugerido que se olvide de su pasado sólo por un instante porque, aunque haya sido frustrante y con múltiples fracasos, no es posible hacerlo desaparecer. Sin duda constituye nuestra historia personal, pero no por eso debería interponerse en el camino de nuestra reconstrucción individual.

¿Recuerda nuestra primera pregunta? ¿Ha decidido ya qué espera de la vida? ¿Tiene definidos sus objetivos? Si la respuesta es positiva, ahora sólo tiene que detenerse a observar si lo que está haciendo en la actualidad contribuye a alcanzar esos objetivos. Si la respuesta es negativa, entonces ha llegado el momento de tomar la gran decisión, para luego pasar a la acción sin más dilación.

Si lo que buscamos es destacar en alguna actividad en particular, en una profesión o en un oficio, sin duda lo primero será prepararnos de la mejor manera posible. Pero para alcanzar nuestras metas, en la vida también es necesario algo de buena suerte y mucho de estrategia. En este caso en particular, nuestra estrategia es contar con un proyecto personal sólidamente edificado, porque ese proyecto se convertirá en la hoja de ruta que nos permitirá saber de dónde partimos y adónde queremos llegar. Esto es fundamental. También resulta de vital importancia el compromiso, o asumir el precio que cada uno de nosotros está dispuesto a pagar, para conseguir los objetivos que hoy hemos fijado para nuestro futuro.

Encontrar alternativas viables para resolver la situación que estamos viviendo tiene mucho que ver con la creatividad, una creatividad que, por el estilo de vida que llevamos hasta hoy, ha sido una herramienta en la que no nos habíamos detenido a pensar. Estimular esa creatividad para resolver los problemas a los que nos enfrentamos es una condición y una gran ventaja con la que contamos los seres humanos.

Cuando descubrimos nuestro potencial nos encontramos con una gran variedad de diversas herramientas que podremos utilizar estratégicamente en el momento adecuado. Recordemos una imagen común de los talleres mecánicos de antaño: una enorme madera atravesada por una gran cantidad de clavos, de los cuales pendían diversas herramientas que el mecánico utilizaba de acuerdo con sus necesidades. Pues bien, a partir de ahora, las herramientas serán nuestras y la habilidad para usarlas adecuadamente será responsabilidad de cada uno de nosotros.

También puede suceder que, aunque contemos con los elementos necesarios para producir los cambios, se interpongan en nuestro camino viejas limitaciones y temores que nos impedirán mirar hacia adelante con optimismo y esperanza. Si somos demasiado cuidadosos y nos dejamos dominar por el temor a equivocarnos, corremos el riesgo de caer en la inoperancia y en la ineficacia, dos enemigos acérrimos que están al acecho para obstaculizar nuestro crecimiento.

Es importante saber, entonces, que debemos hacer el intento y aplicar los cambios necesarios aun cuando no podamos satisfacer nuestras pretensiones en el primer intento. Si probamos una y otra vez, es muy probable que cada intento nos acerque más a nuestros objetivos. Imaginemos que estamos jugando al baloncesto y practiquemos nuestros tiros tantas veces como sean necesarias, hasta que consigamos anotar puntos dobles y hasta triples.

¿Sabe cómo llamo a esta actitud que le estoy proponiendo? Audacia. Sí, amigo lector, amiga lectora, le estoy proponiendo que seamos un poco más audaces. Seamos audaces sin caer en la imprudencia, pero con la firme convicción de que sólo poniendo en práctica nuestras ideas lograremos cambiar aquello que hoy no nos satisface.

Si usted tiene dudas frente a esta propuesta, entonces razonemos juntos: ¿qué resultado le han dado los procedimientos utilizados hasta el presente? Si usted siente que los procedimientos están en perfecta consonancia con sus previsiones, entonces puede saltarse este párrafo, ya que no agregará nada nuevo a su éxito personal. Pero si nuestro modo de actuar y la estrategia que hemos puesto en práctica hasta el presente no nos han llevado a obtener el grado de satisfacción personal al que aspiramos, la invitación está hecha: intentemos ser un poco más audaces. Es mucho más fácil ser audaz cuando se persigue un sueño o un proyecto determinado.

Si queremos triunfar en la vida, y recuerde que triunfar o tener éxito son sinónimos de vivir de acuerdo con nuestras expectativas, es necesario contar con una cuota importante de coraje. El único modo de alcanzar nuestros objetivos es tomar la firme determinación de hacer lo que deseamos y necesitamos, sin permitir que el miedo al fracaso nos limite y nos obligue a quedarnos por siempre en el lugar que hoy ocupamos.

Supongamos ahora que, por distintas circunstancias, la estrategia utilizada nos conduce a una experiencia que juzgamos como un fracaso. ¿A qué conclusión podemos llegar? El nivel de nuestra autoestima desempeña un papel fundamental a la hora de responder a esta pregunta. Algunos sentirán que esa experiencia les permitió recorrer un nuevo camino en la búsqueda auténtica de su bienestar. Otros, en cambio, la sentirán como una pérdida irreparable que no hace otra cosa que confirmar su incapacidad para responder con habilidad a los desafíos de la vida. ¿Cuál cree que es la respuesta más positiva y constructiva?

Es responsabilidad de cada hombre y de cada mujer elegir la forma en que va a responder a esa pregunta. Pero creo conveniente que revisemos con urgencia nuestra situación si sentimos que fracasar una o más veces es sinónimo o presagio de que el éxito o el bienestar no están a nuestra disposición. De ningún modo esto es así y si, por distintas circunstancias, nuestra autoestima está devaluada, la primera tarea urgente que deberemos emprender es trabajar por su recuperación.

Querer que nuestro proyecto personal sea exitoso es una aspiración que podemos considerar normal. Pero convengamos en que las cosas no son tan sencillas. La mente humana nos lleva, sin que nos lo propongamos, hacia un concepto de excelencia. Esto significa que cada vez que alcanzamos un nuevo logro, el estímulo es tan fuerte que nos impulsa hacia adelante. Por ese motivo no debemos preocuparnos por fijar límites a nuestro crecimiento, sino que debemos dejar que nuestra mente, que es el instrumento más importante de todos con los que contamos, nos dé la energía necesaria para seguir cosechando resultados positivos como fruto de nuestro esfuerzo personal.

Cuando posponemos de forma permanente nuestro compromiso por cambiar el presente porque el pesimismo y la desgana se apoderan de nosotros, es posible que lleguemos a abandonarnos y que transitemos al borde de un abismo profundo. No pensemos siempre en nuestras incapacidades; concentrémonos, en cambio, en aquello que sí podemos hacer. Le aseguro que lo que usted puede hacer es mucho, tanto que una vez que haya tomado conciencia de ello no habrá más lugar para las excusas.

Si, como ya lo sugerí anteriormente, tenemos la precaución de escribir nuestro proyecto de vida de aquí en adelante, si definimos lo que deseamos obtener y hasta dónde queremos llegar, tendremos la percepción de que un estímulo muy fuerte nace desde el centro mismo de nuestra persona y que nos acompaña a definir las estrategias personales que deberemos utilizar para cumplir nuestros sueños.

Roles y etiquetas

Ahora que estamos en la etapa de averiguar cuáles son nuestros talentos para ponerlos al servicio de la elaboración de nuestro proyecto de vida, también sería oportuno hacer algunos retoques del modo en que nos visualizamos y del lenguaje que utilizamos para referirnos a nuestra situación.

Cuando los procedimientos o las estrategias que hemos puesto en práctica hasta el presente no nos han ayudado a obtener los resultados que esperábamos, se impone volver a considerar la forma en que nos catalogamos respecto de nuestra actividad cotidiana.

Esta clasificación de nosotros mismos tiene mucho que ver con los rótulos que estamos acostumbrados a utilizar para definirnos. Si en este momento de la lectura alguien se acercara y le preguntara quién es usted, seguramente respondería con un determinado esquema, un esquema que rápidamente pondría de manifiesto muchas cosas acerca de cómo usted se ve a sí mismo.

Etiquetarnos es una manera de clasificar los distintos roles que cada uno de nosotros cumple y que ha ido asumiendo a lo largo de la vida. Nos proporcionan una ubicación determinada en relación con el mundo que nos rodea. Cuando atravesamos situaciones críticas, estos rótulos o etiquetas pueden ser un estímulo para la elaboración de un nuevo proyecto de vida o pueden ser los responsables de nuestra inmovilidad, porque a veces las etiquetas nos hacen creer que no somos capaces de realizar ninguna otra tarea que no sea la que veníamos desarrollando hasta el momento en que empezó la crisis por la que estamos pasando. Y esto es válido para el área de los afectos, para el área laboral y para cualquiera de los tantos ámbitos en los que nos desempeñamos cotidianamente.

Si nos acostumbramos a ver nuestra vida como un gran campo de juego en el que diariamente se realizan encuentros con los más variados resultados, no nos resultará extraño incorporar la idea de que cada uno de nosotros, estimulado por las circunstancias, es potencialmente capaz de realizar actividades insospechadas hasta el presente.

Este concepto sí nos posiciona adecuadamente frente a las situaciones difíciles de nuestra vida y abre nuevos horizontes para nuestro presente y nuestro futuro. Si nos consideramos seres capaces de actuar de manera diferente de como lo hicimos en los últimos diez, quince, veinte o treinta años, nos estaremos dando la oportunidad de construir con optimismo un proyecto de vida a nuestra medida, utilizando el potencial que iremos descubriendo y que cada uno alberga dentro de sí.

En el mismo instante en que decidimos lo que queremos hacer, dejamos de ser aquellas personas a las que las cosas les pasaban sin que sepan cómo ni por qué. Entonces, experimentaremos uno de los cambios más trascendentes de nuestra existencia: dejar de comportarnos como víctimas de los acontecimientos para tomar el control de ellos.

Si bien debemos reconocer que cuando estamos sumidos en la pena y en la decepción pensamos que no tenemos alternativas o, en el mejor de los casos, que tenemos muy pocas, lo cierto es que si continuamos viéndonos como éramos, estaremos bloqueando la posibilidad de imaginarnos lo que podríamos llegar a ser y no podremos encontrar un camino diferente para resolver nuestros conflictos. Estaremos tan convencidos de que no tenemos alternativas que olvidaremos que, una vez que hayamos recobrado la calma y seamos capaces de pensar, tendremos, como todos, varias opciones frente a nosotros.

Si necesitamos confeccionar con urgencia un nuevo proyecto porque fracasamos en el que estábamos involucrados o simplemente porque hemos tomado la decisión de cambiar el rumbo de nuestra existencia, la tarea fundamental que se impone es imaginarnos qué vamos a hacer a partir de ese momento. Mientras continuemos mirando el futuro con el mismo pensamiento que nos llevó al punto en el que nos encontramos hoy, entonces elaborar un nuevo proyecto resultará una tarea superior a nuestras fuerzas. Pero si avanzamos paso a paso, estableciendo con claridad aquello que queremos y lo que no queremos para nuestra vida con un pensamiento fresco, entonces acudirán a nuestra mente una serie de alternativas novedosas, que nos permitirán elegir con total libertad aquellas que sean de nuestra preferencia.

Valorar nuestras capacidades

Cualquier objetivo es alcanzable si lo perseguimos con tesón y perseverancia. Ésta es una afirmación que resulta cierta desde el punto de vista teórico. Sin embargo, cada uno de nosotros debe, además, conocerse en profundidad para tener en cuenta en qué medida los miedos y la inseguridad obstaculizan nuestro camino. Pero no se asuste: todos tenemos miedos no resueltos y todos tenemos áreas de inseguridad que nos hacen desconfiar del procedimiento que debemos seguir. Esto es humano. De lo contrario seríamos máquinas perfectas, y eso, créame, tampoco resultaría una gran ventaja.

Encontrarnos con nuestro potencial como seres humanos nos ayudará a cambiar la óptica de nuestra realidad, porque ya no pensaremos en que no tenemos las herramientas necesarias para ubicarnos en una posición mucho más cómoda. Claro está que, para que esto pueda ser posible, debemos dejar de lado nuestras limitaciones naturales y abocarnos totalmente a desarrollar nuestro potencial. Es increíble cómo somos capaces de perder tiempo y energía remarcando nuestras debilidades cuando deberíamos dedicarnos a jerarquizar aquellas áreas de nuestra persona que nos ayudarán a progresar y construir nuestro nuevo proyecto de vida. Debemos construir el bienestar con lo que tenemos y no detenernos a lamentarnos por aquellos supuestos atributos de los que carecemos.

Aun si consideramos que nuestro potencial es pequeño y limitado, si sabemos usarlo adecuadamente puede convertirnos en seres de éxito. Sólo debemos aprender a valorar nuestras capacidades sin compararnos con los demás. En la medida en que aceptemos que cada uno de nosotros ocupa un lugar en el universo y que somos merecedores del bienestar y la felicidad, habremos dado un gran paso hacia la transformación que hemos estado esperando durante tanto tiempo.

Una vez que nos hayamos encontrado con aquellas alternativas que nos permitirán cambiar nuestra manera de ser y estar en la vida, estaremos en condiciones de establecer un plan de acción que va a tener como componente fundamental el compromiso, que no es otra cosa que contraer una obligación o responsabilidad, en este caso con nosotros mismos. Este compromiso es trascendente, pues somos responsables de algo extremadamente preciado: nuestra existencia.

Sea cual sea la actividad que desarrollemos y sea cual sea la etapa de la vida en la que nos encontremos, el compromiso de asumir con seriedad y responsabilidad nuestro destino nos dará grandes oportunidades de alcanzar nuestras metas y objetivos. El concepto de responsabilidad, entendido como la habilidad para responder a los desafíos a los que la vida nos expone, es uno de los capitales más importantes que puede poseer un ser humano y una de las enseñanzas más sólidas que debemos transmitir a las generaciones más jóvenes, las que se inician en el camino de su realización personal.

Ser responsable le da al ser humano la posibilidad real de triunfar en aquello que se propone, extendiendo su espectro de acción mucho más allá del objetivo específico. Seguramente el hombre o la mujer responsables velarán por su salud, ejercerán cada uno de los roles que asuman con dignidad y, con esa actitud, alejarán definitivamente el riesgo de caer en la mediocridad, uno de los grandes enemigos de la época contemporánea.

Encontrar nuestra misión y nuestro destino es el mayor compromiso que la vida nos exige, porque nuestra existencia es única y los resultados que obtengamos dependerán de la buena administración que hagamos de ella.

A menudo sucede que tiene que pasar una parte importante de nuestra vida para que nos demos cuenta de que no debemos perder más tiempo y que resulta urgente asumir un compromiso con nuestro proyecto personal. Es probable que ahora, cuando estamos llegando al final de este capítulo, usted esté convencido de que si comienza a buscar en su interior hallará caminos que lo conduzcan hacia la construcción de una nueva identidad. Pero la dificultad mayor que encontramos los seres humanos es qué debemos hacer para buscar y encontrar nuestro potencial.

Un camino posible para encontrarnos con nosotros mismos y establecer ese diálogo fructífero que pondrá de manifiesto quiénes somos y qué queremos de nuestra vida es buscar la razón de nuestra existencia a través del conocimiento de aquellas áreas que nos orienten a construir una vocación y que contemplen nuestras aspiraciones como seres humanos útiles a nosotros mismos y a quienes nos rodean.

Descubriendo nuestro potencial

Una forma de tomar contacto con nuestro potencial puede ser, entre otras, formularnos algunas preguntas que nos orientarán hacia el reconocimiento de aquellas actividades que más disfrutamos y que forman parte del camino que nos permitirá cumplir nuestro proyecto personal. Las preguntas son las siguientes:

- ¿Qué tipo de actividad me hace sentir mejor?
- ¿Qué pretendo como objetivo final de mi vida?
- ¿Cuál es mi escenario ideal?

Como usted comprenderá, es posible sumar a estas preguntas todas las que uno crea convenientes. Si las ha leído con atención, habrá notado que son preguntas que sólo nosotros podemos contestar, porque su contenido refleja el sentir más íntimo de cada ser humano. Si realmente deseamos un cambio significativo en nuestras vidas, es imprescindible someternos a este tipo de interrogantes.

No todas las actividades reflejan nuestras verdaderas inclinaciones. No todas nos resultan agradables ni nos hacen sentir realizados. Sucede con frecuencia que nuestro medio de vida, es decir, nuestro trabajo, es meramente el instrumento que necesitamos para obtener el dinero imprescindible para nuestra subsistencia. Pero es importante aprender a disfrutar de aquellas actividades que desarrollamos diariamente. En el caso de que nos resulte imposible disfrutar de nuestro trabajo, sería conveniente agregar a nuestra vida otras actividades que compensen esa carencia. De esa forma, evitaremos la sensación de que nuestra rutina es tediosa y aburrida, dos sensaciones que finalmente pueden conducirnos a la desmotivación.

Encontrar nuestro potencial nos permitirá realizarnos en cada una de las tareas que llevemos a cabo. Habitualmente nos exigimos resultados, pero los resultados van tras un objetivo, mientras que la realización personal es un concepto mucho más profundo. Porque la realización personal es una forma de vivir y no un objetivo en sí mismo. Es, en todo caso, el mejor camino para acercarnos a nuestro destino final: la concreción de nuestro proyecto de vida.

Veamos si podemos proyectar algo más de luz sobre este concepto que considero de capital importancia para la comprensión de la tarea que estamos emprendiendo de forma conjunta. Realizarse es utilizarse a fondo y esto es posible cuando aplicamos todo nuestro potencial, que hemos descubierto a través de la introspección, en su intensidad máxima y sin tener en cuenta el resultado final, porque lo que importa es que hemos dado lo mejor de nosotros mismos.

Lo deseable es que nuestra vida esté repleta de grandes realizaciones que nos llenen de satisfacción. Y no crea que la satisfacción es patrimonio de unos pocos elegidos. Todos y cada uno de nosotros somos capaces de sentirnos realizados en las distintas áreas en las que se desarrolla nuestra existencia. Pero esto sólo puede suceder si nos abocamos desde ahora mismo a la planificación estratégica de nuestro proyecto personal acudiendo a nuestras habilidades conscientes y a nuestro potencial.

La vida es un reto constante. Si lo aceptamos, intentemos dar lo mejor de nosotros mismos y no nos conformemos con «vivir según el reglamento», sino haciendo todo lo posible por dar siempre más de lo que se nos exige. Esa diferencia entre lo necesario y lo extraordinario es lo que nos enriquecerá y nos permitirá acceder a un nuevo modo de vivir.

Quizá este capítulo le haya resultado difícil de aceptar, pues me he dedicado a cuestionar las bases más profundas de nuestra actitud frente a la vida. Créame que es necesario. Hoy es probable que le duela y que deje escapar alguna lágrima. Pero le aseguro que mañana se sentirá agradecido o agradecida de que alguien, desde fuera, lo haya invitado a conocerse en profundidad.

Ahora haga un alto en la lectura, coloque la señal en esta página y reflexione una vez más respecto de su presente y de su futuro. Luego, descanse. En el próximo capítulo también nos espera un arduo trabajo, ya que vamos a introducirnos en otro de los más importantes interrogantes de nuestra vida: la conveniencia de ser autónomos o ser dependientes. Nos encontramos en la página siguiente. Hasta entonces.

4

AUTONOMÍA O DEPENDENCIA

> Nada puede impedir que llegue a su meta una
> persona que tiene la actitud mental correcta.
> Nada en el mundo puede ayudar a una perso-
> na que tiene la actitud equivocada.
>
> THOMAS JEFFERSON

¿Autonomía o dependencia? Ésta es seguramente una pregunta que a lo largo de nuestra vida nos hemos formulado más de una vez. Revisando mi propia historia, recuerdo ahora a una muy buena amiga de mi madre que, cuando yo tenía doce años, intercedió para que me autorizaran a usar pantalones largos y a que me dieran las llaves de mi casa. Es difícil describir el sentimiento de independencia y la sensación que me invadió cuando obtuve la aprobación para formar parte de la legión de «seres humanos adultos».

A esa edad, uno de nuestros mayores deseos es crecer rápidamente para alcanzar la misma independencia que aparentan nuestros mayores. Sin embargo, entonces no somos capaces de apreciar que muchos de esos mayores viven queriendo volver a ser niños para escapar de las responsabilidades y obtener los beneficios que la dependencia otorga.

La diferencia que existe entre los seres humanos y el resto de los animales es el alto grado de dependencia que tenemos los hombres y las mujeres respecto de nuestros mayores y el largo trecho que debemos recorrer hasta convertirnos en seres autónomos, responsables e independientes. Sólo nos acercamos a ese estado a través de nuestro crecimiento interior y el posterior desarrollo.

Si observamos detenidamente la evolución de un niño, advertiremos que gatear y luego caminar representan genuinamente el paso de la dependencia a la independencia. La perseverancia del niño para obtener su meta, que es ser independiente y caminar sin cogerse de los muebles o de las manos de un adulto, nos indica que la lucha del individuo por ser libre y decidir por sí mismo su destino se manifiesta muy precozmente. Claro está que en ese camino de crecimiento y desarrollo pueden interponerse todo tipo de circunstancias.

Sin embargo, los niños van adquiriendo su madurez física e intelectual, aun cuando el proceso pueda verse obstaculizado por múltiples sucesos que dependen de la salud emocional del núcleo familiar donde se desarrolla la vida cotidiana de ese niño, un núcleo que pone a circular diferentes mensajes acerca de los valores y la ética que calan muy hondo en la mente de los pequeños.

En el curso del crecimiento de un ser humano se produce una progresiva sustitución de la escala de valores aprendida de nuestros mayores, por la que vamos construyendo a partir de nuestra propia percepción de la realidad. Pero esto no quiere decir que desechemos todo lo que recibimos como enseñanza. Habitualmente retenemos aquellos valores que coinciden con nuestro pensamiento adulto y dejamos de lado los que consideramos obsoletos, por ejemplo aquellos que perdieron su vigencia a la luz de la evolución del mundo que nos rodea. Este ejercicio mental es una de las manifestaciones más claras de lo que significa la autonomía.

Pero no siempre las cosas se presentan de esta manera. También puede ocurrir que los mensajes que recibimos no estimulen nuestra necesidad de adaptarnos al mundo exterior, sino que nos introduzcan el miedo y no nos permitan ir esbozando nuestra identidad. Transitar por la vida sin detenernos a responder ciertas preguntas que son los pilares de la vida autónoma nos arrastrará inevitablemente al territorio de la dependencia y hará de nuestra existencia una experiencia penosa.

Seguramente, ahora usted se estará preguntando cuáles son entonces esas preguntas que en determinado momento nos veremos obligados a responder para comprender que tenemos derecho a ser los responsables de nuestro destino. Veamos algunas fundamentales:

- ¿Cuál es mi definición como ser humano?
- ¿Cuáles son mis pensamientos hoy?
- ¿Cuáles son mis objetivos en la vida?
- A partir de hoy, ¿qué responsabilidades estoy dispuesto a asumir?

Al encontrar respuestas a estas preguntas fundamentales respecto de la manera en que nos posicionamos en la vida, podremos volver a crearnos y aceptar que, como seres humanos adultos, nuestra existencia depende de nuestros actos y de nuestras decisiones, y que tenemos que trabajar intensamente para llegar a ser autónomos.

Con sólo detenernos a pensar y a tomar conciencia de que estamos intentando determinar la dimensión del mundo a través de nuestros propios ojos, nos enfrentamos a un acto de extrema responsabilidad. Ser responsables representa, en primer lugar, la expresión genuina de que hemos llegado a ser adultos. También constituye la herramienta adecuada para ubicarnos en nuestra realidad, elaborar nuestro proyecto personal e impulsar hacia la superficie el potencial que existe en nuestro interior.

La vida nos obliga a un continuo desarrollo que estimula nuestra capacidad para operar de una manera autónoma y nos ayuda a tomar decisiones que representan nuestra manera de pensar, que es única e intransferible. Cada etapa que atravesamos implica dejar atrás la anterior y nos plantea el desafío de lo nuevo, con los naturales temores al cambio y a los riesgos que ese cambio lleva implícitos.

Cuando entramos en la juventud nos despedimos de la adolescencia y cuando llegamos a la edad adulta nos alejamos de la juventud. Así vamos cambiando sucesivamente los escenarios en los que debemos protagonizar la obra de nuestra vida, ejerciendo una actitud responsable y autónoma en cada una de esas etapas.

¿Qué significa ser autónomo?

En este momento usted puede preguntarse, con toda razón, qué significa ser autónomo. Mi respuesta, por supuesto, depende de mi criterio, que usted bien puede compartir o discutir. Como el objetivo de este libro es brindarle opciones para la realización de su proyecto personal, digo que la autonomía es una herramienta que está íntimamente relacionada con la necesidad de asumir el control y la dirección de nuestra propia vida y no entregar esa potestad a ninguna figura externa.

En términos prácticos, la autonomía se traduce como la capacidad del individuo para hacerse cargo de su propia vida, es decir, para sustentarse con su trabajo o su profesión, pero también para pensar y juzgar por sí mismo, siguiendo un código ético y moral que nace en lo más profundo de su ser. Lo importante es no confundirnos y pensar que por ser autónomos somos más o menos que cualquiera de las personas que conviven con nosotros, ya sea en nuestro hogar o en nuestro espacio laboral. No debemos olvidar que la interacción social nos permite aprender constantemente de aquellas personas que nos rodean, al mismo tiempo que los otros se nutren de nuestros principios y valores.

Esta idea le quita al concepto de autonomía el rótulo que algunos podrían endilgarle, o sea, que ser autónomos es sinónimo de ser egoístas o de ser personas que se idolatran a sí mismas. En cambio, afirma con gran certeza que cada ser humano tiene una perspectiva absolutamente personal del mundo que habita y que es la consecuencia de su pasado, de su presente y de la percepción que tiene de su futuro.

Cada uno de nosotros puede, en el espacio de su conciencia personal, decidir que una o más personas dirijan su vida. A algunos esa decisión probablemente los mantenga en una «zona de comodidad», que es el resultado de no pensar y de no tener que hacerse responsables de su destino. Pero esa decisión no invalida el hecho de que nadie puede pensar por nosotros, de que nadie puede sentir por nosotros y de que nuestra vida sólo puede ser vivida por nosotros, porque nadie puede darle sentido a nuestra existencia.

Es importante aclarar, además, que la autonomía no significa que no podamos actuar de forma solidaria en distintos aspectos de nuestra vida. Necesariamente estamos unidos a los demás seres humanos y a todas las formas de vida existentes. Todos y cada uno de nosotros formamos parte del universo y ocupamos un lugar de privilegio en él. Pero al mismo tiempo que conformamos un todo, mantenemos un mundo privado en el que se manifiesta una manera de pensar y de sentir que es propia de cada uno de nosotros y que nos identifica.

Aceptar la responsabilidad de nuestra existencia constituye, por ejemplo, una condición básica para ser capaces de involucrarnos en una relación amorosa sana, una relación que tiene como punto de partida la aceptación de nuestra soledad, entendiendo la soledad como la toma de conciencia de que nadie va a pensar y a sentir por nosotros mismos. Cada vez que pensamos, cada vez que emitimos un juicio de valor, estamos poniéndonos en contacto con nuestra soledad. Pensar no es una actividad grupal. Cuando asumimos la responsabilidad de nuestra existencia, estamos afirmando nuestra individualidad y una adhesión al concepto de autonomía, que luego se proyectará en otros ámbitos de nuestro bienestar general.

Esto parece la lógica consecuencia de la evolución de los individuos. Pero para aquellas personas que no han logrado desarrollarse plenamente como adultas porque padecen un déficit en su autoestima, que se traduce en la falta de confianza en sus pensamientos y en su valoración como seres humanos, se presenta como un reto imposible de asumir. Tener como objetivo la autonomía es decirle adiós para siempre a la posibilidad de ser o actuar como niños.

Autonomía y eficacia

La autonomía está íntimamente ligada a la eficacia personal, y ser eficaces es poner en práctica nuestra habilidad para obtener aquellos resultados que deseamos. Por lo tanto, la eficacia también depende de que seamos capaces de enfrentarnos a lo que la vida cotidiana nos exige. Una de las ventajas fundamentales de contar con una buena autoestima, es que nos ayuda a sentirnos competentes y nos da alternativas para llevar a cabo con éxito nuestro proyecto personal.

Si tomamos la autonomía y la independencia como objetivos que hay que alcanzar, nos veremos en la necesidad de establecer un compromiso con nosotros mismos para lograrlo. Es justamente ese nivel de compromiso el que definirá nuestra eficacia y nuestra responsabilidad para obtener aquello que deseamos, que, en este caso, es la realización de una nueva estrategia para nuestra existencia.

Ser eficaces es imprescindible para obtener aquello que deseamos y constituye, al mismo tiempo, una manera de alcanzar las metas que nos hemos propuesto. Entonces, podemos concluir que la eficacia es imprescindible para nuestro bienestar. Alcanzar la autonomía y ser eficaces, es decir, adquirir habilidades como pensar, afrontar desafíos y adaptarnos a las nuevas situaciones a las que la vida nos exponga, se convierten en un binomio inseparable. Los seres humanos estamos creándonos nuevamente de forma permanente a través de la voluntad de aprender.

La autonomía, en contraposición a la dependencia, comienza por reconocer que cada individuo es responsable de su propia existencia y que no podemos endosar esa responsabilidad a nadie, por la sencilla razón de que ningún ser humano tiene por qué tener como misión servirnos ni satisfacer nuestras necesidades. De esta idea se desprende que cada uno de nosotros debe estar dispuesto a crear las situaciones necesarias para que sea posible producir los efectos que estamos buscando.

Cada hombre y cada mujer pueden, en pleno uso de su libertad, elegir vivir su vida como mejor les parezca. Sea cual sea esa elección, tenemos que hacernos responsables de ella. Ejercer la autonomía significa también que hemos elegido ser responsables de nuestras intenciones, de nuestras decisiones y de nuestras acciones. La libertad, que sin duda es el estado ideal en el que tenemos que vivir, nos obliga a ser responsables de nuestras ideas y valores, que son los que guían la existencia humana.

De la misma manera que necesitamos saber qué cosas forman parte de nuestra responsabilidad, también es necesario determinar cuáles son nuestros límites. Dijimos en el párrafo anterior que somos responsables de nuestras acciones y pensamientos; cabe aclarar entonces que de la misma forma no podemos ser responsables o influir en la mente y en el pensamiento de otras personas. Tener claros nuestros límites es una buena forma de preservar nuestra autoestima.

También es cierto que si, por distintas razones, somos seres dependientes, no será posible cambiar de la noche a la mañana para convertirnos en seres autónomos e independientes. En este caso se impone, antes que nada, detenernos a analizar por qué hemos llegado a una situación de dependencia afectiva, emocional o económica, para que podamos identificar lo más certeramente posible dónde se encuentra nuestro verdadero enemigo: si está fuera de nosotros o, sin saberlo, lo hemos albergado dentro desde hace mucho tiempo.

En mi libro *Toma un café contigo mismo* analicé en profundidad el concepto de autoestima, que es el juicio que nos merece nuestra propia persona. Entonces se vio que cuando ese juicio es duro, implacable y crítico nos hace escuchar una voz interior que nos atormenta y que nos hace dudar, paso a paso, de nuestro proceder. Tengamos en cuenta, que en esas condiciones es muy difícil recorrer el camino de la autonomía y la independencia.

Si nos disponemos a abordar seriamente la manera en que nos relacionamos con nosotros mismos y con nuestro entorno y llegamos a la conclusión de que ostentamos un perfil de severa dependencia respecto de la opinión de los demás y de lo que los otros consideran justo o injusto, se hace necesario que comencemos por corregir aquellas circunstancias que son las verdaderas causantes de nuestra dependencia.

El camino del diálogo interno nos llevará de la mano hasta el descubrimiento de nuestra verdadera dimensión, hurgando en todos los rincones de nuestra persona sin dejar nada al azar. Cuando consideremos que hemos finalizado o que hemos avanzado lo suficiente como para conocernos realmente, no seremos los mismos que al iniciar este proceso, y nuestra visión de la vida y del mundo también habrán cambiado notablemente.

La fortaleza que surge del genuino conocimiento de nuestra manera de ser será a partir de ahora el instrumento más importante en el tránsito desde la dependencia hacia la autonomía. Todos atravesamos etapas en nuestra vida en las que la infelicidad se hace presente sin que podamos encontrar sus causas verdaderas. Es obvio que, en condiciones normales, no tenemos la voluntad de hacernos daño. Sin embargo, fuerzas negativas operan en nuestra mente y nos conducen hacia ese sentimiento de infelicidad y de conflicto con el mundo que nos rodea.

Al mismo tiempo, cohabitan con estas fuerzas negativas otras fuerzas de signo positivo, que proyectan su luz sobre nuestra vida y que nos acercan a nuestra verdad. Estas fuerzas antagónicas se encuentran en lucha permanente por el control de nuestra mente. Todo esto que se agita en nuestro interior no es negativo, sino que nos da la posibilidad de elegir el camino que debemos seguir.

Adiós a la dependencia

Podemos hacer el esfuerzo por vivir en permanente crecimiento psicológico y espiritual, o podemos elegir llevar una vida en la que las constantes sean el deterioro psíquico y el miedo a los cambios. ¿Cómo romper con esta tendencia tan destructiva que por momentos tenemos los seres humanos? Cuando elegimos inconscientemente vivir en el deterioro psíquico, llegamos a perder la noción de que las alternativas existen. Si en ese momento logramos, solos o con la ayuda de alguien, descubrir esas alternativas, éste será el punto de inflexión que nos permitirá comenzar nuestra recuperación.

Elegir el camino correcto no es una decisión que se tome una sola vez y para siempre. Nuestra fuerza espiritual debe consolidarse paso a paso, hasta que hayamos aprendido a manejar nuestros fracasos como la oportunidad de dejar atrás la dependencia y comenzar a visualizar las ventajas evidentes que vienen implícitas en la autonomía y la independencia.

Lo más importante, aquello que me gustaría que usted retuviera de la lectura de este capítulo, es que todos podemos cambiar. En este caso, el cambio debe ser decir adiós a la dependencia para ingresar en el fascinante mundo de la autonomía y el desarrollo individual. Sabemos que la vida no es sencilla, pero sin duda estaremos de acuerdo en que así como hay gente que sufre porque no puede afrontar sus problemas, hay otras personas que sortean de una manera eficaz y satisfactoria las vicisitudes de la vida.

Si bien es cierto que «no todo lo que reluce es oro», y esto quiere decir que detrás de una sonrisa puede haber una gran tristeza, lo cierto es que sin duda hay hombres y mujeres que se sienten independientes y que conducen su existencia guiados por la autonomía. Reitero que la vida no es sencilla y sé que esto no es ninguna novedad para usted. Pero también vuelvo a hacer hincapié en que todas las personas albergamos dentro de nosotros las posibilidades de movilizar nuestra energía vital y ponerla al servicio de nuestro crecimiento para, de esa manera, afirmar con total propiedad que todos podemos ser agentes activos de nuestro cambio.

En el ejercicio de mi profesión más de una vez le he preguntado a un paciente o a una paciente: «¿Cuáles son los beneficios de ser dependiente?, ¿de qué responsabilidades se está liberando?». En esos casos obtuve casi siempre la misma respuesta: casi ninguno sabía qué beneficios estaba obteniendo, sino que planteaba una gran dificultad para evitar cometer siempre los mismos errores.

El análisis conjunto de la situación que estaban atravesando esas personas me conducía casi siempre a una misma conclusión: en primer lugar, no tenían una idea clara de cuáles eran las causas más profundas que condicionaban su forma de actuar; tampoco lograban resolver adecuadamente los temores y frustraciones que habían arrastrado durante años, y sentían una gran falta de autoestima, inseguridad y temor a ser diferentes.

De alguna manera esto explica por qué puede resultar más cómodo, en determinadas circunstancias, actuar como seres dependientes, porque esto nos evita enfrentarnos con una realidad muy dura y con la necesidad de elaborar una estrategia para establecer un cambio. Porque el cambio no se articula solamente gracias a la voluntad, sino que exige una planificación estratégica y no claudicar en el intento.

Cómo superar los miedos

Una vez que la sucesión de fracasos y frustraciones nos hace tomar conciencia del precio que estamos pagando por ser dependientes, comenzamos a acariciar la idea de que es necesario cambiar nuestra forma de proceder y de que debemos hacer un intento por aproximarnos a la autonomía. En este caso concreto, cambiar será sinónimo de modificar aquellos hábitos y conductas que estaban profundamente arraigados en nosotros.

Pero estos cambios nos conducen inevitablemente a territorios desconocidos, y esto es lo que hace dudar y retroceder a muchas personas. Sin embargo, en el mismo momento en que aceptemos el desafío de entrar en ese territorio incierto, habremos dado el primer paso para nuestra transformación definitiva.

¿Cuáles son los miedos que nos asaltan en esta primera etapa de cambio? Las personas dependientes pueden resultar muy predecibles, ya que mantienen una misma actitud de sumisión, de obediencia y hasta de servilismo ante cualquier situación. Así pues, la pregunta lógica que las personas dependientes se hacen antes de cambiar es: ¿cómo reaccionarán los demás si modifico mis actitudes? Lo importante, entonces, es aclarar que primero debemos analizar cómo nos sentiremos nosotros mismos ante el cambio, para justo después preocuparnos por la reacción y los sentimientos de los otros.

Al mismo tiempo, la inseguridad que hasta ahora nos había caracterizado nos hace dudar respecto de nuestra capacidad para mantener cualquier cambio y nos vuelve temerosos ante la sorpresa, la soberbia o el enfado con el que podrían llegar a reaccionar aquellas personas de las que dependemos. Entonces, y con sólo imaginar que hemos de fracasar en nuestro intento, y que eso sumará una nueva frustración, postergamos de forma indefinida nuestro intento de independencia.

Cuando tomamos la decisión de transformar nuestra realidad, debemos tener claro que esa decisión lleva implícitos ciertos riesgos y que sólo podremos prever algunos de ellos, mientras que otros serán circunstanciales y no seremos capaces de considerarlos con anterioridad. La responsabilidad respecto de cualquier modificación de nuestra conducta es absolutamente nuestra. Así como distintas circunstancias nos condujeron a una situación de dependencia, sólo nosotros podemos autorizarnos para llevar a cabo ese cambio tan trascendente que modificará para siempre el vínculo con nuestros semejantes.

Los cambios son posibles siempre y cuando comencemos por aceptar nuestra realidad tal cual es, sin agregarle juicios de valor. Desde el mismo momento en que seamos capaces de admitir y reconocer cuáles han sido y cuáles son nuestros defectos, estaremos en condiciones de descubrir el enorme valor de nuestra energía y ponerla al servicio de esta nueva etapa que nos estamos planteando recorrer: el camino hacia la autonomía.

Aceptar nuestra realidad

Hemos dicho anteriormente que los cambios requieren de una planificación estratégica. Esta planificación debe permitirnos cambiar primero aquellos aspectos que nos resultan más sencillos y menos traumáticos, y dejar para el final las áreas más difíciles y que marcarán sin duda el éxito de nuestro esfuerzo.

Aun así, es aconsejable darnos un tiempo para definir qué queremos modificar de nosotros y por qué queremos hacerlo. En esta etapa, eso nos permitirá visualizar el porqué de nuestra dependencia y será posible definir, por ejemplo, si es la consecuencia de alguna debilidad, si nos resulta difícil tomar la iniciativa, si siempre necesitamos de la aprobación de los demás o si nos dejamos dominar por personas de «carácter fuerte». Estas y otras preguntas surgirán espontáneamente de nuestro interior, y las respuestas reflejarán con honestidad la manera en que hemos actuado hasta hoy.

Podemos activar de forma premeditada aquellos cambios que nos acerquen a una forma de vivir autónoma e independiente, o pueden producirse como consecuencia de una crisis personal. De más está decir que, más allá de la forma en que se originen, obtendremos mejores resultados en la medida en que actuemos ordenadamente. Eso hará posible que quienes conviven con nosotros puedan adaptarse paulatinamente a nuestros cambios para que no les resulte tan difícil aceptarlos. Cuando estas transformaciones son la consecuencia de una crisis personal, es necesario ser extremadamente cuidadosos y no tomar decisiones intempestivas que puedan hacer que nos arrepintamos en el futuro.

Antes de continuar debo hacerle una importante pregunta: ¿es usted un ser autónomo o un ser dependiente? Quizá no se esperaba que le hiciera esta pregunta ahora, pero debe saber que para seguir adelante con este tema es necesario que se autodefina y se ubique en uno de los dos grupos. Si es usted un ser independiente, sólo corroborará los pasos que seguramente dio hasta obtener esa posición. Si, por el contrario, usted es un ser dependiente, entonces acomódese en su sillón, o en la silla, o en el lugar donde acostumbra a leer sus libros, porque ahora vamos a conversar largo y tendido acerca de la importancia de tomar la decisión de cambiar y de su íntima relación con la autoestima. ¡Ah!, le sugiero también que tomemos un café o algo fresco, porque así resultará más fácil abordar este tópico.

Convertirnos en seres humanos autónomos a partir de las experiencias que hemos ido atesorando a lo largo de nuestra vida depende inevitablemente de tomar la decisión de cambiar algunos aspectos y estrategias que hemos puesto en práctica hasta el presente.

Durante nuestro desarrollo tienen gran influencia distintas figuras, como nuestros padres, maestros u otras personas que participan del proceso educativo. Esas personas emiten juicios acerca de nuestros atributos o defectos que calan muy hondo en la imagen que nos merece nuestra propia identidad. Debemos saber, entonces, que esos juicios tienen tanto valor porque provienen de personas en las que reconocemos autoridad y porque se nos ha enseñado a no cuestionarlas, ya que representan el equilibrio, la mesura y el conocimiento, todos atributos que sin duda debemos respetar.

También así se va modelando la imagen que tenemos de nosotros mismos y nuestra escala de valores, y de ellos muchas veces aprendemos lo que está bien y lo que está mal. Pero los juicios de valor pueden llegar a ser lapidarios, porque suelen basarse en apreciaciones erróneas de una realidad que no es comprensible para todos, ya que cada hombre y cada mujer tienen su propia realidad y transitan por la vida buscando su verdad.

Cuando sentimos la imperiosa necesidad de romper los cercos y convertirnos en seres autónomos, responsables de nuestro propio destino, al principio podemos sentirnos culpables por movilizar una estructura que durante mucho tiempo se ha mantenido firme, pero que hoy sentimos que ya no responde a nuestras reales necesidades. Obtener la tan deseada autonomía está profundamente relacionado con un renacer de la autoestima, con una apuesta a recuperar la confianza en nuestros propios pensamientos y a volver a ocupar el lugar que siempre merecimos y que hoy pugnamos por ocupar.

¡No más culpas! ¡No más dudas! Tengamos la certeza de que éste es el camino de la vida que mejores posibilidades nos ofrece, porque nos enseña palmo a palmo a responsabilizarnos de nuestras decisiones y a acariciar la agradable sensación de ser quienes dirigimos el rumbo que hemos de tomar día a día.

¡Tenemos derecho a ser diferentes! En especial cuando esa diferencia no invade territorios, ni relega a otras personas a un segundo plano, sino que únicamente reivindica el dere-

113

cho impostergable de disfrutar de nuestra autoestima y ser autónomos e independientes gracias a nuestros propios recursos.

No debemos confundirnos: los fracasos o las experiencias que culminan con sentimientos de pérdida no siempre se deben a nuestros errores. No es infrecuente que la imagen que los demás tienen de nuestra persona se proyecte sobre nosotros influyéndonos de una manera negativa o haciéndonos creer que somos incapaces. Claro está que esta influencia opera en la medida en que somos débiles y permeables a la opinión de los demás, y éste es el punto que debemos corregir, pero ¿cómo lo hacemos?

La aceptación de nuestra realidad nos indica que estamos ante una encrucijada de la vida y que ya es tiempo de poner en práctica las reformas estructurales necesarias para modificar la manera en que estamos conduciendo nuestra existencia. Descubrir las áreas que están en conflicto es el primer paso para identificar claramente qué es lo que nos sucede. La crisis que estamos atravesando puede estar instalada en nuestra vida afectiva, en nuestras relaciones interpersonales o podemos estar ante problemas en el área de nuestro trabajo.

Aceptar nuestra realidad actual nos ubica adecuadamente en el escenario en el que nos desenvolvemos cotidianamente, a la vez que nos permite tomar conciencia de que nuestro comportamiento no nos está dando los resultados que esperábamos. Al mismo tiempo, y esto puede ser difícil de admitir, nos damos cuenta de que la modalidad que aplicamos a toda nuestra interacción social o, dicho de otro modo, los patrones de conducta en los que siempre creímos hoy están caducos y no contribuyen al desarrollo personal al que legítimamente aspiramos. En consecuencia crece en nosotros un fuerte sentimiento que nos susurra que debemos instrumentar un cambio que nos conduzca hacia la autonomía y la independencia de pensamiento y de acción.

Si logramos superar el miedo a lo desconocido y las dudas, entonces habremos iniciado una etapa trascendente en nuestra vida. Y se trata de una etapa trascendente, pues a partir de ella podremos salir fortalecidos y encaminados hacia una reingeniería personal.

¿Estamos dispuestos a afrontar el desafío?

También es cierto que no todos los seres humanos se sienten bien vistiendo el uniforme de la autonomía y la independencia. Por eso, antes de seguir adelante, es oportuno dedicar un tiempo a reflexionar sobre uno mismo. De esa reflexión debe emerger con claridad la respuesta a otra gran pregunta: ¿estamos dispuestos a afrontar este nuevo reto que se presenta en nuestra vida?

No todos los hombres ni todas las mujeres poseen cualidades personales innatas para liderar su propia existencia. Pero esto no divide a los seres humanos en capaces o incapaces para el cambio, sino que señala y advierte a aquellos que no tengan esas cualidades personales que pueden adquirirlas siempre y cuando estén convencidos.

Si hoy mantenemos una relación laboral de dependencia, ya sea en una empresa, en un comercio o en cualquier otro ramo de la actividad personal, tenemos que analizar concienzudamente qué actitudes debemos abandonar en pos de nuestra autonomía, teniendo en cuenta que el desafío es grande, pero que también el estrés y la adrenalina que circulará por nuestro organismo van a ser importantes.

En la vida no hay garantías y nadie puede asegurarnos de antemano que vayamos a tener éxito en esta nueva propuesta. Pero en la búsqueda de nuestro potencial será oportuno plantearse cuál es el nivel de entusiasmo que tenemos, cuál es la flexibilidad con la que estamos actuando y cuál es nuestra capacidad en materia de negociación en el momento de hacer frente a los riesgos que conlleva el cambio que estamos experimentando.

Una pareja y una familia que nos brinden su apoyo en esta nueva etapa de nuestra vida también será un elemento esencial, pues la autonomía no se logra por decreto, sino que consumirá muchas horas de dedicación hasta que hayamos logrado modelar nuestra nueva identidad.

Ser autónomo también requiere un compromiso firme y una predisposición al esfuerzo diferente de la que podíamos tener en nuestra relación de dependencia. Por lo tanto, fortalecer este nuevo pensamiento, esta nueva posibilidad que se abre ante nuestros ojos, es ahora el objetivo fundamental.

Cuando llegamos a la conclusión de que las verdades que creíamos inamovibles comienzan a caer como si fueran castillos de arena, es probable que imperceptiblemente entremos en una crisis de valores muy profunda y que nuestra autoestima tienda a decaer. La rebeldía que sentimos en ese momento opera como un estímulo poderoso que nos induce a cuestionarnos, a dudar, a formularnos interrogantes y finalmente a tomar conciencia cabal de nuestra situación.

Aunque esto no es suficiente para iniciar un cambio, al menos dejaremos de mentirnos y estaremos pisando en tierra firme, sobre una realidad indiscutible. De ahí en adelante, algunos podremos establecer cambios, mientras que otros necesitarán de ayuda, apoyo u orientación para ser capaces de formalizarlos.

Ante todo deberemos reevaluarnos para tener la certeza de que somos hombres y mujeres con valores firmes, que hacen de nosotros buenas personas, aptas y merecedoras de disfrutar de nuestra autonomía y de erradicar definitivamente las amarras de la dependencia, verdadera trampa en la que quedamos atrapados sin posibilidad de crecimiento ni expansión.

De nada servirá engañarnos si a pesar del esfuerzo por mejorar el juicio que nos merece nuestra propia persona no logramos sentirnos mejor, con una actitud diferente y con un compromiso que nos lleve a ser perseverantes para obtener los resultados que deseamos en nuestro nuevo proyecto personal de vida.

Si sólo nos analizamos superficialmente, si sólo nos juzgamos por los últimos acontecimientos de nuestra existencia y no tenemos el valor para acercarnos a nuestra verdadera manera de ser, también los resultados serán efímeros y en poco tiempo estaremos dudando otra vez respecto de nuestra habilidad para vivir en un mundo que nos exige cada vez mayor integridad y más certezas. Por lo tanto, volver a creer en nuestra capacidad o creer por primera vez en que es posible cambiar, nos abre un panorama absolutamente distinto.

¿Cuándo es el momento de cambiar?

Quizá usted ahora se diga: «¿Cuando llega ese momento en el que el ser humano se pregunta acerca de la esencia misma de cada uno y de su destino?».

La oportunidad es única para cada hombre y para cada mujer, pero habitualmente se presenta cuando nos sentimos verdaderamente acorralados por nuestra realidad. Claro está que también podemos imponernos la tarea de buscar respuestas adecuadas en nuestro interior partiendo de una vida equilibrada y plena de bienestar. Pero los cuestionamientos

117

acerca de nuestra autoestima generalmente se disparan cuando estamos atravesando alguna crisis. Entonces el anhelo de llegar a ser autónomos crece en nuestro ser y a esto se suma la posibilidad de visualizarnos en un futuro que es la consecuencia de nuestra nueva postura frente al mundo, una postura que acecha un horizonte posible en el que podremos concretar nuestro proyecto vital.

Tener confianza en uno mismo, creer que los sueños son posibles y que no contradicen la idea de «vivir con los pies sobre la tierra», se convertirá en la más agradable y placentera de las experiencias, porque nos permitirá recorrer los caminos de nuestra vida con una meta específica, en este caso la autonomía, que eliminará definitivamente las relaciones de dependencia que pudimos haber establecido a lo largo de los años.

Convertirnos en seres autónomos no significa romper con el pasado, ni significa alejarnos de todo lo que hicimos hasta el momento en que el balance de nuestra existencia nos indicó que había que modificar ciertos aspectos fundamentales de nuestra interacción personal. Convertirnos en seres autónomos significa que, a partir de ahora, las decisiones trascendentes partirán desde nuestro interior y que, aun a riesgo de equivocarnos, cada uno de nosotros se respetará a sí mismo y establecerá nuevos límites que lo protegerán de aquellos intereses que no sean estrictamente los suyos.

Ya no debemos vivir en la búsqueda constante de la aprobación de los demás, ya no debemos mirar a los ojos de los otros esperando ese permiso que nos habilite a trabajar en la concreción de nuestros deseos. Todo ser humano disfruta cuando es aprobado por su entorno, pero esto no puede suceder si antes no se aprueba a sí mismo.

La genuina autoestima, antesala de la autonomía, no depende de que nos consientan o de que nos admiren. Depende pura y exclusivamente del juicio que nos merece nuestra propia persona, con nuestras virtudes y, por qué no, también con aquellas conductas que sentimos que tenemos que cambiar en pos de nuestro bienestar.

No podremos pensar en la autonomía si antes no establecimos con claridad cómo nos sentimos en el lugar que ocupamos en este mundo. Seguramente cada uno de nosotros tiene sentimientos encontrados, ya que algunos aspectos de nuestra vida se desarrollan satisfactoriamente y de acuerdo con nuestras exigencias, mientras que sentimos que otros requieren de una urgente reinterpretación y de pautar nuevas conductas que nos acerquen a lo que cada uno necesita para construir su bienestar y su felicidad.

Es precisamente entonces, en la modificación de esas maneras de sentir y de actuar, que clama por un lugar de privilegio el concepto de autonomía. No importa nuestra edad, ni nuestro sexo o clase social. Es posible que, como resultado del análisis y del balance que estamos haciendo, comprobemos que en algunos territorios de nuestra vida hemos actuado de forma totalmente dependiente. Pero tampoco es el momento de hacer una crítica inclemente, porque eso no nos conduciría a ninguna solución creativa.

Reconocer claramente y en lo más profundo de nuestro ser cómo nos hemos conducido hasta ahora es suficiente para sentirnos motivados y para comenzar a evaluar cómo sería nuestro desempeño si nos comportáramos como seres autónomos. Como toda experiencia nueva, es probable que al principio no podamos siquiera disfrutar de esta nueva manera de ser y de estar en el mundo, que está lejos de ser perfecto. Pero a medida que ensayemos una y otra vez la toma de decisiones y que la complementemos con las acciones correspondientes, podremos ir ejerciendo control sobre nuestros pensamientos y sentimientos. Ese control hará que jamás volvamos sobre nuestro pasado, es decir, no permitirá que volvamos a ser dependientes. Créame, la sensación de libertad que podrá experimentar es incomparable y le augura un futuro pleno de realizaciones.

La autoestima como base de la autonomía

La falta de autoestima es la clave en la combinación de la caja fuerte que guarda nuestros más caros anhelos. Para abrir la pesada puerta del tesoro de nuestra alma necesitamos conocer esa clave, una clave que no tiene números, sino que se compone de la confianza y el respeto por nosotros mismos y de un sentimiento de gran dignidad personal frente a la vida.

Ahora que nos acercamos al final de este capítulo le haré unas preguntas cuya respuesta es indispensable para continuar avanzando: ¿quién tiene acceso a esa clave secreta?, ¿quién puede responder a esas preguntas tan importantes, preguntas que sin duda encierran la verdad respecto de nuestras vidas? Conteste en silencio, hable con usted mismo y luego dígame si ha llegado a la misma conclusión que yo: cada uno de nosotros tiene la clave. Una clave que está bien guardada en lo más profundo de nuestro ser y a la que accederemos gracias a un diálogo con nosotros mismos que sea honesto, profundo y que esté dirigido a diseñar una nueva identidad a partir de este preciso momento.

¿Se da cuenta ahora de la importancia que tiene la autoestima como base fundamental de la autonomía? Si lo ha percibido, si lo está sintiendo en su interior, pues bien, vamos, levántese de la silla o del sillón en el que está sentado y estimule su mente. Invítese a tomar un café, póngase cómodo y comience a contestar una a una esas preguntas que sólo tienen un dueño: usted. Todas las respuestas están en el cofre de su corazón. Sólo resta que tome la llave para abrirlo y llegar a ellas.

Desde aquí lo estoy observando. ¿Sabe por qué? Porque yo también estoy respondiendo a mis propios interrogantes y, fiel al propósito de este libro, lo estamos haciendo juntos con la íntima convicción de que llegaremos a diseñar el mejor proyecto personal de vida del que seamos capaces y que, en el menor tiempo posible, podremos disfrutar de nuestro bienestar como fruto del esfuerzo por llegar a ser totalmente autónomos.

A medida que vayamos respondiendo a esas preguntas, también iremos advirtiendo que no es nada sencillo ser objetivos y tratar de contestar con la verdad. ¿Por qué? La respuesta es que todos tendemos a minimizar nuestras carencias y por lo tanto guardamos en la profundidad de nuestro ser aquellos conflictos que son la verdadera causa de nuestro malestar y de nuestras frustraciones.

La falta de autoestima condiciona de tal manera nuestra conducta que, sin ser conscientes de ello, siempre atribuimos nuestras dificultades a factores circunstanciales, y no nos detenemos a pensar que los resultados negativos se deben a un juicio muy devaluado de nuestra propia persona y de nuestros recursos para tener éxito.

Se necesita de mucha integridad para enfrentar y aceptar una verdad que puede ser dolorosa. Cada uno de nosotros, hombres y mujeres, tendemos a proteger nuestra imagen. Transformar la imagen negativa que podemos tener ante nuestros ojos en una imagen positiva encierra un único secreto: creer en nuestra capacidad.

Si ante el gran número de interrogantes que nos permitirán evaluar cuál es el grado de confianza que nos merece nuestra actitud frente a la vida somos capaces de responder con optimismo y esperanza, entonces estamos en el camino correcto. Esto no es una garantía para el éxito inmediato, pero tendremos la certeza de que estaremos construyendo nuestra nueva identidad basándonos en una convicción firme y en un compromiso que naturalmente traerá como resultado una actitud autónoma e independiente.

Ahora le propongo que juntos intentemos contestar alguna de estas preguntas que nos darán una noción respecto de la forma en que nos vemos en la vida diaria y en la relación con nuestra familia, con nuestros compañeros de trabajo y con nuestra pareja.

- ¿Qué imagen tenemos de nosotros mismos?
- ¿Somos merecedores de nuestro respeto y, por ende, del respeto de los demás?
- ¿Nos sentimos aptos para responder a los desafíos básicos de la vida, es decir, para ser autónomos y responsables de nuestra supervivencia?
- ¿Este proyecto personal que estamos diseñando significa un reto a nuestra capacidad de soñar o lo estamos viviendo como un compromiso que creemos imposible de cumplir?

De acuerdo con las respuestas que surjan de este diálogo con nosotros mismos podremos tener una idea mucho más clara respecto de las áreas en las que deberemos trabajar con más dedicación para lograr la primera meta de este viaje que nos estamos proponiendo: desarrollar la confianza en que la autonomía es el camino adecuado para nuestra realización definitiva.

Tengo la sensación de que estamos transitando ordenadamente por una gran autopista, donde usted y yo tenemos bien definido adónde queremos llegar. Pero no, no se apresure, vayamos despacio; es tan grande la búsqueda de la verdad de un ser humano que no podemos encerrarla en algunos conceptos básicos sobre la autoestima, aunque se trate de un factor fundamental.

Entremos ahora en el túnel del tiempo para una vez más pasar revista a nuestro pasado y despedirnos definitivamente de aquellas circunstancias que puedan haber sido dolorosas y que hasta el día de hoy han impedido nuestro crecimiento personal.

Sólo en el presente y en el futuro podemos marcar nuestra presencia y utilizar nuestra energía en la puesta en marcha de este proyecto personal de vida, con la certeza de que estamos dispuestos a brindar lo mejor de nuestra persona para obtener lo que hoy reconocemos como nuestros deseos y necesidades fundamentales.

Ahora tomemos un pequeño descanso y luego carguemos algunas provisiones: volver a entrar en nuestro pasado es una tarea que puede llevarnos algún tiempo. Es una ardua tarea repasar aquellos acontecimientos a los que les habíamos dado una interpretación que hoy nos proponemos cambiar. Contando con el beneficio de la distancia que otorga el tiempo, nuestro objetivo es reinterpretar ese pasado para impedir que viejos acontecimientos traben nuestro desarrollo personal, un objetivo que mira únicamente hacia un futuro lleno de esperanza.

SEGUNDA PARTE

EL PROYECTO PERSONAL

Si uno avanza con fe en la dirección de sus
sueños y procura vivir la vida que imagina, se
encontrará con el éxito en cualquier momento.

HENRY DAVID THOREAU

5

PASADO, PRESENTE Y FUTURO: TRES TIEMPOS Y UNA ÚNICA REALIDAD

> Conserva el buen humor. No pienses en los problemas de hoy, sino en los éxitos que vendrán mañana. Tienes dificultades, pero las superarás si perseveras, y disfrutarás venciendo los obstáculos. Recuerda: nunca es energía malgastada la que se aplica a conquistar algo hermoso.
>
> HELEN KELLER

A partir de este momento vamos a entrar en una dimensión quizá desconocida para nosotros, una dimensión en la que hemos de analizar, de forma conjunta, qué circunstancias inciden de forma positiva o negativa a la hora de definir nuestro proyecto personal. Cada ser humano, cada mujer y cada hombre, tiene un pasado, una historia que opera poderosamente a la hora de tomar decisiones trascendentes para su presente y para su futuro.

Cuando ya nos disponemos a actuar en el escenario correcto de nuestra vida, cuando ya delineamos en nuestra mente las coordenadas generales del que será nuestro proyecto personal, es posible que se nos presenten algunos interrogantes que nos harán dudar respecto de la validez de nuestro planteamiento. Entonces, tendremos la necesidad urgente de encontrar respuestas que contemplen esa inquietud.

Por alguna razón, cada uno de nosotros llega a una determinada etapa en la que se cuestiona sanamente la forma en que ha vivido. En ese momento, nos preguntamos con total crudeza si estamos desarrollando actividades que colman nuestras expectativas. Podemos tener veinte, treinta, cincuenta o setenta años, pero la pregunta es la misma: ¿somos hoy los hombres y las mujeres que nos propusimos ser en el comienzo de nuestra vida?

Podemos encontrar las respuestas más diversas, porque esas respuestas dependerán del grado de sensibilidad y del grado de aceptación de las decisiones y de las acciones que cada uno ha tomado a lo largo de su existencia. Sin embargo, me atrevería a decir que un alto porcentaje de los que hoy estamos involucrados en la realización de un sueño posible responderemos, y entre ellos me incluyo, que tenemos que perseverar para aumentar el valor de nuestro esfuerzo.

Dicho de otro modo: a partir de este momento ya no vamos a estar dispuestos a aceptar menos de lo que nos merecemos en función de nuestro compromiso, con el añadido de que tampoco vamos a seguir postergando eternamente nuestros legítimos sueños en función del temor al cambio. Porque para que los cambios se produzcan, en primer lugar tenemos que aceptar que la situación por la que estamos atravesando nos genera cierta disconformidad. Cuanto mayor sea el nivel de disconformidad, más dispuestos estaremos a correr los riesgos que implica entrar en territorio desconocido.

Pensar que debemos introducir modificaciones a nuestro modo de interpretar la realidad, a la forma en que hasta el presente hemos tomado decisiones y a la forma en que hemos actuado, ya nos acerca a nuestro objetivo fundamental, que es, a partir de ahora, no dejar nada al azar sino incluir nuestros pensamientos y nuestras sugerencias en ese mapa de ruta que es nuestro proyecto personal de vida.

Hablemos abiertamente: ¿de quién puede esperar usted cambios significativos en su manera de vivir?, ¿existe acaso alguien más importante que usted para calibrar la vergüenza, la rebeldía y el desafío que implica plantearse una vida distinta que satisfaga sus necesidades y contemple sus reales deseos?, ¿hay alguien dispuesto a proporcionarle ese bienestar del cual es usted responsable?

Estoy de acuerdo; quizá estoy siendo demasiado exigente. Pero digo cada palabra de corazón. Porque cuando tenemos que resolver esos dilemas profundos que surgen de los balances existenciales, en realidad estamos solos, absolutamente solos. Es cierto, podemos recurrir a un consejo, a una orientación, a una visión diferente de la realidad que vivimos, pero a la hora de tomar una decisión verá cómo por arte de magia todos los consejeros desaparecen, pues nadie querrá asumir la responsabilidad de ser quien le sugirió tal o cual camino.

Es en ese sentido en el que digo que estamos solos. Pero creo que está bien que eso sea así, porque es una manera de darnos cuenta de que existen determinadas decisiones que las personas debemos tomar en contacto con nuestra intimidad y sin interferencias externas.

Si no estamos conformes con nuestro pasado y queremos una mejor calidad de vida para nuestro presente, aceptemos que deberemos esforzarnos más, que podemos y está bien que demandemos más de nosotros mismos, sabiendo, desde ahora mismo, que si a partir de hoy seguimos haciendo las mismas cosas que hemos hecho hasta el presente, los resultados serán idénticos a los que hoy estamos cuestionando.

Sólo nosotros podemos construir un techo para nuestro desarrollo y esto suele suceder cuando tenemos una visión distorsionada de nuestra propia altura. Entonces, yo le pregunto: ¿qué lo detiene?, ¿por qué cree que no puede ser diferente?, ¿quién le dijo que era capaz de llegar sólo hasta cierto punto?

Éste es el lugar y el escenario justo para que comencemos a sentir ese cambio interior que nos llevará a percibirnos como personas distintas, sin un techo que nos marque cierto límite, sino incorporando el sentimiento y el pensamiento de que nuestros éxitos estarán presentes en la medida en que nuestra actitud, nuestro compromiso y nuestra dedicación sean acordes a nuestro proyecto personal de vida.

Como he dicho algunos párrafos antes, algo tiene que encender la mecha de nuestra rebeldía para que aprendamos a valorarnos y para generar dentro de cada uno de nosotros esa fuerza que será imposible de detener y gracias a la cual hemos de lograr cualquier meta u objetivo que nos hayamos propuesto. Pero el éxito siempre dependerá de la pasión que estemos dispuestos a poner para alcanzar lo que queremos y lo que merecemos.

No basta con llegar a la conclusión de que nuestro pasado no fue lo suficientemente bueno como para tener un lindo recuerdo de él. Si permanecemos atrapados en ese pasado, si no estamos dispuestos a hacer algo para cambiar esa sensación, estaremos dando vueltas en círculos y no podremos salir de nuestra propia decepción.

Asumir la conducción de nuestra existencia

Entonces, vuelvo a preguntarle: ¿cuántas excusas ponemos para no intentar siquiera salir de esa zona en la que supuestamente estamos cómodos pero que, en el fondo de nuestro ser, sabemos que es nuestra mayor fuente de insatisfacción? Si intentamos buscar cada vez más excusas y justificaciones sólo estaremos perpetuando esa situación que hoy se hace insostenible. Por lo tanto, lo único que corresponde hacer es asumir la responsabilidad en la conducción de nuestra existencia y hacer algo que nos otorgue la sensación de que estamos en movimiento, pero en un movimiento ascendente, que nos permita escapar de esa espiral negativa que de lo contrario nos irá llevando paulatinamente a la angustia, a la desesperación y no pocas veces a caer en una depresión.

Le insto a dar un paso al frente y a separarse de esa gran legión de seres humanos que están inmersos en un esquema absolutamente rígido y rutinario, seres que sólo tratan de sobrevivir, pero que han perdido la visión y la convicción de que debemos encontrar el tiempo para el cambio y para pelear dignamente por el tipo de vida que soñamos.

No crea que yo me siento a salvo de las dificultades que hoy en día presenta el solo hecho de subsistir. Pero el árbol no puede impedir que veamos el bosque y, más allá de cumplir con nuestras obligaciones cotidianas, debemos encontrar un tiempo para la visualización de un presente y un futuro distintos.

A veces, durante las entrevistas personales, yo invito a mis pacientes a que pasen revista a las situaciones límite que han debido enfrentar a lo largo de su vida, situaciones en las que se vieron necesitados de actuar y resolver conflictos por demás difíciles. Es llamativo cómo la sorpresa los invade cuando, mediante este ejercicio de memoria, pueden comenzar a valorarse en su real dimensión y aceptar la idea de que todos somos capaces de hacer lo que necesitamos hacer si nos lo proponemos.

La mayor parte de las limitaciones que creemos tener parten erróneamente de la idea de que no somos ni seremos capaces de superar determinados acontecimientos que pueden habernos marcado en las distintas etapas de nuestro desarrollo como seres humanos. Pero miremos a nuestro alrededor: ¿cuántas personas han podido romper con su pasado y liberarse completamente para vivir el presente y el futuro? Entonces, ahora le pregunto: si ellos fueron capaces de lograrlo, ¿por qué nosotros no podremos hacerlo?, ¿qué cree usted que se necesita para dejar atrás los miedos, las inseguridades y las dudas respecto de nuestro potencial?, ¿acaso cree que aquellas personas que se fijan metas y objetivos son seres humanos superiores? No, definitivamente no. La calidad de vida es un bien para ser disfrutado por todos y cada uno de nosotros sin distinciones de ningún tipo.

Hoy ya no debe importarnos lo que hicimos en el pasado. Por inexperiencia, por credulidad, por inocencia o por simple obstinación, pudimos haber cometido todo tipo de errores. Pero cada uno de esos errores nos dejó un aprendizaje, un sedimento. Vida es sinónimo de acción y de reacción. No escapemos de nuestra responsabilidad al respecto.

Acción es sinónimo de vida

Acción es sinónimo de vida, acción es sinónimo de movimiento. La acción tensa nuestros músculos y pone nuestro cerebro a pensar en qué haremos para alcanzar nuestras metas y objetivos. Cada día que se inicia trae consigo una nueva oportunidad para liberarnos de las cadenas del pasado y asumir que el presente es el tiempo de ordenar las intenciones, de tomar las decisiones acertadas y de avanzar rumbo al instante más importante de todo este proceso: la acción.

Si no nos fue bien en el pasado, tomémonos un tiempo para identificar las causas de nuestro probable fracaso y para evaluar nuestras pérdidas, pero siempre con la frente en alto, sabiendo y tomando conciencia de que el pasado no es una postal inmóvil y que de ninguna manera tiene que ser el reflejo del presente y mucho menos de nuestro futuro.

En la vida cotidiana nos cruzamos con decenas y decenas de personas que son incapaces de hablar de su presente y de su futuro porque las experiencias vividas en el pasado fueron tan traumáticas que los dejaron paralizados. Entonces, rescatemos la importancia de centrarnos en vivir el presente, con sus aspectos positivos y también con los negativos, pero poniendo el mayor énfasis en visualizar un futuro construido con nuestro pensamiento, con nuestro sentimiento y con el esfuerzo diario.

Tenemos la muy destructiva tendencia a generalizar y creer que si en el pasado nos fue mal en algunas áreas de nuestra vida, eso se va a repetir siempre. Pero no es así, ya que cada uno de nosotros es el responsable de su propio destino y puede modificar a su favor tanto el presente que está disfrutando como el futuro.

También tenemos cierta tendencia a sentir que los acontecimientos vividos en el pasado nos involucran en un ciento por ciento, y esta sensación nos deja dominados por el dolor, la frustración y el sentimiento de pérdida. Ahora bien, ya sea que la herida se haya producido en el área de los afectos, en el área laboral o en el área profesional, en algún momento tenemos que secar nuestras lágrimas y preguntarnos con total honestidad: «¿Obtengo algún beneficio al revivir una y otra vez esos acontecimientos que me han sumido en la más profunda de las tristezas?». Imagino que ahora usted estará pensando, y lo entiendo perfectamente: «¿Qué puedo hacer para evitarlo?».

Le agradezco mucho que me haya permitido acercarme a usted para darle mi opinión sobre lo que podemos hacer para atenuar ese dolor. Recordemos por un instante que la sensación de fracaso responde a un juicio que realizamos respecto de algún acontecimiento, y que un acontecimiento es un hecho que tiene un principio, una duración variable y un fin inevitable. El fin, ese fin inevitable de cada acontecimiento, debería marcar al mismo tiempo que ya no se justifica perpetuar el período de sufrimiento.

¿Podemos modificar la realidad? No. Entonces, tampoco podemos esperar a tener una gastritis o una úlcera de estómago o de duodeno antes de reaccionar. No podemos esperar a que nuestra presión arterial se eleve y comprometa la integridad de nuestras arterias. Créame, esta reflexión no es fría ni insensible; sólo pretendo advertirle que si no ponemos fin al sufrimiento, corremos el riesgo de comprometer nuestro cuerpo físico y nuestro cuerpo emocional.

Sólo nosotros podemos marcar este fin del que hablamos y que señala la culminación de nuestro sufrimiento. Y debemos hacerlo como si activáramos un mecanismo de autoprotección, tanto para nuestro cuerpo físico como para nuestro cuerpo emocional, pero también para establecer un punto de partida que nos permita reconocer que la vida nos presenta obstáculos que somos capaces de sortear, y que esta actitud de poner punto final a nuestro dolor desarrollará en nosotros una adecuada tolerancia a la frustración.

Las agresiones que sufrimos en el ejercicio de esta apasionante aventura que es vivir a veces provocan heridas, dolor y tristeza. Lo importante es no permitir que esos sentimientos embarguen la totalidad de nuestra persona. El único antídoto verdadero para no caer en una depresión es tener la certeza de que, aun sumidos en el más profundo dolor, contamos con alternativas que nos permitirán retomar el rumbo. Ese pensamiento va a generar la fuerza que necesitamos para evaluar objetivamente lo que nos está pasando y nos colocará en la mejor posición para definir una nueva estrategia para delinear nuestro presente y proyectar nuestro futuro.

Lo que intento transmitirle es que aun en el dolor y en la

frustración necesitamos crecer. La vida es así; tiene períodos de luz y períodos de penumbra. La elección es nuestra: podemos quedarnos sumidos en la oscuridad, incapaces de visualizar soluciones a nuestros conflictos, o podemos utilizar el calor y la fuerza de la luz para programarnos nuevamente a partir de nuestras capacidades y no de nuestras carencias.

Nunca le he mentido. Nunca le he dicho ni he intentado convencerlo de que la vida es fácil, o de que no vamos a encontrar obstáculos en el tránsito hacia nuestro bienestar. Las dificultades son los peajes que debemos pagar periódicamente por tener el privilegio de estar vivos y razonablemente sanos. Pero una cosa es aceptar que tenemos problemas que resolver y otra muy distinta es quedar atrapados para siempre en la inseguridad y en la desconfianza respecto de nuestra capacidad para superar la adversidad.

El equilibrio interior está a nuestro alcance

Antes hemos visto que una de las actitudes que define la madurez de los seres humanos es saber aceptar los desafíos a los que la vida nos enfrenta. Quizá no tengamos las respuestas completamente preparadas para hacer frente a los problemas o a las crisis personales que se nos presentan en la cotidianidad, pero si actuamos con la convicción de que esas crisis no son otra cosa que tormentas pasajeras, si tenemos la íntima esperanza de que después de esos períodos saldremos fortalecidos, todo se volverá menos trágico y más accesible. Entonces, sí podremos creer en que, si lo buscamos con inteligencia y perseverancia, el equilibrio interior está a nuestro alcance.

Porque de eso se trata, amigo lector o amiga lectora. El

análisis de nuestro pasado, de nuestro presente y de nuestro futuro tiene como objetivo final alcanzar la paz interior, el equilibrio y el bienestar, estados a los que sólo accederemos mediante el diseño de un proyecto personal de vida que contemple esos parámetros como la base misma sobre la que debe apoyarse cualquiera de nuestras estrategias.

También puede suceder que nuestra historia haya estado marcada por el éxito y el triunfo. Pero si hoy, por distintos motivos, no hemos podido mantener ese éxito, podemos encontrarnos sumidos en una profunda tristeza y en una impotencia que nos paraliza, porque nos lleva a recrear una y otra vez esa situación que ya forma parte del pasado y que no tenemos la certeza de que pueda repetirse.

En consecuencia, no sólo el dolor y la tristeza pueden maniatarnos, la añoranza del éxito fácil que hoy hemos perdido también puede hacernos sentir mal con nuestra vida. Solamente la aceptación de nuestra realidad actual tal cual es puede convertirse en el punto de partida para la construcción de una nueva identidad, sustentada en nuestros principios, en nuestros valores y en ese enorme potencial que todos los seres humanos llevamos dentro.

Es obvio que a nadie le gusta perder. Pero si tenemos la madurez suficiente como para razonar paso a paso, llegaremos a la conclusión de que nadie vive eternamente en el fracaso a menos que se lo proponga.

Cuando la sucesión de situaciones vividas como pérdidas se torna una constante en nuestra vida, debemos revisar nuestros procedimientos para detectar rápidamente cuáles son los errores que estamos cometiendo. Entonces, llegaremos a la conclusión de que no es el pasado el que nos persigue y el que no nos permite realizarnos como seres humanos útiles a nosotros mismos y a los demás. Debemos aceptar que por nuestra visión errónea de la realidad, o por distintos motivos, no fuimos lo suficientemente hábiles como para evitar aquellas situaciones que de antemano sabíamos que podrían hacernos sufrir.

Éste es el momento de la sinceridad. Éste es el momento del enfrentamiento constructivo con nuestra verdad, esa verdad que ha sido el eje central de nuestro comportamiento y al cual, por nuestro bien, quizá debamos transformar. Y es muy probable que no necesitemos modificar el fondo sino las formas en que abordamos las situaciones que se nos presentan. Quizá en eso radique la solución que estamos buscando, y quizá ponerla en práctica requiera de mucho menos esfuerzo del que pensamos. Lo importante es detenernos a recordar cómo hemos actuado hasta hoy y si, a la luz de los resultados obtenidos, volveríamos a actuar de la misma forma o si necesitamos modificar nuestro libreto.

Claro está que es más fácil ver los errores que enmendar las actitudes y los caminos que se deben seguir tras los fracasos y las pérdidas. Pero usted estará de acuerdo conmigo en que, a lo largo de la vida, las situaciones se van repitiendo. Quizá cambien los actores y los escenarios, pero lo cierto es que las escenas se repiten y exigen de nosotros respuestas siempre diferentes y eficaces. Esa flexibilidad, esa amplitud de criterio, es una actitud que tenemos que incorporar para movernos en un mundo que no se detiene ni espera a que hayamos agotado nuestras lágrimas por el pasado antes de seguir andando.

Estamos en un mundo que nos exige cada día una mayor integridad y que espera que fijemos nuestra mirada en el presente y en el futuro. Por lo tanto, deténgase por un momento y reflexione conmigo: ¿a qué grupo quiere usted pertenecer? ¿Quiere formar parte de aquellos que, ya sea por el dolor, la tristeza, los éxitos o por una fama que hoy no pueden mantener, quedaron atrapados en su pasado, o quiere integrar esa enorme legión de seres humanos que, conscientes de su historia personal, están dispuestos a construir un nuevo proyecto de vida que respete, quizá por primera vez, sus deseos y su necesidades reales?

Esta decisión es muy personal y cada uno deberá tomarla después de haber analizado en profundidad cómo se siente ahora, en el preciso instante en que está leyendo este libro, este libro que pretende ser una herramienta que le aporte una visión más amplia de su pasado, de su presente y de su futuro.

Me imagino que en este momento, amigo lector o amiga lectora, se sentirá preocupado o preocupada por tener que afrontar todos estos planteamientos que le estoy haciendo. A veces, ese nudo en la garganta al que llamamos angustia se instala en nosotros y no nos abandona ni de día ni de noche. También es cierto que podemos derramar muchas lágrimas compadeciéndonos por nuestra situación, pero de alguna forma tenemos que destrabar esta manera de vivir que no nos permite avanzar ni nos permite ser nosotros mismos.

¿Cómo administramos nuestro tiempo?

Ahora, y para continuar con nuestro análisis, necesito hacerle una pregunta que deberá responder con total honestidad: ¿en qué emplea usted su tiempo? No crea que pretendo invadir su intimidad, sólo estoy intentando convertirme en un espejo en el que pueda usted reflejarse y evaluar con sinceridad cómo aprovecha su tiempo, que es una de las variables más importantes a la hora de establecer un nuevo proyecto de vida.

Si queremos cambiar la forma en que nos sentimos en relación con los problemas de nuestro pasado o de nuestro presente, es aconsejable que utilicemos una pequeña porción de nuestro tiempo para reflexionar respecto del problema en sí y que dediquemos la mayor parte de ese tiempo a la búsqueda de soluciones a partir de las alternativas con las que realmente contamos.

Porque, seamos sinceros, cuántas veces nos hemos planteado que no podemos avanzar en nuestro proyecto de vida hasta que no hayamos resuelto hasta el más mínimo detalle de los problemas que se nos presentaron en el pasado. Créame, no hay una forma más lamentable de perder el tiempo que invertirlo en tratar de revertir un pasado que ya ha quedado atrás.

Hay personas que son extremadamente capaces y que, sin embargo, no pueden lograr nada importante en su vida. Uno de los errores que suelen cometer estas personas es que esperan reunir todos los recursos en sus manos antes de ponerse en acción. En la vida es muy difícil que podamos contar con absolutamente todos los recursos necesarios que nos permitan tener la certeza de que estamos en el buen camino.

Siempre que nos vemos obligados a tomar decisiones que pueden cambiar el curso de nuestra existencia hay una cuota de sano riesgo. En esos momentos en que debemos decidirnos por uno u otro camino, es cuando tenemos la oportunidad de aplicar nuestro ingenio y nuestra verdadera capacidad para dejar atrás los temores, ser cada vez más flexibles y comprender que adaptarnos a la realidad en que vivimos es el primer peldaño que se debe subir en la escalera de la realización personal.

De esa forma estaremos separándonos simbólicamente del pasado para instalarnos en nuestro tiempo presente. ¿Cuál es el aspecto positivo de vivir en el presente? Que el presente, el hoy, el aquí y el ahora, es el tiempo de las realizaciones, del esfuerzo en pos de lograr nuestras metas, y es el momento para comenzar a cumplir nuestro sueño posible.

La historia de la vida de cada ser humano se escribe de forma vertiginosa. Los acontecimientos del presente se suceden rápidamente y se convierten en pasado; el hoy se transforma en ayer. Por esa razón, es necesario aferrar el presente para que cada uno pueda reflexionar acerca de lo que quiere y de lo que pretende lograr en la vida.

Si esperamos que nuestro proyecto personal tenga éxito, es imprescindible estar convencidos de que contamos con la inteligencia y la capacidad para lograrlo, pero también necesitamos saber, con meridiana claridad, qué queremos y adónde deseamos llegar. Además debemos ser humildes y saber que no somos infalibles y que, en el camino hacia nuestro destino final, es posible que necesitemos modificar nuestras actitudes y nuestro modo de ver el mundo en que vivimos.

Son muy pocos los objetivos que podremos conseguir de la noche a la mañana. Porque nos va a llevar mucho tiempo alcanzar la mayoría de nuestras metas, también debemos aceptar que las circunstancias pueden cambiar y que van a exigir de nosotros la mayor flexibilidad para apreciar cada uno de los nuevos escenarios.

Tan cambiantes son las situaciones que nos toca vivir que a veces podemos quedar desfasados y perder nuestra capacidad de adaptación. Pero esto no debe detenernos. Por el contrario, la acción templa el corazón, y si los desafíos se hacen crecientes ponen a prueba nuestro deseo de superación, un deseo que nos conducirá al éxito y a la realización de nuestro proyecto personal.

El presente comienza cada jornada cuando nos disponemos a cumplir con nuestra tarea cotidiana. Cada día que empieza es un día diferente. En gran medida, depende de nosotros salir definitivamente de la rutina, del aburrimiento y de la ineficacia que nos desmoraliza y nos convence poco a poco de nuestra dificultad para obtener aquello que queremos.

Un sueño posible, un proyecto personal de vida, es la mejor herramienta que podemos tener a nuestra disposición para comenzar cada día con una sonrisa, con una esperanza, porque sabemos adónde queremos llegar, porque hemos trazado un camino para recorrer y porque tenemos la certeza de que más allá de que el pasado nos haya deparado conflictos, fracasos y pérdidas, el presente nos está dando una nueva oportunidad para demostrarnos que todo es posible y que estamos capacitados para ser responsables de nuestro destino y dar cabida a nuestros sueños.

Lo único que yo le pido, con todo respeto, es que se sienta protagonista de esta historia. Y se lo pido, en primer lugar, para que no se sienta solo y para que no crea que estoy tratando de pasarle una receta mágica que resolverá todos los problemas de su vida.

Los seres humanos podemos crecer, podemos desarrollarnos y podemos ordenar definitivamente nuestra vida en la medida en que, quizá por primera vez, respetemos aquello que queremos y aquello que necesitamos para alcanzar nuestro equilibrio y nuestro bienestar. Es por eso por lo que, para manejar nuestro presente, antes debemos responder algunas preguntas y saber que sólo nuestros pensamientos y sentimientos nos acercarán a los caminos que propicien el verdadero conocimiento interior. Esos mismos pensamientos y sentimientos son los que nos permitirán visualizar un futuro en el que la responsabilidad sobre nuestro destino sea el eje de nuestra existencia.

Es posible que hayamos vivido durante muchos años como observadores pasivos de nuestra vida, una vida que creíamos y sentíamos como un castigo, llena de obligaciones y sin las gratificaciones indispensables que nos estimularan a seguir adelante. Sin embargo ahora, amigo lector o amiga lectora, usted puede advertir que no es imposible modelar su presente.

Ya sabemos que la vida es difícil, pero a partir de creer que todos podemos soñar y a partir del momento en que tomamos conciencia de que somos capaces de fijarnos metas y objetivos realizables, también vamos a sentirnos mejor con nosotros mismos y las puertas se van a abrir para que podamos avanzar con pie firme, rumbo a la construcción de un futuro diferente.

La importancia del diálogo interior

¿Cómo contribuye el diálogo interior a que podamos modificar nuestro presente? Cuando nos detenemos a tomar un café con nosotros mismos y nos disponemos a pensar en nuestra forma de vivir, comenzamos también a darle sentido a nuestra existencia y construimos una manera de ver el mundo que nos rodea que está íntimamente relacionada con nuestra escala de valores y con nuestros principios éticos y morales. Cada acto que llevamos a cabo en esta apasionante tarea que es vivir conlleva un resultado. La suma de acciones que desarrollamos a lo largo del tiempo nos conduce a resultados que, evaluados objetivamente, nos dan la sensación de conformidad o de disconformidad respecto de lo que hemos hecho.

¿Hasta aquí estamos de acuerdo con este planteamiento? Entonces, podemos llegar juntos a la conclusión de que si lo que sentimos es disconformidad, si lo que percibimos es un sentimiento de frustración frente a nuestro esfuerzo, debemos cambiar nuestra manera de actuar. Pero no es aconsejable cambiar nuestra manera de actuar con los ojos cerrados, en las tinieblas, sino que lo mejor es detenernos, abrir mucho los ojos y la mente, y determinar primero cuáles fueron nuestros errores. Un análisis en profundidad de lo que nos sucede y de lo que hicimos en el pasado nos brindará nuevas alternativas para llegar a resultados diferentes, resultados que esta vez sí serán acordes con nuestras expectativas.

¿Por qué es fácil decir que necesitamos cambiar nuestra manera de pensar y de insertarnos en el mundo, pero quizá no es tan fácil llevarlo a la práctica? Los motivos pueden ser diversos, pero algunas variables se presentan en casi todas las respuestas: la dificultad que tenemos para cambiar ciertos modelos o paradigmas que rigen nuestra existencia y un carácter que no admite apreciaciones o críticas aunque sean constructivas.

Sucede con frecuencia que estamos tan convencidos de que nuestra manera de estar en el mundo es la correcta, aun cuando los resultados que obtenemos son opuestos a los que esperábamos, que pasa mucho tiempo hasta que un día decidimos abrir nuestra mente para pensar si no tendremos alguna responsabilidad en lo que nos está pasando. Entonces, nos preguntamos también si somos nosotros los que observamos nuestro entorno desde una óptica incorrecta o si es el mundo el que se opone a que alcancemos nuestras metas y objetivos.

Razonemos juntos: el mundo es tan extenso y tan grande que se hace verdaderamente intangible. ¿Cómo podemos entonces pensar que esa inmensidad de seres humanos, de seres que están buscando su propia verdad y su propio equilibrio, se van a detener únicamente para entorpecer nuestro camino? No parece lógico, ¿verdad? Entonces cabe preguntarnos cuál es la razón.

Una explicación es que confundimos la flexibilidad con la entrega de aquellos principios y valores que no son negociables. Hemos dicho que cada uno de nosotros tiene una determinada escala de valores y que nos movemos por principios éticos y morales. Éstos son los atributos que adornan a una persona y que nos hacen diferentes de los demás. Pero hay también otros aspectos de nuestra lucha diaria que nos exigen cierta amplitud, cierta flexibilidad y una capacidad de adaptación a los fenómenos que ayer no pudimos prever y que hoy tampoco podemos manejar si pensamos en nuestro futuro. Esto quiere decir que el presente se instala de una manera distinta ante cada uno de nosotros y que si queremos salir airosos debemos adaptarnos a las circunstancias tal cual son, sin analizar en profundidad si estamos o no de acuerdo, si nos gusta o no nos gusta lo que nos está sucediendo. Aceptemos que gran parte de nuestros fracasos y frustraciones se producen porque repetimos viejos procedimientos que nos han conducido a la decepción y al sentimiento de pérdida. Si no queremos volver a experimentar esas sensaciones, ¿quién debería cambiar: el mundo o nosotros? La pregunta no admite dos respuestas...

Sería posible escribir largamente sobre las razones por las que los seres humanos tendemos a repetir nuestras conductas, incluso cuando éstas arrojan resultados opuestos a nuestros intereses. Pero me parece mejor centrar nuestra atención en buscar soluciones para modificar nuestro comportamiento y, de esa forma, lograr definitivamente acercarnos a la concreción de nuestro proyecto personal.

Un error que cometemos con frecuencia es dedicarle mucho más tiempo al análisis de los problemas que a la búsqueda de soluciones. Si logramos invertir este orden y administrar mejor nuestro tiempo, veremos que rápidamente estaremos listos para la acción, con un pensamiento nuevo y con una esperanza basada en el análisis de nuestras conductas. Todo esto abrirá nuevos horizontes para nuestros sueños.

Justificar las actitudes y las decisiones que nos llevan a fracasar resulta a veces más sencillo que abordar un proceso de cambio que tenga como resultado una nueva identidad y una nueva manera de enfocar nuestro presente y nuestro futuro. La decisión es nuestra: o nos quedamos lamentándonos por nuestras frustraciones o respondemos a los desafíos con la habilidad necesaria para hacer respetar nuestro territorio y nuestras verdaderas necesidades.

Por supuesto que, a lo largo de nuestra vida, habrá períodos en los que nos va a resultar más sencillo dar lugar a estas transformaciones que por lo general dependen de la manera en que nos sentimos respecto de los distintos ámbitos donde diariamente desarrollamos nuestra actividad.

Cuidar nuestro estado de ánimo

Si usted está leyendo este libro y siente que la alegría lo desborda y tiene un proyecto personal que ha elaborado con gran entusiasmo, seguramente se sentirá sumamente motivado y no encontrará dificultades para poner manos a la obra. Pero si, en cambio, usted se siente triste, angustiado o deprimido, no tendrá la fuerza necesaria como para intentar nada nuevo y se refugiará en lo viejo y conocido.

Esto nos obliga a pensar que es necesario detenernos a evaluar cómo nos encontramos de ánimo en el presente, cuál es nuestro estado interno. Programar, planificar o intentar cambios desde la tristeza o desde la depresión sólo puede augurarnos nuevos fracasos y frustraciones. Se impone, pues, trabajar primero sobre nuestro bienestar mental y físico.

Pero entonces se nos plantea una pregunta: ¿qué es lo primero?, ¿debo resolver primero mi proyecto de vida, vivo el presente y visualizo el futuro, o debo atender mi estado de ánimo, que precisamente se derrumbó después de mis últimos fracasos?

Esto es un dilema que debemos dilucidar, porque suele suceder que la vida nos obliga a buscar rápidas soluciones a nuestra situación, incluso cuando no nos encontramos en la mejor condición para afrontar el desafío.

¡Atención! Debemos ser extremadamente cuidadosos y no tomar resoluciones definitivas bajo el influjo de la tristeza o la desesperanza, porque en esos momentos es cuando solemos empañar el juicio que nos merece nuestra propia persona, y cuando la ira y el resentimiento que guardamos en nuestro interior nublan nuestra mente y no nos dejan pensar con claridad y con objetividad.

A pesar de las urgencias, a pesar de la vorágine en que la mayoría de los seres humanos nos sentimos inmersos, es necesario hacer un alto para volver a pensarnos, para volver a evaluarnos y rescatar aquellas virtudes que serán nuestro apoyo para vivir de nuevo con dignidad. Un sueño posible, un proyecto sustentable, serán la mejor medicina para nuestra inseguridad y para mirar con optimismo el presente y el futuro.

De más está decir que es imprescindible salvaguardar nuestra integridad física, que se verá seriamente amenazada bajo un estado de estrés prolongado. La depresión de nuestro sistema inmunológico, o dicho más claramente, de nuestro sistema de defensa, hace que en esas situaciones seamos mucho más vulnerables a cualquier tipo de enfermedad que, de instalarse, obstaculizará aún más nuestro intento de cambio.

Es necesario hacer hincapié en este concepto porque solemos creer, equivocadamente, que nuestro cuerpo puede tolerar cualquier tipo de agresión. Por el contrario, nuestro cuerpo suele guardar cada una de las actitudes y circunstancias que lesionan nuestra integridad física y emocional para, en determinado momento y sin aviso previo, darse por vencido, dejándonos en gran desventaja y muy lejos de recuperar nuestro bienestar. Por lo tanto, cabe concluir que es bueno asumir cierto control sobre nuestras emociones. Esto se vuelve imprescindible para evaluar nuestro presente y aceptar nuestra realidad tal cual es, incluyendo nuestro proyecto de vida y aquellas cosas que cada uno de nosotros sabemos que nos proporcionan bienestar.

Créame que si no lo hacemos nosotros en pos de nuestro éxito, nada ni nadie acudirá a ayudarnos para que esto sea posible. Yo sé que estas palabras pueden resultar dolorosas o difíciles de aceptar y que pueden hacernos pensar en la escasa solidaridad del género humano, pero es una realidad tangible que nos está diciendo que la vida es una cuestión de responsabilidad individual y que cada ser humano adulto debe hacerse cargo de su propio proyecto hasta verlo cumplido.

Claro está que como toda regla tiene sus excepciones; es posible que tanto usted como yo conozcamos personas muy humanitarias y muy solidarias capaces de ayudar a un semejante a encontrar su propio camino. Pero en términos generales, la vida nos enseña con dureza que tenemos que ser hábiles, que tenemos que ser inteligentes y que tenemos que desarrollar ciertas destrezas si pretendemos sobrevivir en un mundo que no perdona, que no da ventajas y en el que debemos defender el derecho a preservar un espacio propio en el universo.

Podemos cambiar el presente y el futuro

A estas alturas usted se habrá dado cuenta de que estoy llamando su atención acerca de su propia responsabilidad en esto de hacer realidad sus sueños. Pero también advierta que estoy tratando de que abra su mente para aceptar, en primer lugar, que puede cambiar su presente y su futuro y que ni usted ni yo somos menos ni más que las otras personas, y que es nuestra obligación reconocer nuestra capacidad para llevar a buen puerto nuestros propósitos.

¿Acaso cree que usted no puede lograrlo? De manera consciente o inconsciente, a lo largo del día tomamos todo tipo de resoluciones con el objetivo de modificar nuestro estado de ánimo para aproximarnos al bienestar que todo ser vivo necesita para el cumplimiento adecuado de sus mínimas funciones vitales. Dentro de esas actitudes que están al alcance de la mano, y que pueden cambiar nuestro humor, se encuentra nuestra forma de pensar, que es una herramienta que no implica ningún coste económico y que por lo tanto deja fuera aquellas excusas que esgrimimos con más frecuencia para permanecer en la apatía, en la indiferencia y en la tristeza.

Hagamos un ejercicio muy breve que nos va a mostrar cómo podríamos sentirnos si lográramos dejar fuera los sentimientos negativos. Pensemos en nuestro futuro y dejemos volar nuestra mente con pensamientos positivos, reales, que nos dibujen en el marco de nuestro proyecto personal y habiendo alcanzado la mayor parte de las metas establecidas.

¿Cómo cree que podríamos sentirnos, entonces? Muy bien, sin duda. Ahora piense: ¿por qué elegimos siempre el camino contrario? Más allá de las circunstancias externas a las que todos estamos expuestos, tengo la convicción de que ha llegado la hora de revisar muy cuidadosamente nuestro proceder.

Si hay algo que nos unifica a todos los seres humanos es que, en cada uno de nosotros, el futuro se dibuja en el terreno de nuestra imaginación, en el terreno de la esencia misma de un proyecto a corto y medio plazo que podemos dirigir con visión, que podemos administrar con sentido común y que nos habilita para lograr nuestro equilibrio y nuestro bienestar.

En el futuro todo está por escribirse. Es allí donde podemos incidir con más fuerza y con decisión estableciendo, primero, sueños que sean posibles y, luego, elaborando un proyecto personal que vaya acompañado de una estrategia que podamos cumplir sin tropiezos, ya que fue creada en directa consonancia con la esencia misma de nuestro ser. Será así como pasado, presente y futuro se convertirán en una única realidad. Será así como el tiempo, intangible en sí mismo, se convertirá en el principal protagonista de la vida, ya que nos proyectará hacia una continuidad que fusionará toda nuestra historia.

El pasado ya se ha convertido en parte importante de nuestra existencia, pero sigue siendo pasado y no es modificable. El presente es el hoy, es el aquí, es el ahora, es el tiempo en que respiramos y en que nos sentimos vivos, es el lugar natural donde tenemos que aceptar nuestra realidad para establecer los cambios necesarios de cara al futuro. Es en el presente en el que tenemos que invertir nuestros mejores esfuerzos para pensar, para evaluar, para cuestionarnos, para esbozar una sonrisa que nos haga sentir optimistas en la enorme tarea que tenemos pendiente: delinear nuestro futuro.

¿Alguna vez se ha preguntado cuánto tiempo ha de vivir? ¿Verdad que nadie tiene una respuesta a esa pregunta? Entonces, vayamos paso por paso, reflexionando sobre lo que es la vida, sobre lo que es la muerte y sobre el reducido espacio que nos queda para cumplir con nuestros sueños. No somos inmortales, no tenemos todo el tiempo que quisiéramos para cumplir con el mandato interno de acceder al bienestar y, por qué no, al derecho a ser felices, cada uno a su manera.

¿No le parece, entonces, que tanto usted como yo deberíamos empecinarnos desde este mismo momento en sentir que tenemos derecho a una vida mejor? Si escribo en plural, si hablo de usted y de mí, es porque me siento tan protagonista como usted de esta búsqueda y porque yo también estoy intentando encontrar la misión que satisfaga mis expectativas y mis sueños.

Pasado, presente y futuro se funden en una sola realidad, la realidad de nuestras vidas dedicadas a encontrar caminos de crecimiento, de desarrollo y de trascendencia que nos permitan acceder a la armonía y que nos hagan formar parte de un concierto maravilloso en el que los instrumentos le hablan a la naturaleza, diciéndole que aquí estamos todos los seres humanos a la búsqueda de una vida mejor, de un mundo superior, y reafirmando el concepto de que esto es posible si todos nos lo proponemos.

Estoy seguro de que usted querrá sumarse a esta legión de hombres y mujeres que participamos de una búsqueda constante para encontrar, en nuestro interior, aquellas respuestas que nos indiquen el mejor camino que podemos seguir.

En este punto, entonces, cabe que nos detengamos a reflexionar respecto del destacado papel que en esto desempeñan nuestros valores y la fuerza de las creencias. Hacia allí nos dirigiremos en el próximo capítulo, ya que esto nos permitirá ordenar nuestros pensamientos y solidificar cada vez más la estructura sobre la que nos estamos apoyando para lograr nuestros objetivos.

Descanse unos minutos, ya que nos esperan temas fuertes, temas que golpean sanamente el alma. Y sepa que el esfuerzo vale la pena. Cuando algún día usted me encuentre, o si alguna vez decide escribirme, me dirá si este ejercicio exigente ha sido positivo para usted y para todos nosotros. Le agradezco una vez más que me acompañe.

6

LOS VALORES DE LA EXISTENCIA Y LA FUERZA DE LAS CREENCIAS

> Hay sólo dos maneras de vivir la vida. Una es
> pensar que nada es milagroso. Otra es pensar
> que todo lo es.
>
> ALBERT EINSTEIN

Puedo imaginar que se ha tomado un breve descanso y que ya se encuentra en óptimas condiciones para reflexionar acerca de la importancia que ejercen en nuestra vida los valores, y la indescriptible fuerza de las creencias a la hora de buscar nuestra realización personal.

Hemos visto que la historia de cada ser humano se escribe con la sucesión de acontecimientos de los que somos protagonistas, y que nos definen en lo que se refiere a nuestra manera de pensar y sentir el mundo que nos rodea. Las experiencias vividas modelan nuestras convicciones, nos crean una imagen personal, una creencia determinada sobre nosotros mismos y una manera muy particular de apreciar la realidad.

La historia de cada hombre y de cada mujer es diferente. Hay tantas historias como individuos habitan la tierra. Para algunos, los episodios vividos son recordados como sucesos que provocaron mucha tristeza, dolor e impotencia. Otras personas tendrán recuerdos altamente positivos respecto de su paso por la vida hasta el presente. El balance que hacemos entre estos recuerdos, que generalmente se alternan entre positivos y negativos, culmina definiendo el tipo de persona que somos hoy.

Se hace necesario que periódicamente entremos en el túnel del tiempo para reencontrarnos con esas vivencias. Pero no debemos hacerlo para quedar atrapados en el pasado, sino para identificar cuáles de esos acontecimientos son los responsables de haber generado en nosotros conceptos tan destructivos como «no puedo» o «no creo ser capaz de...», ya que ese tipo de pensamientos sólo contribuye a paralizarnos y no nos permite avanzar en la confección de nuestro proyecto de vida.

Identificar las circunstancias en que estas creencias han ganado espacio en nuestro interior es importante porque nuestro próximo paso será abandonar definitivamente esta manera de pensar. Lograrlo no es imposible, es mucho más sencillo de lo que usted imagina, porque estas afirmaciones negativas acerca de nuestras capacidades sólo se convierten en una verdad si creemos ciegamente en ellas.

En este proceso, debemos dejar de lado esos pensamientos, que no sólo no son ciertos, sino que están reflejando lo más débil de nuestra persona. A partir de ahora debemos tomar conciencia de la importancia que tiene ser los autores intelectuales de nuestro presente y de nuestro futuro, de modelarlos a través de la obtención de aquellas metas y objetivos deseados, utilizando como instrumento la elaboración de un proyecto de vida que respete lo que verdaderamente somos y lo que anhelamos que la existencia nos brinde.

Todos nosotros, sin excepción, hemos atravesado situaciones que hoy, en la distancia, podemos valorar, reconociendo la importancia que han tenido para determinar el tipo de actitudes y el tipo de convicciones que guían nuestra vida.

Cuántas veces nos hemos reído injustamente cuando un niño fantasea con su futuro y quiere ser, al mismo tiempo, piloto de avión, ingeniero, médico, policía y bombero. Nunca nos hemos detenido a pensar que lo importante de esa afirmación no son las profesiones elegidas, sino que el niño está manifestando la más pura convicción de que, sea lo que sea lo que lo fascina en ese momento de su vida, él cree que va a lograrlo. Esa convicción y su capacidad de soñar son el denominador común que hay que destacar.

Pero esa actitud es algo que vamos perdiendo a medida que crecemos y nos internamos en un mundo que nos muestra una cara distinta a ese ideal en el que todos, o casi todos, creímos durante algún período de nuestra vida. Sin embargo, el error está en generalizar y medir todas las experiencias de la existencia con el mismo criterio. La vida puede ser difícil, muy difícil, pero eso no necesariamente significa que debamos perder esa capacidad de soñar que tuvimos cuando fuimos pequeños.

Mantener ese atributo maravilloso y sustentarlo con la visualización de nuestro futuro actúan como un poderoso motor que nos impulsa a recorrer los caminos más insólitos en pos de nuestros objetivos. Intrépidos, sí; imprudentes, no: he ahí la diferencia que hace de la vida una aventura maravillosa.

Otro desafío que vale la pena aceptar es entender que nunca podremos saber de antemano el resultado de nuestros esfuerzos, ya que somos seres humanos con opciones, con posibilidades, y que en este proyecto personal que estamos cuidadosamente diseñando, está la llave que nos permitirá sentirnos bien con nosotros mismos para luego proyectar ese bienestar a quienes interactúan y están en contacto directo con nuestra persona en la vida cotidiana.

¿Cuántas veces hemos sentido en nuestro interior que aquello a lo que aspiramos es demasiado para nosotros? Ahora yo le pregunto y me pregunto: ¿por qué ese desafío es demasiado para nosotros y no lo es para otras personas? ¿Dónde radica la diferencia? A mí me parece que la diferencia radica en las creencias que cada uno tiene.

Intención, decisión y acción

Todo ser humano es capaz de obtener cualquier cosa si se lo propone, si genuinamente lo desea. El techo, el límite que señala hasta dónde podemos llegar, lo trazamos nosotros a través de nuestras creencias. Veamos: si yo parto del presupuesto de que no voy a ser capaz de realizar una determinada tarea, o de llegar a una determinada meta, esa creencia actuará como una profecía de autocumplimiento, y podemos tener la seguridad de que el fracaso va a ser el resultado final de la empresa.

Ahora bien, si creemos en lo que nos estamos proponiendo, si tenemos convicciones firmes, son muy pocos o casi ninguno los obstáculos que podrán interponerse para evitar que lleguemos a nuestra meta. También en este caso las creencias operan poderosamente, pero en sentido positivo, y se convierten en el instrumento más idóneo para alcanzar nuestros objetivos.

La confianza en uno mismo, uno de los pilares centrales del concepto de autoestima, desempeña aquí un papel preponderante. Si somos capaces de creer en nosotros mismos, si somos capaces de estimularnos y motivarnos en el proyecto que hemos creado, nuestros más caros deseos se convertirán primero en intenciones que nos conducirán a tomar decisiones, para que luego esas decisiones nos permitan pasar a la acción, etapa imprescindible para llegar a disfrutar de nuestro esfuerzo y de nuestra perseverancia.

Intención, decisión y acción. Recordemos que estas tres palabras unidas son el camino que se debe recorrer internamente para tener convicciones firmes y pensamientos claros. Intención, decisión y acción actúan como una unidad que siempre deberá estar presente cuando emprendamos un viaje hacia nuestro interior para definir una estrategia de vida. Y deben estar presentes porque nuestros pensamientos y el lenguaje que utilizamos cuando nos referimos a nuestra propia persona y a las capacidades que tenemos son poderosas herramientas que pueden crear los escenarios que necesitamos para desarrollarnos y crecer en la vida.

Si somos observadores y echamos una mirada a nuestro alrededor, podremos apreciar que todo lo que nos rodea tardó cierto tiempo en establecerse. Si miramos un edificio de diez o quince pisos podemos imaginar que, desde el proyecto inicial del arquitecto, pasando por los cálculos del ingeniero, y de la acción del constructor, se necesitaron varios años para ver esa obra terminada.

Del mismo modo, y si apreciamos la naturaleza, tantas veces olvidada en las ciudades, donde estamos atrapados por el cemento y la polución, podremos apreciar que los enormes árboles que generosamente nos regalan su sombra necesitaron varios años de crecimiento y desarrollo para llegar a entregarnos aquello que tanto nos beneficia.

En cambio nosotros, los seres humanos, nos desanimamos ante la primera adversidad. En nosotros se impone la urgencia con que queremos y necesitamos que los resultados se produzcan, una urgencia que no nos permite considerar que cada objetivo necesita de una semilla que germinará en la medida en que le demos el agua y el sol necesarios para su desarrollo. Agua y sol, que son sinónimos de creencia positiva y paciencia, dos ingredientes imprescindibles para el crecimiento y la expansión de nuestro proyecto personal.

Todo lleva su tiempo. Pero cuando elaboramos nuestro proyecto a partir de la urgencia o de la emergencia, porque estamos atravesando una situación de fracaso, pretendemos que las soluciones se den con la premura que nosotros necesitamos y no con los tiempos que cualquier reingeniería personal requiere para culminar su proceso.

Nuestra imagen

Es el momento, entonces, de hablar de nuestra imagen. Empecemos por comprender y aceptar que lo que nos sucede en el exterior es, en gran medida, el fiel reflejo de lo que estamos viviendo en nuestro interior. A ver si nos entendemos: los resultados que obtenemos en nuestra lucha por la vida son la proyección certera de lo que sentimos interiormente.

Dicho de otro modo, a medida que avanzamos en los caminos de la vida, nos generamos una manera de vivir, que es una genuina expresión de nuestras creencias y convicciones más profundas acerca de nuestra propia persona y de los límites que cada uno establece respecto de lo que considera que podrá alcanzar como consecuencia de la puesta en marcha de un proyecto personal.

Cuando observamos la actitud de aquellas personas que tomamos como modelo de éxito porque han logrado cumplir con sus expectativas respecto de lo querían de la vida, reconocemos en todos ellos un denominador común: la profunda convicción de que fueran cuales fueran las dificultades que se les habrían de presentar, sus habilidades estarían por encima del mayor obstáculo, y eso les permitiría, tarde o temprano, alcanzar sus sueños.

Cada uno interpreta esta cualidad de una manera distinta. Para algunos representa una actitud desafiante que requiere de una buena dosis de adrenalina para hacer frente a las situaciones adversas. Para otros significa no doblegarse frente a los obstáculos que se pueden presentar en la búsqueda de nuestro equilibrio y de nuestro bienestar. Pero en lo que todos estamos seguramente de acuerdo es en que estas personas parten de un punto común: tienen creencias positivas acerca de sí mismas y saben muy bien de lo que son capaces cuando las circunstancias les exigen seguridad y una mente clara.

Podemos decir, entonces, que son personas que manejan creencias, que manejan alternativas y opciones y que no levantan una pared ante la primera dificultad, sino que ponen su inteligencia al servicio de la solución de los problemas. Ahora bien, éstos no son atributos de algunos elegidos, son herramientas que todos podemos usar. Los que ya las poseen están listos para utilizarlas y aquellos que aún no cuentan con estos instrumentos deben comenzar, sin demora, a buscar en su interior porque seguramente van a encontrarlos. ¡Todos somos capaces si nos lo proponemos!

Pero yo sé que usted no se conforma con un discurso bonito. ¿Sabe una cosa? Yo tampoco. Por lo tanto, tómese otro par de minutos de descanso, sírvase un café o algo fresco, lo que mejor le plazca, y vayamos juntos a tratar de entender de qué le estoy hablando. No basta con que yo le diga que usted es capaz, porque es probable que usted necesite o me exija que se lo demuestre, ya que la experiencia lo ha marcado negativamente al respecto.

Estoy dispuesto a que visualicemos juntos el camino y a que juntos también saquemos algunas conclusiones que nos ayudarán a sobrellevar los momentos difíciles de la vida. Vamos a tratar de comprender qué sucede realmente en nuestro interior cuando atravesamos por una crisis personal y cuáles son los motivos que nos impulsan a experimentar cambios sustanciales en nuestra manera de ver y estar en este mundo.

Cambiar nuestra manera de ver el mundo

Los reiterados fracasos, o dicho de otra manera, la sucesión de episodios frustrantes en nuestra vida, nos llevan a pensar que no estamos preparados para vivir en este mundo cruel, que no respeta nada ni a nadie y que nos supera ampliamente en nuestro esfuerzo por alcanzar el bienestar y la felicidad. Esto nos conduce de manera silenciosa pero progresiva a una pérdida de la confianza en nosotros mismos, en nuestros pensamientos y en nuestras acciones.

Estamos muy lejos de poder cambiar el mundo con nuestro esfuerzo individual. Sin embargo, lo que sí podemos hacer, y lo estoy invitando a hacerlo juntos, es intentar cambiar la percepción que tenemos de ese mundo que nos rodea. Pero no podremos lograr esto por decreto, diciendo que a partir de este momento vamos a cambiar el cristal con que apreciamos nuestra realidad. Este proceso requiere de un nuevo posicionamiento frente a los hechos que nos toca vivir.

Póngase cómodo, amigo lector o amiga lectora, porque vamos a iniciar un recorrido a través de nuestros pensamientos, vamos a descubrir cuál es la verdadera óptica con que analizamos la realidad de nuestro pasado, de nuestro presente y de nuestro futuro. Vamos a identificar cuál es el discurso que cada ser humano, usted, yo, su esposo o su esposa, sus hijos, sus amigos, sus compañeros de trabajo, tenemos y defendemos de forma automática, sin pensar.

Seguramente ahora se estará preguntando de qué puede servirnos este ejercicio. Le puedo asegurar que este diálogo con nosotros mismos va a mostrarnos, en toda su dimensión, nuestros juicios de valor, nuestras convicciones, nuestras angustias y nuestros deseos, conceptos que suelen cambiar en función del estado de ánimo, del humor y de las circunstancias que cada uno experimenta.

Gran parte de nuestros fracasos en los distintos ámbitos en que nos movemos diariamente no se deben a que los demás se interpongan en nuestro camino hacia el éxito, sino a que nosotros construimos con sumo cuidado la escena final con la certeza de que somos incompetentes. Creemos de antemano que no vamos a lograr los objetivos porque no están a la altura de nuestras posibilidades, y de esta forma, se cumple nuestra propia profecía.

Pero las cosas no son tan sencillas. Detrás de ese sentimiento de fracaso ante cualquiera de nuestras empresas, en lo laboral, en lo afectivo o en lo familiar, se refugian aquellos pensamientos negativos que tenemos que detectar con gran precisión porque son como ráfagas que se presentan y desaparecen rápidamente y que tienen una poderosa influencia en los resultados de nuestro esfuerzo.

Hay personas que periódicamente se lamentan y se reprochan su impotencia a la hora de hacerse cargo de su propia existencia y de sus propios actos. Por ejemplo, hombres y mujeres que, después de una entrevista de trabajo, se quejan porque hicieron mal algún planteamiento y dicen que son unos inútiles y que de esa manera jamás van a poder conseguir empleo. O aquellas personas que, tras hacer una declaración de amor, se reprochan haber actuado de manera infantil y carente de profundidad, presagiando un final que reafirma una vez más el pobre juicio que les merece su propia persona.

Si usted se siente parte de este grupo de personas, permítame hacerle una pregunta: ¿hasta cuándo piensa seguir actuando de la misma manera? ¿Está dispuesto o dispuesta a intentar un cambio? Imaginemos que usted me ha respondido positivamente, porque sabe que la cuota de respeto hacia nuestra propia persona nos orienta en el sentido del crecimiento y del desarrollo personal.

Como la vida nos exige cada vez más, tenemos que hacer el esfuerzo de erradicar definitivamente las creencias negativas acerca de nosotros mismos. La baja autoestima hace que tengamos la convicción de que cualquier persona es mejor que nosotros, que la vida es un sufrimiento inútil y que nunca podremos cambiar nuestra realidad. Obviamente, será muy difícil que podamos vislumbrar algo positivo ante este tipo de juicios y menosprecio tan íntimamente enmarañados.

Pensar de esta manera nos impide, sin lugar a dudas, evaluar objetivamente cada situación en la que nos toca actuar, nos impide reconocer nuestros atributos personales y nos conduce a un estado de ansiedad y angustia constantes. Como estamos programados para errar y fracasar, en lugar de analizar de qué manera podríamos solucionar los problemas, elegimos huir, y de esta forma, sólo conseguimos aumentar el sentimiento de inseguridad que nos invade.

Cuándo y cómo nacen las creencias

Todos deambulamos por la vida con un esquema de creencias que nos confieren una singularidad y una individualidad que nos caracteriza y que nos define. Hasta cierto punto, estamos totalmente convencidos de que estas reglas son el soporte de nuestra salud mental y creemos que debemos alejarnos de todo lo que pueda poner en peligro estos principios.

Este núcleo central de creencias se genera desde nuestros primeros años de vida. Las pautas educativas impartidas por nuestros padres y educadores tienen una influencia muy fuerte en los principios éticos y morales que gobiernan nuestra existencia futura. Pero si bien es aconsejable que cada ser humano cuente con un «manual de valores», que le permita construir su comportamiento, también es cierto que todo aquello que recibimos pasivamente se convierte, con el paso del tiempo, en un grupo de pensamientos rígidos e inamovibles.

Es fundamental construir nuestra propia visión de la vida a medida que vamos convirtiéndonos en seres adultos y combinamos, aquello que hemos recibido, con nuestra visión actual de la existencia y de lo que debe ser nuestro proyecto personal de vida. Entonces es probable que veamos caer principios que hasta hoy nos parecían de gran solidez, pero que se desvanecen a la luz de las exigencias del mundo moderno.

Esa capacidad de adaptación, esa flexibilidad para regular nuestro sistema de creencias respecto de la realidad en que vivimos, nos va a permitir asimilar los cambios y nos va a facilitar la obtención de los logros que esperamos.

Cuando conseguimos dejar de lado esa mirada rígida que nos dicta cómo debemos ser, cómo deben ser los demás y qué debe darnos la vida, nos volvemos mucho más humanos, porque aprendemos a fluir con las circunstancias sin establecer relaciones asfixiantes que no sólo no nos permiten respirar, sino que tampoco nos dejan pensar.

Evaluar nuestro sistema de creencias

En esa gran central de operaciones que son nuestras creencias se confunden los sentimientos con las más diversas opiniones, con las convicciones y, por qué no, también con las vivencias, y entre todos conforman nuestra manera de ser al día de hoy. Cada vez que nos toca actuar en algún ámbito de la vida, este conglomerado de creencias gestado a lo largo del tiempo se pone en funcionamiento y nos define. Sólo resta evaluar si nuestra actitud y los resultados que surgen como consecuencia de esa actitud colman nuestras expectativas.

Si contestamos afirmativamente, no será necesario introducir cambios en nuestra manera de ser. Pero si, como consecuencia del análisis de los resultados, la respuesta es negativa, es hoy, ya, ahora, el momento de iniciar una profunda investigación de las causas de nuestros fracasos y de nuestras pérdidas.

En mi último libro, *Entre tú y yo*, daba algunos ejemplos de cómo ciertas personas, con tal de mantener una supuesta armonía en su relación de pareja, postergaban sistemáticamente sus intereses hasta perder su propia identidad. No cabe duda de que esta conducta responde a un sistema de creencias que reflejan en lo exterior una realidad interna que modela todas y cada una de nuestras acciones.

La energía vital del ser humano es una sola. La administración de esa energía dependerá de cada una de las decisiones que tomemos para evaluar cómo vamos a invertir ese importante capital que se nos ha otorgado. Algunas creencias muy arraigadas nos hacen gastar una cantidad enorme de energía. La búsqueda de la perfección, las obligaciones autoimpuestas y el no autorizarnos a fracasar de vez en cuando nos llevan a vivir bajo un sistema de ansiedad constante.

Observarnos a nosotros mismos y detectar cuál es nuestra manera de actuar no siempre resulta sencillo. Por un lado, nos mueve un fuerte deseo de saber cómo reaccionamos frente a los acontecimientos a los que estamos expuestos, y por otro lado, aparecen resistencias inconscientes que desvían nuestra atención hacia lo que pasa fuera de nosotros y que no nos permiten ejercer una autocrítica positiva.

Qué bueno que es tratar de entenderse porque, una vez que lo logramos, nos vamos haciendo amigos de nosotros mismos, de nuestra forma de reaccionar y de nuestra manera de actuar frente a determinados sucesos. Esto hace posible que, si detectamos algunos fallos en nuestros procedimientos, seamos más proclives a efectuar cambios.

Como todas las actividades de la vida, ésta también nos

presenta determinadas exigencias que dependen, en su mayoría, de la necesidad de dedicar un poco de tiempo a la observación de nosotros mismos. Pero se trata de una práctica que nos va a permitir identificar con rapidez cuáles son las situaciones que nos desestabilizan y que nos provocan una reacción emotiva muchas veces desproporcionada.

Vernos como si estuviéramos frente a un espejo nos autorizará a penetrar hasta los rincones más profundos de nuestra persona, y seguramente allí encontraremos algunas importantes preguntas, por ejemplo: ¿por qué cargamos con sentimientos de culpa que no nos corresponden?, ¿por qué determinadas circunstancias nos provocan pánico, nos hacen sentir frustrados, decepcionados o abatidos hasta llegar a la apatía y el desinterés?

Analizar nuestras acciones y reacciones

Muchas respuestas a los interrogantes que quizá venimos haciéndonos desde hace mucho tiempo las obtendremos mediante esta observación de nosotros mismos: para eso será necesario abstraernos de nuestras obligaciones cotidianas durante algunos minutos para establecer un diálogo franco, directo y concreto que nos permita evaluar con un criterio de aceptación, aquellas conductas basadas en creencias erróneas para que podamos modificarlas y acceder a un cambio significativo en nuestra visión de la realidad.

¿Qué hacemos para llevar a la práctica esta idea? Más allá de que para cada situación que debemos analizar en la vida puede haber más de una forma de abordar el problema, yo le sugiero que, cada vez que nos encontremos ante una circunstancia conflictiva, nos dediquemos sin dilaciones a descubrir qué está ocurriendo en nuestro fuero más íntimo.

Acompañados de lápiz y papel, anotaremos luego los sentimientos más notorios que afloran cuando dialogamos con nosotros mismos.

Seguramente nos sentiremos sorprendidos cuando veamos cómo, cada vez que nos enfrentamos a una situación que no podemos resolver de forma inmediata, ciertos pensamientos negativos se relacionan con una natural y espontánea respuesta o actitud de nuestra parte. Entonces, habrá llegado el momento de preguntarnos: «¿Cuál es el motivo por el que siempre actúo de forma casi automática frente a determinada circunstancia?».

Es posible que no quiera tomarse el trabajo de pedirse permiso a usted mismo para hurgar en la profundidad de su ser a la búsqueda de respuestas que le permitan entender el porqué de sus conductas y de sus sentimientos. Pero con sólo tomarse algo de tiempo para reflexionar, no importa que sea en la oficina, en el coche, en el autobús o en su propia casa, ya habrá tenido el valor de haberse separado algunos minutos de sus obligaciones para otorgarse el privilegio de establecer este importante ejercicio interior.

Aprovechando el hecho de que ha decidido promover este espacio de diálogo, le pido que repare en las respuestas que vaya encontrando a sus interrogantes y que les preste atención, ya que si sabemos interpretar nuestros pensamientos, también estaremos en condiciones de establecer aquellos cambios en nuestras creencias que reflejen el estricto respeto por nuestros deseos y necesidades.

Lo más importante es poder observarnos con la distancia necesaria para identificar nuestros pensamientos negativos, que por lo general están íntimamente conectados con un sistema de creencias que nos encadena y no nos permite actuar con libertad. Si poco a poco logramos acostumbrarnos a entender el porqué de nuestras reacciones, podremos cambiar los procedimientos que solemos utilizar y ya no terminaremos siempre en el mismo callejón sin salida.

La reflexión es un ejercicio fundamental que debemos incorporar a nuestra práctica diaria, ya que nos permitirá crear las condiciones imprescindibles para que de ahora en adelante podamos poner cierta distancia entre nosotros y los acontecimientos. Esta distancia nos va a dejar en las mejores condiciones para obtener respuestas más adecuadas y más proporcionadas a lo que nos está sucediendo.

Es sumamente interesante el hecho de que nuestras convicciones y creencias más profundas, las más arraigadas en nuestro interior, sean proyectadas y puestas de manifiesto en la superficie a través de nuestros pensamientos. Imperceptiblemente y a través del tiempo, las creencias dirigen nuestro comportamiento. Sin embargo, muchas veces ocurre que llega el día en que advertimos que las respuestas automáticas a las que estamos acostumbrados no nos permiten alcanzar los resultados positivos a los que aspiramos. Entonces, nos sentimos obligados a poner en tela de juicio esas creencias para averiguar si siguen teniendo la misma vigencia que cuando se configuraron como el soporte fundamental de nuestra existencia.

Para examinar concienzudamente nuestras creencias debemos exponerlas a la autocrítica, teniendo en cuenta que, hasta el presente, han sido las que han determinado siempre nuestra manera de reaccionar frente a los acontecimientos de la vida. Cuando tomamos la resolución de analizar la importante incidencia que las creencias tienen en nuestros pensamientos, y por ende en nuestro comportamiento, quiere decir que estamos buscando la mejor forma de entender el porqué de nuestras acciones y comenzar a controlar nuestras reacciones.

La relación entre las creencias y la autoestima

Las creencias pueden afianzarse unidas a sentimientos de baja autoestima o de alta autoestima. En la primera de las situaciones, el hombre o la mujer desarrollan un sistema de creencias absolutamente inamovible que gira alrededor de un eje: la necesidad de aprobación de los demás. Estas personas viven en un estado de angustia permanente, analizando hasta el último detalle las actitudes de todos los que las rodean e intentando interpretar si sus actos han sido aprobados por los demás o no.

Vivir de este modo se convierte en una verdadera esclavitud, nos vuelve rehenes de la opinión de cada persona que se cruza en nuestras vidas. De esta manera es imposible, por ejemplo, detenernos a pensar que si nuestras acciones están basadas en la convicción de que son justas y razonables, poco importa la aprobación de los demás. Solamente visualizando nuestra propia realidad y el daño que nos infligimos podemos comenzar a cambiar el núcleo central de nuestras creencias para ubicarnos en el centro de atención.

Una elevada autoestima, en cambio, se sustenta en un sistema de creencias en el que la confianza y el respeto por uno mismo se anteponen a cualquier gesto o actitud de los demás. Pero que quede claro: esto no es soberbia, ni egoísmo, ni sentirnos superiores a los otros. Lo que realmente refleja esta actitud es que, después de un extenso análisis de nuestro rol y de nuestra misión en la vida, hemos aprendido a respetar lo que sentimos y lo que pensamos, haciendo extensivo ese respeto a lo que sienten y piensan quienes conviven con nosotros diariamente.

Tener convicciones firmes refleja, en primera instancia, que sabemos dónde estamos ubicados hoy, hacia dónde queremos llegar con nuestro proyecto personal y que visualizamos el futuro inmediato y a medio plazo. Supuestamente, estas convicciones firmes nos permitirán ir ganando palmo a palmo los espacios necesarios para nuestro desarrollo.

Y digo «supuestamente» porque cuando esas convicciones además de ser firmes son rígidas, intolerantes y hasta excesivas se convierten en principios que nos obligan a cumplir un único camino sin permitir que nos detengamos a pensar si lo que estamos haciendo es lo correcto o no lo es. Si nos deben aprobar, si debemos ser perfectos, si debemos ser queridos, si cada cosa es vivida como una obligación que nos acompaña día y noche, no tendremos la flexibilidad necesaria para adaptarnos a los vaivenes de la vida y las convicciones profundas se volverán obstáculos para nuestro crecimiento personal.

Evaluar nuestras creencias

El lenguaje tiene un poder formidable sobre nuestros actos. Si a partir de hoy comenzamos a evaluar y a descubrir cómo nos referimos a nuestra propia persona, cómo analizamos nuestras obligaciones y el lugar que ocupamos en la escala de valores que cada uno de nosotros ha construido cuidadosamente a través del tiempo, tomaremos conciencia de que hay varios conceptos que podemos cambiar para no sentirnos tan obligados ni tan culpables por hacer o no hacer determinadas cosas. Entonces, experimentaremos una libertad a la que no estamos acostumbrados.

Cada vez que intentamos instaurar cambios en algún orden de la vida, surgen algunas preguntas que en primera instancia no somos capaces de responder, por ejemplo: ¿cómo podemos hacer estos cambios? Con respecto a nuestras creencias, se generan las mismas preguntas, porque están tan profundamente arraigadas en nosotros que hacen que las consideremos como una parte inseparable de nuestro modo de ser.

Desde el momento en que comenzamos a cuestionarnos si nuestras creencias pueden estar relacionadas con los resultados positivos o adversos que cosechamos en nuestra lucha por la vida, consciente o inconscientemente nos estamos formulando varias preguntas al mismo tiempo:

- ¿Nuestras creencias están en armonía con la realidad que vivimos? Esta pregunta apunta al corazón mismo de nuestras creencias, porque lo que debemos responder es si somos capaces de tener una percepción diferente de la actual, si nos permiten crear un espacio para el disenso.

- ¿Qué beneficio hemos obtenido al mantener este núcleo de creencias? Partiendo de una visión retrospectiva de los éxitos y fracasos que hemos cosechado en los últimos años, es hora de evaluar cuáles han sido los beneficios que hemos obtenido por mantener un sistema rígido e inamovible de creencias, y cuáles creemos que pueden haber sido las desventajas. Cada uno de nosotros será juez y parte de este análisis, que al final nos conducirá a elegir caminos y alternativas que, a la luz de la realidad que cada uno está viviendo, seguramente nos llevarán a flexibilizar nuestra postura.

- ¿Qué podría suceder si fuéramos capaces de cambiar nuestras creencias? El solo hecho de mencionar la palabra *cambio* implica inevitablemente que se represente en nuestra mente otra palabra: *riesgo*. Si a la hora de poner en marcha cambios no tenemos en cuenta el área de la vida ni la magnitud que este cambio pueda tener, corremos el riesgo de que no podamos cumplir con el objetivo que nos hemos propuesto. Esto significa, en otras palabras, que cuando cambiamos algo asumimos un riesgo, y que es nuestra responsabilidad evaluar hasta dónde estamos dispuestos a comprometernos y a aceptar las consecuencias de nuestra decisión. Pero también es cierto que los cambios pueden ser radicales o graduales, y que esto nos ofrece un margen de acción gracias al que podremos minimizar los riesgos.

Éstas son sólo algunas alternativas que tenemos a nuestra disposición para iniciar el tránsito hacia una nueva manera de pensar y de actuar en la vida. Reflexionemos por un instante, como si pudiéramos salir de nuestra propia persona, y preguntémonos si es necesario actuar siempre de la misma forma, si tenemos que reaccionar siempre de manera idéntica ante distintos acontecimientos de nuestra vida y si no tenemos derecho a equivocarnos, sin que esto implique sentirnos juzgados por los demás.

Si logramos contestar estas pocas preguntas y si, a partir del enunciado de las mismas, se enciende en nuestro interior un proceso de cambio, de reingeniería personal, habremos logrado una gran parte de nuestros objetivos. Vamos a experimentar la muy agradable sensación de haber derribado barreras infranqueables hasta el presente y quedará al descubierto la verdadera persona que somos, con nuestras virtudes y con nuestros defectos, pero, ahora sí, con la íntima convicción de que queremos crecer y desarrollarnos para aprender a vivir mejor.

Cambiar la imagen que tenemos de nosotros mismos en la edad adulta no será una tarea sencilla. Cuando nos miramos al espejo, la imagen que éste nos devuelve aparentemente es siempre la misma. Pero en realidad esto no es así: la imagen que estamos buscando siempre depende de la forma en que nos miremos.

Si aprendemos a mirarnos de una manera diferente, si tenemos expectativas distintas en lo que queremos encontrar, veremos facetas de nuestra personalidad que habían permanecido ausentes de nuestro pensamiento y que hoy tenemos que utilizar para que se conviertan en el vehículo para nuestra transformación.

También es cierto que para que podamos utilizar ese espejo que refleja nuestro cuerpo y alma, tenemos que cumplir con algunas creencias que quizá no formen parte del sistema que hoy rige nuestro destino. Modificar el núcleo central de esas creencias presupone que en nuestro interior abrigamos la convicción de que cambiar es posible y que cada uno de nosotros puede lograrlo.

Hasta que no hayamos trabajado intensamente sobre estos dos puntos fundamentales, no vamos a tener la sensación de que estamos avanzando en nuestros propósitos. Porque estos dos principios no sólo son válidos para el cambio de nuestras creencias, sino que también son extensivos a otras áreas de la conducta humana. Un fumador, por ejemplo, que lleva más de treinta años unido al cigarrillo, difícilmente abandona esta conducta si no tiene la íntima convicción de que con esfuerzo y perseverancia será capaz de vencer la adicción química, el hábito y la dependencia psicológica al tabaco.

Un esquema para el cambio

Para que podamos comprendernos mejor en lo que se refiere a la importancia de las creencias y a la necesidad de adaptarlas a las circunstancias que a cada uno nos toca vivir, le propongo seguir el siguiente esquema, que pretende ser una herramienta para que cada uno de nosotros pueda aplicarlo y modificarlo hasta que sea representativo de sus necesidades.

Este proceso consta de cuatro pasos fundamentales:

1. Pensar que, en determinado momento, vamos a tener que cambiar aquellas creencias que sentimos que hoy traban nuestro crecimiento personal.
2. Tomar la firme decisión de introducir modificaciones en nuestro sistema de creencias, después de haber evaluado los aspectos positivos y los negativos de tal decisión.
3. Fijar un día determinado para comenzar a actuar de forma diferente, basándose en las transformaciones que nos hemos impuesto en el modo de ver y sentir el mundo que nos rodea.
4. Mantenernos firmes en el cambio, asumiendo aquellas «zonas de riesgo» inevitables, porque *cambio* significa ingresar en un territorio desconocido.

Esto es sólo un esquema, pero puede sernos de gran utilidad porque respeta el tiempo íntimo de cada uno, ya que hay determinados pasos que no necesitan una fecha, una hora o un día específico para cumplirlos. Puede llevarnos mucho tiempo advertir que cada vez es más urgente establecer cambios significativos en nuestro conglomerado de creencias.

Los pasos 1 y 2 dependerán de las conclusiones que surjan después de haber establecido un diálogo interior comprometido y honesto.

Para asumir el paso 3 y que podamos mantenernos firmes en el paso 4, es probable que debamos pedir ayuda. Pero sólo una ayuda que nos permita ver que hay otras maneras de interpretar nuestra realidad, no sólo aquella a la que estamos acostumbrados, y que todo ser humano siempre puede elegir entre varias opciones cuando se trata de su calidad de vida y del respeto de sus necesidades.

El hecho de que podamos asumir todo lo dicho anteriormente nos pone en el territorio de la flexibilidad y del deseo de adaptarnos a circunstancias nuevas, que exigen un posicionamiento fresco y acorde a los requerimientos del presente. Ya verá cómo soltar amarras le dará una sensación de libertad y de protagonismo en su existencia que quizá usted nunca experimentó antes.

Ordenar nuestras ideas

A veces los esquemas son extremadamente rígidos, en especial cuando intentamos aplicarlos a los sentimientos y a los pensamientos. Pero también es cierto que, cuando nuestra mente deambula entre la indecisión y la impotencia, entre el temor y la angustia frente a lo desconocido, se impone entonces ordenar nuestras ideas para que podamos liberarnos de aquellas ataduras que hasta el presente sólo nos ofrendaron fracasos y frustraciones.

En el momento exacto en que nuestra tolerancia se desborda y nuestros sentimientos nos indican que nuestra capacidad de contención ha llegado al límite, se instala en la vida de cada uno de nosotros la necesidad de cambiar. Esta necesidad es una respuesta a las circunstancias que ya no podemos manejar con nuestra escala de valores y con el núcleo de creencias que han sustentado nuestra existencia hasta el presente.

Entonces, se produce una situación por demás ambigua, pues por un lado sentimos que el cambio se vuelve imperioso, pero por otro lado nos invade un temor profundo a entrar en territorios desconocidos, donde los peligros pueden estar al acecho y donde la incertidumbre y la inseguridad nos hacen dudar.

Cambiar las creencias se puede pensar como un edificio de diez pisos que está funcionando pero al que el arquitecto decide un buen día cambiarle completamente la fachada. Mientras se realizan las reformas seguramente los residentes sufrirán ciertas incomodidades y habrá protestas, pero al final el edificio lucirá remozado, más moderno y con una funcionalidad acorde con los nuevos tiempos. Cuando sentimos la necesidad de cambiar nuestras creencias puede ocurrir lo mismo; por eso es importante recordar siempre el objetivo final, que será lucir más seguros, en consonancia con las exigencias del presente y adaptados fielmente a nuestros deseos y necesidades.

Ahora que espero que usted haya comprendido el significado y el porqué de la necesidad de cambiar nuestro sistema de creencias, permítame decirle que una de las nuevas creencias que debemos adoptar es que *todo ser humano puede cumplir con sus sueños y que en nuestro interior residen los recursos necesarios para que ese cambio nos permita vivir mejor.*

Éste ha sido un tramo difícil de incorporar, es cierto. Por ese motivo, y porque estamos finalizando este capítulo, lo invito nuevamente a que nos relajemos y conversemos respecto de algunos conceptos finales que, estoy convencido, nos van a servir de introducción para abordar el tema de las relaciones interpersonales, que ocupará las próximas páginas.

Los años me han demostrado algo: no somos ni mejores ni peores que otras personas. No somos más, pero tampoco somos menos. He llegado a la conclusión de que medir constantemente nuestra capacidad de acuerdo con los resultados obtenidos es sólo una manera de fortificar el bajo concepto que tenemos de nosotros mismos y que emerge cuando sentimos que hemos fracasado o que no hemos logrado vivir conforme a nuestras expectativas.

Pero justamente es en esos momentos de crisis personal cuando debemos repetirnos hasta el cansancio que si otros seres humanos, que tienen los mismos atributos anatómicos y fisiológicos que nosotros, han logrado aproximarse al concepto del bienestar y de la felicidad, nosotros también estamos capacitados para conseguirlo.

Es probable que hayamos equivocado los procedimientos. Esto es totalmente admisible. Pero una vez aceptados nuestros errores, no hay tiempo para los lamentos sino para la comprobación, mediante nuestras actitudes, de que somos tan capaces como los demás de hacernos cargo de nuestra vida.

Hacernos cargo de nuestra existencia implica desarrollar las habilidades necesarias para acceder al bienestar que queremos. Por eso, estamos diseñando juntos este proyecto existencial que, después de haber puesto en marcha nuestra reingeniería personal, nos va a permitir acceder a un mejor estilo de vida, a un estilo de vida que responda a nuestras verdaderas expectativas.

¿Qué es, en última instancia, una creencia? Es desarrollar certezas referidas a algo concreto de nuestra existencia. Pero al igual que todas las certezas, éstas también admiten opiniones diferentes. Lo que hasta hoy puede haber funcionado como un pilar de nuestra actitud frente a la vida, puede verse modificado por esas opiniones distintas que cambiarán nuestro pensamiento, ya que nos estarán demostrando que estábamos equivocados.

Esto de ningún modo significa claudicar, no es sinónimo de debilidad en nuestro sistema de creencias. Esto significa que tenemos una mente abierta al cambio, siempre y cuando la necesidad de cambiar sea el fruto del análisis y de ejercer una crítica exhaustiva que nos va a beneficiar en el presente y en el futuro.

Amigo lector, amiga lectora, déjeme decirle que nada es para siempre. La vida es dinámica, es movimiento, es flexibilidad, es capacidad de adaptación, es aplicar nuestra inteligencia al servicio de nuestro bienestar. Busque su punto de lectura, señale esta página y, cuando usted lo decida, nos volveremos a encontrar para hablar frente a frente de otro gran tema: cómo nos sentimos en nuestra relación con los demás seres humanos.

7

EL MANEJO DE LAS RELACIONES PERSONALES

> Hemos nacido para volar y tenemos la obliga-
> ción de remontar una y otra vez el vuelo. Te lo
> digo yo, que me he derrumbado y estrellado
> muchas veces. Y sin embargo, insisto: cuan-
> do sientas que te derrumbas, que caes verti-
> ginosamente entre astillas y huesos, entre llan-
> tos de arena y aguaceros de vidrio, da un par
> de aletazos, y arriba.
>
> JESÚS QUINTERO

A través de los años, las experiencias que vamos recogien-
do en nuestro tránsito por la vida nos indican claramente
que, más allá de que tengamos absolutamente claro y definido cuál es el camino para nuestro crecimiento y nuestro
desarrollo personal, y que lo proyectemos en un plan que
iremos cumpliendo etapa por etapa, hay otras habilidades
que debemos manejar con la máxima soltura porque tienen una incidencia directa en el éxito definitivo de nuestros
sueños.

La comunicación y el buen manejo de las relaciones personales es un pilar fundamental en la interacción social, donde se encuentra inmerso nuestro proyecto de vida. Si bien
existe un largo camino de introspección y conocimiento de
nuestro ser hasta que llegamos a definir cómo queremos que
sea nuestro presente y nuestro futuro, también es verdad
que, una vez que sabemos a ciencia cierta hacia dónde hemos de dirigirnos, de ningún modo podemos hacerlo solos
y aislados de una realidad que es el escenario donde nos
movemos diariamente.

Aprendemos a hablar desde muy pequeños, pero puede transcurrir toda nuestra vida sin que aprendamos a comunicarnos, sin que hayamos adquirido esa habilidad tan trascendente para el cumplimiento de nuestros sueños y proyectos vitales.

Ya que estamos en el principio de este capítulo, tengo la obligación de hacerle unas preguntas, usted decide si quiere responderme: ¿cómo se comunica usted con los demás?, ¿cree que es un problema en su vida o lo hace con facilidad, entendiendo claramente aquello que sus interlocutores circunstanciales quieren transmitirle?

No se sorprenda ni se sienta invadido por estas preguntas. Lo que sucede es que la comunicación eficaz es fundamental para emprender con buenos augurios este viaje que estamos realizando juntos. Ocurre tantas veces que no sabemos a qué atribuir las dificultades naturales que tenemos para alcanzar nuestros objetivos, que buscamos y buscamos causas sin encontrar respuestas adecuadas.

Pero claro, cómo vamos a encontrar respuestas adecuadas si estamos buscando donde no tenemos que buscar. La comunicación eficaz, el buen manejo de nuestras relaciones personales, es un capítulo que por lo general no revisamos a la hora de tratar de entender por qué no tenemos éxito para concretar nuestros proyectos.

Podemos aprender muchas cosas a lo largo de la vida. Pero todos esos conocimientos, que no son otra cosa que herramientas que vamos ordenando cuidadosamente en nuestro taller interno, demuestran su valor si somos capaces de utilizarlos en el momento y en el lugar adecuados.

Quizá nos representemos mentalmente con la convicción de que somos excelentes a la hora de comunicarnos con los demás, a la hora de transmitir aquellas cosas que queremos que los otros sepan de nosotros. Pero llega un día en que debemos enfrentarnos realmente con otra personas y entonces nos ruborizamos, se nos entrecorta la voz y somos incapaces de articular dos palabras seguidas con cierto sentido.

Como se trata de una dificultad manifiesta, hacemos lo que solemos hacer cuando tenemos una dificultad: en lugar de afrontar el problema para superarlo, hacemos lo posible por disimularlo.

El diálogo interno

Para que continuemos avanzando en este análisis, ahora debo preguntarle: ¿qué le resulta más sencillo: comunicarse con otras personas o establecer un diálogo con usted mismo? Antes de que me responda, vayamos por partes. Comunicarnos es el vehículo que tenemos para que los demás comprendan lo que queremos transmitirles. La forma de hacerlo es utilizar el lenguaje verbal, nuestra voz y la expresión gestual.

Vayamos delineando, entonces, uno de los dos modelos más importantes de comunicación: *el diálogo interno.*

El diálogo interno comprende el autoanálisis, del que surge de forma espontánea la evaluación constante que hacemos de los hechos que pautan nuestra existencia para encontrarle un sentido, una significación y una explicación a los acontecimientos. A medida que perfeccionamos esta habilidad, también se presenta la posibilidad de volver a interpretar el significado que le atribuimos a las situaciones que debemos afrontar, modulando nuestras reacciones y buscando la forma de hacernos responsables de nuestro destino.

La comunicación con los demás

Comunicarnos con las personas que nos rodean nos permite transmitir con eficacia lo que deseamos que nuestro entorno sepa de nosotros, y si somos eficientes en esa comunicación, nos ofrece la posibilidad de incidir positivamente en el pensamiento de las personas.

Un buen comunicador debe tener una serie de atributos que le permitan, no sólo utilizar adecuadamente su voz, sino también tener un buen dominio de su cuerpo, sus gestos y todo lo que integra el lenguaje no verbal, que con frecuencia es de mayor relevancia que las palabras. Con esta descripción usted puede estar pensando que para comunicarse correctamente hay que estudiar mucho y ser un profesional, o un docente. Sin embargo, todo esto que estamos analizando como condiciones básicas de una buena comunicación son los pasos que da cada uno de nosotros cada vez que queremos expresarnos durante la necesaria interacción social en la que participamos diariamente.

No existe área de la vida de los seres humanos en la que la comunicación no esté incidiendo de forma directa en los resultados que buscamos. Desde la relación de pareja, donde la comunicación y la escucha empática se tornan imprescindibles, hasta los desafíos profesionales, comerciales o personales, la manera que elegimos para hacer llegar nuestro mensaje es la llave maestra del éxito de nuestras propuestas.

A lo largo de las veinticuatro horas que tiene un día, cualquier ser humano despliega un gran abanico de actividades. Si nos detenemos cuidadosamente a escribir una a una esas actividades, veremos que la comunicación ocupa un porcentaje muy elevado de nuestro quehacer cotidiano. Si aceptamos esta premisa como cierta, aparecerá como prioritaria la tarea de observarnos detenidamente para saber cómo nos desempeñamos en esta actividad tan importante.

Sin embargo, dedicarnos a mejorar la comunicación, a perfeccionar el mensaje que queremos transmitir, no ocupa generalmente un espacio de relevancia en nuestro día. Lo que cada uno de nosotros tiene que tener absolutamente claro es que el contenido de nuestro mensaje no depende únicamente de lo que queremos comunicar, sino que el núcleo central de esa comunicación radica en lo que el receptor de ese mensaje ha logrado entender.

Pero atención, aquí no importa la calidad ni la extensión del mensaje. Esto se aplica tanto a un docente que está impartiendo una clase académica, como a nosotros mismos cuando intentamos establecer un diálogo de negociación con nuestra pareja o cuando queremos hacerle saber algo a nuestros hijos. A nivel empresarial, cuando los mandos superiores intentan transmitir una orden al resto del equipo de trabajo, esto cobra especial relevancia.

De acuerdo con lo que hemos establecido, la comunicación aparece como un instrumento de gran ayuda para las relaciones interpersonales. Si continuamos esta línea de pensamiento, llegaremos a la natural conclusión de que cuanto más perfeccionemos esta habilidad, mejores serán los resultados que obtendremos en el camino por alcanzar el éxito de nuestro proyecto personal. Todos los aspectos que integran una vida activa se ven favorecidos en la medida en que nuestra comunicación es eficaz y cada vez más certera. Los beneficios se harán visibles tanto en el ejercicio de la comunicación con nosotros mismos como en la comunicación con el entorno habitual en que nos movemos.

Conocernos más para comunicarnos mejor

Sin embargo, aún nos falta hacer algunas otras aclaraciones. La comunicación interior va a permitir que nos conozcamos más íntimamente, logrando de esa manera un cambio sustancial en nuestra forma de relacionarnos con nosotros mismos. Poco a poco, podremos sustituir un clima de guerra interna, que se nutre con las culpas y los reproches por las acciones del pasado, por un estado de paz que hará posible que aceptemos nuestros errores y que nos enseñará a gratificarnos por nuestros aciertos.

Busco para cada uno de nosotros sólo lo justo. No pretendo que seamos autocomplacientes ni que perdonemos todas las acciones que puedan haber estado erradas. Pero cuando establecemos esa comunicación franca, profunda y objetiva, comenzamos a comprender que somos, en primer lugar, seres humanos, y que sólo por eso podemos equivocarnos y corregir esos errores. ¡Basta de escapar de nosotros mismos! Con éxitos o con fracasos, la comunicación nos volverá más leales, estimulando así la confianza y el respeto por nuestra persona.

Cuando atravesamos períodos difíciles de la vida, cuestionamos nuestra capacidad para revertir la crisis que nos envuelve. Construimos en nuestra mente imágenes devaluadas de nuestra persona, que refuerzan el sentimiento de impotencia que se instala en nosotros ante cualquier desafío al que la existencia nos expone. La pregunta que debemos hacernos entonces es la siguiente: ¿hacia dónde nos conduce pensar de esa manera?

La insatisfacción que en la actualidad sentimos al no cumplir con nuestras expectativas, al no dar cumplimiento a nuestros deseos, cubre con un manto de oscuridad el concepto que tenemos de nosotros mismos. En su historia personal, ¿alguna vez logró resolver una crisis castigando aún más su ya devaluada imagen?

Pero éstas no son preguntas que debamos formularnos en los tiempos de calma. Éstas son preguntas que debemos hacernos en medio de la tormenta, porque de esa forma podremos rescatar la brújula que nos indicará dónde se encuentra nuestro «norte» y qué podemos hacer para reconstruirnos, recuperar nuestros sueños y crear un nuevo proyecto personal de vida.

¿Qué queremos y qué no queremos para nuestra vida? Ésta es una pregunta básica que nos permitirá marcar un límite, un territorio, e identificar claramente aquellas circunstancias que sentimos que nos hacen bien y aquellas que nos dañan, al mismo tiempo que estaremos buscando intuitivamente alejarnos de lo que contribuye a nuestro malestar. Del mismo modo, a partir de este momento, tenemos que dejar de lado todas las imágenes y sentimientos de minusvalía que acompañan habitualmente a las crisis personales, pero no sólo porque son improductivas, sino porque entorpecen severamente esa comunicación interna tan necesaria.

La comunicación social

En las últimas décadas, la comunicación a nivel mundial ha tomado un giro insospechado. La publicidad radial, escrita o televisiva intenta «introducir» en la mente del receptor un determinado mensaje; trata, por ejemplo, de «grabar» la necesidad de adquirir tal o cual producto. Los mensajes culturales o políticos buscan captar corrientes de opinión y han convertido la comunicación en una verdadera fuente de poder. Quien mejor comunica mejor vende, quien mejor vende obtiene más votos o afianza su liderazgo.

Esto no es algo menor, ya que, entre bambalinas, ésta es una de las herramientas que mueven el mundo, ese mundo donde usted y yo desarrollamos nuestra vida. Por ese motivo, en algún momento de nuestro desarrollo personal y de nuestro crecimiento como seres humanos, tenemos que aceptar la importancia que tiene lograr la excelencia en materia de comunicación.

Sin temor a equivocarme, puedo asegurarle que en las más diversas áreas de la vida cotidiana podremos apreciar avances y nuevos logros en materia de comunicación si ajustamos adecuadamente tanto el diálogo interno como la manera en que hacemos llegar nuestros mensajes a los demás.

Seguramente usted alguna vez se ha preguntado: ¿por qué es tan cara la publicidad en televisión o en los medios de prensa escrita de gran tiraje? La gran penetración que tienen estos medios de comunicación en el público puede arrojar jugosos dividendos a quienes los utilizan como un canal para hacer conocer sus productos o sus mensajes.

La medicina es otro ejemplo claro de cómo una comunicación eficaz puede influir positivamente en las actitudes y las conductas de los pacientes. En las más diversas áreas, pero sobre todo en el área de la prevención de los factores de riesgo de distintas enfermedades, que hoy son las que causan más estragos en la sociedad, un mensaje claro, serio y afable puede cambiar hábitos de vida, actitudes y preconceptos, y contribuir de este modo a mejorar la calidad de vida de las personas.

Generalmente, no se le presta atención a esta herramienta de gran valor, una herramienta capaz de modificar estilos de vida que atentan contra la salud y contra el anhelo de envejecer con dignidad de las personas. Una buena comunicación puede proyectar claridad a quien esté destruyendo su salud a través del tabaquismo, del alcoholismo, la drogadicción o el consumo de medicamentos de forma indiscriminada y sin control médico. Más allá de su función asistencial, también es una tarea del médico alertar al ser humano sobre el buen uso de su cuerpo físico y de su cuerpo emocional.

Pero para ayudar a una persona no se necesita obtener ningún título universitario, sino que lo que se necesita es tener la sensibilidad suficiente como para comprender que todos, en determinado momento de nuestra existencia, podemos atravesar un tiempo difícil. Si recibimos una comunicación cálida, desinteresada, con un contenido de esperanza y basada en nuestra enorme capacidad para superar las crisis personales, el impacto de estas crisis se atenuará notablemente.

Creo que a estas alturas tanto usted como yo podemos estar convencidos de que una comunicación adecuada y eficaz puede contribuir significativamente a la construcción exitosa de nuestro proyecto personal.

Mucho se ha hablado de la inteligencia social como una clave para el éxito de nuestra gestión en la vida. Cuando se habla de inteligencia social se está hablando de la mayor o menor habilidad que tienen los seres humanos para interactuar adecuadamente con los demás. Ese éxito que tiene como objetivo final vivir de acuerdo con nuestras expectativas se sustenta en la capacidad para relacionarnos positivamente con las personas que componen nuestro entorno, de manera que ellos también contribuyan en su medida a la consecución de nuestros logros.

Las buenas relaciones humanas apoyan nuestros esfuerzos, ya sean personales o profesionales, y nos ayudan sobremanera a trazarnos el camino correcto a la hora de establecer ese nuevo proyecto personal de vida. Por el contrario, la gran mayoría de los fracasos y de las frustraciones en las empresas que llevamos adelante en la vida se deben a nuestra dificultad para respetar los límites y el territorio de los otros.

Es más, durante las dos últimas décadas he podido comprobar, en el ejercicio práctico de la medicina, que se han multiplicado los motivos de consulta por una patología relativamente nueva, una patología que no figura en los libros de medicina, ni de cirugía, ni de psiquiatría: *los problemas que los seres humanos tenemos con la vida*. Y en la enorme mayoría de los casos estos problemas se producen en el área de la comunicación. Dicho de otro modo, la solución a estos problemas depende de nuestra habilidad para transmitir un mensaje que represente nuestro verdadero sentir.

Optimizar nuestros recursos

Si hoy usted cree que la comunicación eficaz es su problema, descanse unos minutos y, con energía renovada, establezcamos juntos algunos parámetros que le servirán de guía para optimizar este recurso tan importante que es hacer llegar nuestro pensamiento a los demás.

Existe la creencia generalizada de que algunas personas se llevan bien con todo el mundo; sin importar sus principios o sus valores, hay personas que aceptan a los demás tal cual son y, por lo tanto, no andan por la vida microscopio en mano tratando de encontrar defectos que puedan alejarlos del vínculo creado. En realidad, cada uno de nosotros es capaz de llevarse verdaderamente bien con unas pocas personas, pero ¿por qué? Para que una relación sea realmente armoniosa, necesitamos que existan ciertos elementos de afinidad que nos aproximen a ese ser humano y, sobre todo, que esa persona nos acepte también a nosotros como somos, sin intentar cambiar nuestra identidad.

Sin embargo, debemos reconocer que hay algunas personas para las cuales todo está bien, en cualquier momento y en cualquier lugar. Esa personalidad libre y flexible, está siempre apoyada en un pilar inquebrantable: una sana autoestima. Cuanto más confianza y respeto tengamos por nosotros mismos, más vamos a estimar y a respetar a los demás. Cuanto más convencidos estemos de que somos personas de valor, personas que recorremos el camino de la vida con dignidad, más vamos a jerarquizar y respetar el lugar que ocupan los demás seres humanos. Las buenas relaciones humanas van de la mano de una buena autoestima. De ahí la importancia de trabajar en este sentido, para abrir la puerta de par en par hacia un mejor entendimiento con nuestro entorno.

Muy diferente es la imagen que proyectan los hombres y las mujeres que tienen una baja autoestima. Ellos sólo pueden aceptar a un grupo reducido de personas y generalmente esta aceptación no se mantiene a través del tiempo. La falta de confianza en sí mismos los hace profundamente desconfiados y genera discusiones que los separan definitivamente de sus relaciones. Son personas que se rechazan a sí mismas y rechazan a los demás, pero a su vez ellos mismos son rechazados por sus dificultades para establecer relaciones interpersonales sanas y positivas.

Ciertos principios rigen las buenas relaciones interpersonales. A modo de ejemplo: si lo que buscamos es que se nos respete, el camino más corto para lograrlo es que nosotros empecemos por respetar a la otra persona. La reciprocidad es una de las piedras angulares de las buenas relaciones humanas.

La crítica constructiva

La autocrítica y la crítica hacia las actitudes de los demás pueden ser un instrumento de gran valor siempre que podamos ser lo suficientemente objetivos como para no dañarnos y no dañar a los otros. Cuando esta crítica se vuelve destructiva es capaz de hacer añicos la autoestima más sólidamente instalada. Es elevado el número de relaciones interpersonales que se destruyen definitivamente por esta manera de actuar.

La crítica ácida, aquella que corroe los sentimientos más profundos del ser humano, ataca lo más sensible de la personalidad del individuo, genera culpas y produce heridas profundas de difícil cicatrización. Quien se siente atacado busca defenderse, y así se crea un clima de hostilidad que conspira contra la buena convivencia y aniquila toda posibilidad de una buena comunicación.

El secreto para tener buenas relaciones humanas reside en hacer que los demás se sientan bien cuando comparten una conversación, una reunión o un viaje con nosotros. Si hemos logrado desarrollarnos y si hemos crecido interiormente, nos resultará mucho más fácil ayudar a las personas a elevar su propia autoestima. Esto contribuirá positivamente al éxito de nuestra propuesta de vida.

Toda oportunidad es buena para resaltar los atributos que adornan la personalidad de nuestros interlocutores; es más, si nos acostumbramos a realzar estos aspectos en cada encuentro, no sólo estaremos elevando nuestra propia autoestima, sino que recogeremos lo mejor de los demás.

Esto no significa que debamos comportarnos de una manera sumisa o servil, o que debamos halagar a quienes nos rodean sólo porque nos interesa que nos ayuden a realizarnos en nuestros proyectos. Estamos hablando de una conducta que habitualmente es olvidada, una conducta que parte de la premisa de que todo ser humano tiene aristas en su personalidad que pueden y deben ser destacadas.

Para demostrarnos cabalmente que esto es así, utilicemos

por un instante la imagen en el espejo. Ubiquémonos nosotros en el lugar de las otras personas y pensemos cómo nos sentiríamos si alguien resaltara aspectos relevantes de nuestra persona. Sin duda, esta actitud de los demás contribuiría en buena medida a que pudiéramos sentirnos bien con nosotros mismos y obraría como un fuerte estímulo para solidificar nuestra autoestima.

El éxito o el fracaso en las relaciones interpersonales dependen en gran medida del rol que cada uno de nosotros adopta en el marco del encuentro con otros seres humanos. Antes vimos cómo la crítica destructiva es igual a un artefacto explosivo que destruye la autoestima de quien la recibe. La frialdad y el distanciamiento en los vínculos de cualquier tipo se deben en su gran mayoría al rechazo que produce este tipo de conducta.

¿Dónde impacta esta crítica que tanto daño produce? El blanco preferido es el centro mismo de la personalidad de nuestro interlocutor, que inmediatamente se ve envuelto en sentimientos de inferioridad, minusvalía e impotencia. Estos sentimientos despiertan a su vez un deseo de réplica y defensa que consume una gran cuota de su energía. El desgaste que se produce cada vez que esto sucede nos aleja a nosotros y a los demás de nuestros objetivos esenciales y nos acerca a una peligrosa costumbre que nos deja al borde del precipicio, al borde de caer en el fracaso y en la frustración.

Es cierto, y usted estará de acuerdo conmigo, que todos los seres humanos somos sensibles y permeables a la crítica de los otros. Todos deseamos ser juzgados positivamente y ser aprobados en nuestro quehacer cotidiano. También nos resulta difícil ser honestos y recibir con beneplácito opiniones que difieren de las nuestras, porque sentimos que atacan la esencia misma de nuestra personalidad.

En consecuencia, la mejor decisión que podemos tomar a partir de este momento es dejar de emitir juicios sobre las actividades de los demás y resguardarnos de esa manera de recibir opiniones que pueden lesionar nuestra autoestima.

La vida es una aventura apasionante que nos exige tomar decisiones día a día. Todos intentamos hacer nuestras cosas lo mejor posible. Nadie busca deliberadamente fracasar y sentirse mal por ello. Es posible que equivoquemos los caminos o los procedimientos y que eso nos conduzca a tener sentimientos de pérdida, pero en la enorme mayoría de los casos no lo hacemos a sabiendas, sino que sólo después de haberlos experimentado podemos evaluar los resultados con la consiguiente alegría o tristeza.

Es bueno tener esto en cuenta para no juzgar precipitadamente a los demás y no permitir que se nos juzgue por lo que aparenta ser y no por lo que es en realidad. Si logramos transitar por la vida por los caminos del equilibrio y la mesura, evitaremos muchos malestares que nos confunden y nos retrasan en la consecución de nuestras metas y objetivos fundamentales.

Seamos sinceros con nosotros mismos y reflexionemos acerca de cuántas veces hemos dedicado tiempo y esfuerzo a señalar los errores de los demás. Éste es un ejercicio absolutamente improductivo, que refleja lo más oscuro de nuestra esencia misma y que no sólo degrada a quienes son erróneamente juzgados, sino que también habla muy mal de nosotros mismos.

Si empleáramos ese mismo tiempo, esa misma energía, en la búsqueda de nuestros genuinos intereses, si pusiéramos ese tiempo y esa energía al servicio de la concreción de nuestros más caros sueños, nos enalteceríamos como personas útiles a nosotros mismos y les demostraríamos a los demás que estamos dispuestos a compartir lo mejor de nuestra esencia.

Asumir nuestra realidad

El espectro de las actitudes negativas que entorpecen las relaciones humanas es muy amplio. Así, es preciso señalar aquí otra actitud que muy frecuentemente asumimos tanto los hombres como las mujeres: el desacuerdo con la realidad. Si llueve nos quejamos porque la calle está mojada, porque se hace más difícil el tránsito y porque el clima es horrible. Si el sol brilla en el cielo y tenemos altas temperaturas, decimos que es imposible concentrarse para trabajar o para estudiar y que el verano es para aquellas personas que lo pueden disfrutar, pero no para quienes tienen que ganarse la vida con su propio esfuerzo.

Con esta actitud perdemos el rumbo y la ubicación respecto de la realidad y nos vamos transformando en seres que no logran adecuarse a un mundo que es como es y que no podemos cambiar. También en las relaciones humanas es imprescindible la tolerancia, la flexibilidad y la capacidad de adaptación a las circunstancias cambiantes de un entorno que vive vertiginosamente y que nos hace vivir también a nosotros en esa vorágine.

Cuando adoptamos el rol de víctimas ante circunstancias que no sabemos o no podemos manejar con la necesaria soltura, y no hacemos más que quejarnos por nuestro destino y por nuestra mala suerte, también estamos malgastando nuestra energía. Porque yo le pregunto: ¿a quién le importa en realidad cómo nos sentimos? En momentos así es cuando probablemente podremos establecer con absoluta claridad quiénes son nuestros amigos y quiénes no. Y por mucho que nos duela, seguramente nos servirán los dedos de una mano para contar a aquellos seres nobles que realmente estarán dispuestos a ayudarnos para que podamos salir con éxito del trance difícil por el que estamos atravesando.

Hemos visto que podemos expresarnos en dos niveles totalmente diferentes: la comunicación con nosotros mismos y la comunicación interpersonal. Si logramos que esa forma de transmitir nuestros deseos y nuestras necesidades sea eficaz, habremos dado un paso fundamental para cimentar nuestro éxito personal.

¿Qué buscamos a través del diálogo interno? Lo que buscamos es conocer en profundidad lo que sentimos, lo que necesitamos para alcanzar nuestro equilibrio y nuestro bienestar y, sobre todo, medir nuestra capacidad para tomar decisiones en momentos en que se pone a prueba nuestra entereza.

No todos los días nos levantamos con el mismo ánimo ni con las mismas ganas de cumplir con nuestras obligaciones o de pensar en un proyecto de vida diferente. Hasta aquí todo está bien, porque somos seres humanos y, dentro de ciertos límites lógicos, tenemos derecho a que nuestros estados de ánimo oscilen. El problema empieza cuando la tristeza y la apatía ganan nuestro interior y literalmente arrasan con la mínima motivación necesaria para ponernos en movimiento y establecer una comunicación eficaz con quienes nos rodean. Entonces, podemos concluir que para comunicarnos adecuadamente con el mundo exterior, antes será necesario recorrer el enriquecedor camino del diálogo con nosotros mismos, ya que este camino permite que nos veamos tal como somos y nos insta a un cambio al que a veces podemos resistirnos porque no queremos entrar en territorios desconocidos que potencialmente pueden hacernos sufrir.

Claro está que todo es más fácil cuando estamos alegres y rebosantes de entusiasmo, situación ideal para tener una motivación muy fuerte y plantearnos diversos proyectos para el presente y para el futuro. Pero los seres humanos somos tan sensibles a lo que nos rodea que mantener un adecuado estado interno requiere de una gran capacidad de contención y de la comprensión de los problemas que nos acosan. Lo importante es jerarquizar estos problemas y no permitir que vulneren nuestros límites. Es cierto, no podemos aislarnos de los conflictos que nos involucran, pero sí podemos interpretarlos preservando nuestra integridad, algo que nadie va a proporcionarnos y que por ende es nuestra absoluta responsabilidad.

Vamos comprendiendo entonces por qué una buena relación interpersonal requiere en primera instancia de un buen diálogo interno para que cada uno encuentre su punto de equilibrio, un equilibrio que nos capacite para entender también lo que les sucede a los demás, que es fundamental para agradar y ser siempre bienvenido.

¿Qué esperamos de los demás y qué esperan ellos de nosotros?

Más allá de los atributos que cada uno debería tener para lograr que los mensajes que enviamos sean recibidos adecuadamente, pensemos por un instante en nosotros mismos. ¿Con qué tipo de personas nos gustaría mantener vínculos personales, comerciales o institucionales? Seguramente vamos a coincidir en que lo más importante es que se trate de individuos agradables, con los que podamos sostener cualquier tipo de conversación, que tengan bien definido su camino en la vida y que no se ofendan si tenemos opiniones diferentes sobre un tema puntual.

Del mismo modo pensemos por un instante qué esperan los demás de nosotros en un vínculo de cualquier tipo. Es muy probable que ellos también esperen encontrarse con personas agradables, que muestren una correcta educación y que dejen traslucir sus intenciones con una comunicación fluida, tanto en lo que se refiere al lenguaje verbal como al lenguaje de nuestro cuerpo.

Si bien en una mesa de negociación, por ejemplo, cada uno debe mantener y sustentar su posición, una buena comunicación interpersonal nos indica que todos debemos tener un margen de aceptación para las propuestas del otro, siempre y cuando no lesionen nuestros intereses. Lo que quiero decirle, amigo lector o amiga lectora, es que no debemos tener miedo a darle la razón al otro. Estratégicamente esto crea menor resistencia en nuestro interlocutor y nos permite luego exponer nuestra posición con una recepción mucho más distendida.

Creer que somos dueños de la verdad, discutir y discutir cada uno de los temas que se ponen sobre la mesa, puede alimentar nuestro ego, porque si sentimos que ganamos la contienda fomentamos erróneamente un sentimiento de poder que nos convence de nuestra razón. Pero esta actitud, que es muy común en las relaciones amorosas, tiene un único y triste final: la *soledad*.

Nadie permanece junto a una persona que siempre cree tener razón, que piensa que lo sabe todo, que ya ha vivido todo y que no se detiene por un instante a pensar qué está pasando por la mente de su interlocutor, que bien puede ser su pareja, su socio, su compañero de trabajo o su vecino. Esta actitud anula cualquier posibilidad de establecer una buena comunicación interpersonal. Pensemos, entonces, qué es lo importante: ¿ganar la discusión, convencer al otro de nuestra experiencia o conocimiento, o intentar llevarnos bien con cada una de las personas que componen el entorno con el que nos relacionamos cotidianamente?

Vale la pena hacerse esa pregunta porque suele suceder que andamos por los caminos de la vida tratando de convencernos y convencer a los demás de que somos los número uno, que nadie ni nada puede hacernos cambiar de opinión o de rumbo. Así sólo dejamos entrever una imagen pobre, muy pobre, de lo que debe ser un hombre o una mujer, y generamos en los otros desde lástima hasta el rechazo más tajante.

El diálogo interno servirá para que el espejo del alma nos devuelva la imagen que tenemos ante nuestros propios ojos y ante los ojos de los demás. Si usted hoy, como fruto de esa conversación profunda, honesta y esclarecedora, advierte que ha errado el camino, sepa que es bienvenido al club de quienes hemos reflexionado sobre nuestra actitud en la vida y hemos cambiado el rumbo de nuestra existencia.

Esto no significa que debamos bajar los brazos y decir que sí cuando sentimos que tenemos que decir que no. Lo que pretendo transmitirle es que aun cuando nosotros creamos que lo que nuestro interlocutor está diciendo no es lo correcto, debemos buscar la mejor forma de plantear nuestro desacuerdo. Es decir, debemos evitar el daño moral que se produce cuando se señala un error con palabras grandilocuentes que sólo rebajan la autoestima del otro.

Hay un dicho popular que dice: «No hay una segunda oportunidad para causar una buena primera impresión». Cuando dos individuos se encuentran, ya sea en el terreno del amor o para hacer un negocio, cada uno busca la aceptación del otro, y lo hace no sólo para cumplir con el fin específico del encuentro, sino que busca ser aceptado como persona. Esta conducta comienza desde que somos muy pequeños, y se mantiene a lo largo de toda nuestra vida. Buscamos la aceptación de nuestros padres, luego la de nuestros amigos, profesores o compañeros de trabajo, y especialmente buscamos la aprobación de nuestra pareja.

También suele decirse, cuando no existe una buena comunicación entre dos personas, que «fue una cuestión de piel». Esto significa que, sin que se conozcan los motivos, el encuentro no fue bueno, que no se estableció ese nivel de aceptación que esperábamos y que la comunicación interpersonal resultó frustrante. No estamos obligados a llevarnos bien y a entendernos con todas las personas con las que debemos tener contacto a lo largo del día. Pero también es cierto que hay hombres y mujeres que tienen serias dificultades de comunicación al establecer vínculos personales y que eso los lleva a entablar relaciones altamente conflictivas.

El lenguaje gestual

Ahora le propongo que reflexione y responda a las siguientes preguntas: ¿cómo cree usted que está manejando la comunicación y sus relaciones personales?, ¿qué resultado ha arrojado su diálogo interno?, ¿qué ha logrado advertir después de haber establecido esa conexión íntima, cara a cara con el espejo del alma?

Sería bueno que aquí hiciéramos un pequeño alto para pensar, para ubicarnos en nuestra realidad y visualizar qué tipo de cambios deberíamos realizar para mejorar este tema de la comunicación, tan importante a la hora de procesar las alternativas de que disponemos para el logro de nuestras metas y objetivos.

Visualizar los cambios es importante, porque sólo nosotros podemos llevar adelante las transformaciones que necesitamos para mejorar este aspecto de nuestra existencia. Ésta es una de esas cosas absolutamente intransferibles y que exigen coraje, valor y audacia para mejorar y así ser capaces de relacionarnos inteligentemente con quienes conforman el grupo humano en el que interactuamos diariamente.

Hay diversas técnicas que estudian en profundidad la actitud del ser humano a la hora de encontrarse con otra persona. Se analiza la postura del cuerpo, la posición de los brazos y de las manos, la cara, los gestos, la mirada. En fin, es como si estuvieran sacando una fotografía instantánea capaz de captar la forma en que esa persona se dispone a llevar adelante el encuentro.

De todos los gestos que se deben tener en cuenta para determinar si ese hombre o esa mujer está viviendo el episodio como algo enriquecedor y positivo, como algo que lo ayudará a crecer en distintos aspectos de su persona, está la sonrisa, que es una forma de comunicar nuestro estado interno sin palabras. ¿Cómo nos sentimos cuando alguien nos sonríe? Más allá de los matices, usted estará de acuerdo conmigo en que nos sentimos valiosos, considerados e importantes ante los ojos de nuestro interlocutor.

La sonrisa refleja sin duda un estado interno de equilibrio y de paz, por eso es muy difícil hacerlo cuando estamos llenos de preocupaciones que desplazan esta manifestación tan sincera y tan llena de fuerza. Pero también es cierto que no podemos esperar hasta que hayamos solucionado todos nuestros problemas para entregar una sonrisa a las personas que nos rodean.

¿Qué debemos hacer, entonces? Lo mejor es, cuando estamos frente a otra persona, ejercitar nuestra sonrisa aunque sea durante unos breves instantes. Esto nos irá devolviendo, poco a poco, las ganas de vivir, fortalecerá nuestra autoestima y nos ayudará a encontrar solución a los problemas que pueden estar acuciándonos actualmente. De más está decir que no será suficiente una sonrisa para resolver todos nuestros conflictos, pero le aseguro que nos ayudará a ubicarnos mejor para abordar nuestra problemática con optimismo.

Pero una buena comunicación interpersonal no sólo exige

de nosotros claridad en el mensaje, palabras justas y inteligibles, una postura abierta al diálogo y una sonrisa que muestre seguridad y firmeza en nuestras convicciones, sino que también requiere que sepamos escuchar y que lo hagamos en el marco de determinadas condiciones.

Mirar a los ojos a nuestro interlocutor es el primer paso para que realmente podamos escuchar lo que tenemos que escuchar, sin interferencias ni mensajes secundarios intrascendentes. Fijar nuestros ojos en los ojos de quien está hablando, mirar su boca y sus movimientos faciales serán actitudes que brindarán, a la persona que se encuentra frente a nosotros, la sensación de que depositamos toda nuestra atención en lo que está tratando de decirnos.

Otra premisa fundamental es dejar que nuestro interlocutor pueda desarrollar ampliamente su exposición sin interrupciones, lo que nos permitirá recibir con más detalles lo que se nos quiere transmitir. Por un instante, ubiquémonos en el lugar de quien está hablando e imaginemos que somos interrumpidos abruptamente por alguien que dice algo importante o intrascendente. ¿Qué sucede, entonces? Lo más probable es que perdamos el hilo de nuestra conversación y el concepto o los conceptos más importantes de lo que estábamos diciendo, además de que nos sentiremos profundamente incómodos.

Eso es exactamente lo que le pasa a quien está tratando de decirnos algo que es importante para nuestro interlocutor y que exige de nosotros el máximo respeto. Aprender a escuchar al otro en su marco de referencia, escucha empática, es un ejercicio fundamental que tenemos que aprender a desarrollar. Es, sin duda, una de las llaves maestras para lograr una buena comunicación interpersonal.

¿Cómo manejar las relaciones personales en tiempos de crisis?

Si bien en este capítulo estamos tratando de señalar la importancia de las relaciones interpersonales para alcanzar nuestro proyecto personal, también es necesario que analicemos lo que sucede cuando lamentablemente no podemos desarrollar esta habilidad. Las exigencias de la vida cotidiana, sumadas al estrés con que desarrollamos nuestras actividades, requieren de nosotros tolerancia y paciencia para enfrentar las dificultades.

Al estar inmersos en una crisis personal o en un tiempo difícil, el anhelo más trascendente es solucionar nuestros problemas de la manera más rápida posible y lograr nuestra paz interior y nuestro equilibrio.

Esto nos sirve de introducción para comprender que, para relacionarnos con los demás adecuadamente, primero es necesario aproximarnos por lo menos a un nivel de equilibrio interno que nos permita comprender las necesidades propias y las de los demás, y que nos evite caer en la negatividad, que es la principal responsable de la insatisfacción respecto de la vida que estamos experimentando.

No encontrar una salida adecuada a nuestros conflictos o a las dificultades naturales que surgen en el diario vivir nos hace perder ese equilibrio tan fundamental y deja el campo libre al estrés, a la ansiedad, a la inseguridad y a una transformación en nuestros sentimientos que nos llevará a ver todo de forma negativa.

¿Cómo podemos mantener relaciones interpersonales exitosas, o por lo menos normales, cuando nos encontramos en ese estado? Uno de los planteamientos que debemos hacernos al elaborar nuestro proyecto personal será reconocer la importancia de construir un sistema sólido que nos permita alejar inmediatamente los sentimientos negativos que surgen de la falta de confianza en nosotros mismos. Para lograrlo, debemos detectar las causas por las que estos sentimientos aparecen en nuestra vida y encontrar los antídotos necesarios para eliminarlos antes de que se arraiguen de forma definitiva en nosotros.

La vida nos expone constantemente a situaciones en las que se pone en juego nuestra integridad y nuestro valor. Necesitamos de una buena dosis de coraje para ser totalmente sinceros con nosotros mismos, para ser capaces de mirar en nuestro interior y descubrir las causas reales que nos producen esa ansiedad y ese estrés que no nos permite vivir de acuerdo con nuestros deseos.

No podemos controlar todos los acontecimientos que suceden a nuestro alrededor. Eso es cierto. Pero también es cierto que es nuestra responsabilidad elegir la manera en que reaccionamos frente a esos sucesos. El daño que permitimos que los episodios negativos causen en nuestro cuerpo físico y en nuestro cuerpo emocional es responsabilidad de cada individuo.

Los seres humanos nos diferenciamos claramente unos de otros de acuerdo con la respuesta que esgrimimos ante una situación que no se encuadra dentro de las que estamos acostumbrados a enfrentar. Tanto es así que muchas personas cuando tienen que abordar una entrevista personal, o enfrentarse a una comunicación interpersonal importante, sufren una serie de inconvenientes físicos: tartamudeo, sudoración intensa o un aumento de la frecuencia de sus latidos cardíacos.

Es probable que las relaciones interpersonales sean una de las situaciones que más estrés producen tanto a hombres como a mujeres. Hablar en público, dar una conferencia o enfrentarse a una cámara de televisión son también ejemplos vinculados a la comunicación que pueden causar zozobra en quienes tienen poca confianza en sí mismos.

Esto también tiene que ver con la percepción que cada ser humano tiene del mundo que lo rodea. Un mismo acontecimiento puede desencadenar respuestas absolutamente opuestas en dos personas distintas. Pongamos como ejemplo la siguiente situación: dos personas están en una esquina cuando se produce un accidente de tránsito del que resultan heridas varias personas. Mientras que una reacciona espontáneamente y se pone en movimiento para auxiliar a las víctimas, la otra se queda literalmente paralizada en su lugar, presa de una crisis nerviosa.

Son muchas las circunstancias que inciden para que el manejo de nuestras relaciones personales tenga éxito o responda a lo que realmente queremos. Despejar el camino de todos los obstáculos que se interponen y que no nos permiten establecer vínculos satisfactoriamente se impone a la hora de evaluar cuáles son los puntos más destacados de nuestro plan de vida.

No olvidemos que si bien es prioritario conocernos profundamente y respetar nuestros deseos y necesidades en el tránsito hacia la autonomía y la independencia, no estamos solos en la elaboración de nuestro proyecto ni en las distintas etapas que ineludiblemente hemos de recorrer hasta acariciar el éxito.

Necesitamos de los demás, necesitamos que las personas que nos rodean colaboren, que nos apoyen, que nos estimulen y, por supuesto, los necesitamos para que no pongan trabas a nuestros sueños. Es por eso que entrenarnos diariamente para mejorar nuestra habilidad a la hora de establecer una buena comunicación interpersonal nos va a acercar cada vez más a nuestros objetivos.

A medida que vamos avanzando en los distintos capítulos

de este libro, cada vez me convenzo más de que todos podemos alcanzar nuestros sueños si nos comprometemos a lograrlo. Pero comprometerse no sólo requiere esfuerzo y perseverancia, sino que también implica tener en cuenta todos los actores que entran en escena cuando nos proponemos alcanzar determinadas metas en nuestra vida.

Uno de esos principales actores es el que representa a la comunicación interpersonal, tan presente en nuestro quehacer cotidiano. Si hoy siente que no domina a la perfección esta habilidad, sepa que puede mejorar y llegar incluso a ser brillante en este aspecto.

Vayamos ahora al encuentro de los modelos o paradigmas con los que contamos y la influencia que éstos ejercen en la toma de decisiones. ¿Me acompaña?

8

LOS MODELOS O PARADIGMAS. SU INFLUENCIA EN LA TOMA DE DECISIONES

> El verdadero viaje de descubrimiento no con-
> siste en buscar nuevos paisajes, sino en tener
> nuevos ojos.
>
> MARCEL PROUST

Todos los hombres y todas las mujeres evaluamos permanentemente nuestras condiciones de vida. Eso nos lleva a tomar decisiones que se basan en la percepción que tenemos del mundo que nos rodea.

Ahora dígame: ¿cuál fue la última decisión importante que usted debió tomar?, ¿cree usted que de las decisiones de las que diariamente se hace responsable se desprende un cierto modelo que se repite y que a la vez condiciona el contenido mismo de esas decisiones? Si su respuesta es afirmativa, debemos dedicarnos ahora a comprender qué es un modelo o un paradigma.

Un modelo o paradigma es un conjunto de reglas y disposiciones que cumplen dos funciones simultáneas:

1. Establece y marca límites precisos.
2. Constituye una hoja de ruta que nos indica cómo debemos actuar para cumplir nuestros sueños.

Si aceptamos esta explicación como válida y tratamos de aplicarla a algunas situaciones de la vida cotidiana, veremos que un deporte como el fútbol podría encuadrarse dentro de esta definición de modelo o paradigma.

El fútbol es un deporte que tiene límites y que tiene reglas claras. En principio, podríamos decir que para jugar un partido de fútbol hacen falta dos equipos de once jugadores cada uno, un terreno de juego bien delimitado, dos porterías y una pelota. Si cumplimos con nuestra hoja de ruta y logramos introducir la pelota en la portería del equipo contrario, habremos resuelto nuestro problema para transferirlo al equipo que disputa con nosotros el triunfo.

Aquí los límites están definidos con total claridad y los requisitos para poder ganar, o resolver los problemas, son muy puntuales: introducir la pelota en la portería contraria tantas veces como sea posible e intentar que nuestro contrincante no haga lo mismo en nuestra propia portería. Por un lado, éste es un modelo o paradigma perfecto, pero por otro, es un espejismo que no refleja la realidad en que vivimos diariamente.

Cada ser humano desarrolla una determinada tarea, tiene un oficio o una profesión. Ése es nuestro campo de acción y conocemos los límites. En el caso de la medicina, por ejemplo, los seres humanos acuden al médico para que resuelva los problemas que han surgido en ese campo específico, quieren saber cómo curar un resfriado, por qué tienen dolores de cabeza recurrentes, etcétera. Pero si aparecen grietas en las paredes de su casa, ya no será el médico quien deberá ocuparse del problema, sino que citará a un albañil o a un arquitecto para que le diga qué debe hacer.

A medida que vamos creciendo y dejando atrás la infancia, la adolescencia y la juventud, se van instalando en nuestra mente determinados modelos o paradigmas que van a tener una incidencia directa en las decisiones que debamos tomar. Los modelos determinarán nuestras decisiones a la hora de elegir un futuro de trabajo o de estudio, cuando debamos elegir nuestra pareja y hasta cuando llegue el momento de escoger la educación que impartiremos a nuestros hijos.

Vamos construyendo estos modelos o paradigmas con todo lo que recibimos como pautas educativas por parte de nuestros padres o tutores, de nuestros maestros y profesores, y con nuestra propia percepción de la realidad. La suma de todos estos parámetros hacen de los modelos o paradigmas anclas poderosas que nos caracterizan cada vez que tomamos una decisión.

Analizar nuestros modelos

Hasta aquí hemos hecho una descripción somera de cómo operan estas verdaderas hojas de ruta en nuestro desempeño diario. Pero el problema se instala cuando, a la luz de fracasos y frustraciones vividas, no logramos visualizar la dificultad que nos conduce invariablemente a encontrarnos con esos sentimientos de pérdida.

Es en esas circunstancias, y durante el diálogo interno, cuando se impone revisar también esos modelos o paradigmas que residen en lo más profundo de nuestro ser, porque ese conjunto de reglas y principios que hasta hoy había regido nuestra conducta puede haber quedado obsoleto y requerir de nuestra parte una remoción total o parcial. Justo entonces podremos hacernos verdaderamente responsables de nuestra existencia con éxito.

Los cambios de modelos o paradigmas son particularmente importantes, porque ya sea que se apliquen al ámbito laboral, a la vida política o a nuestras propias vidas, al modificarlos cambian completamente las reglas de juego. Y cuando las reglas cambian, para bien o para mal, todo se transforma.

Si nos planteamos un proyecto de vida basado en modelos o paradigmas que nos han llevado al fracaso, tenemos un alto porcentaje de posibilidades de volver a fracasar, porque nuestra proyección futura depende de bases y límites que nos resultan poco favorables.

En la gran mayoría de los casos, el nuevo proyecto de vida surge como consecuencia de un desencuentro con el éxito o porque no pudimos alcanzar nuestros sueños; por eso también es bueno que desde el principio estructuremos ese proyecto sobre la base de nuevos modelos o paradigmas.

Para cambiar un modelo o paradigma es necesario tener el coraje de enfrentarse a la manera clásica de pensar. Sea cual sea el área que estemos dispuestos a analizar, los cambios de paradigmas tienen en común el hecho de que aportan una nueva manera de pensar y de tomar decisiones respecto de problemas que no hemos podido resolver adecuadamente.

Un modelo o un paradigma es una guía para acceder a la comprensión de nuestra realidad. En la actualidad, el mundo avanza, entre otras cosas, gracias a la tecnología y a la información. Cada día, estos instrumentos están a nuestra disposición para mejorar nuestra calidad de vida, pero al mismo tiempo nos exigen la confección de nuevas hojas de ruta y de un pensamiento renovado.

Un ejemplo que ilustra claramente lo que estoy intentando transmitirle se relaciona con el conocimiento científico respecto del funcionamiento del cuerpo humano. Durante siglos existieron áreas como el sistema nervioso que fueron incógnitas imposibles de resolver para los investigadores. Sin embargo, en las últimas décadas se han logrado avances significativos en lo referente a la neurofisiología, que han redundado en amplios beneficios para las personas que sufren de enfermedades a ese nivel.

Pero más allá de los descubrimientos, lo que importa destacar aquí es el hecho de que seguramente los investigadores tuvieron que cambiar más de una vez sus modelos de trabajo, hasta lograr el objetivo y aportar soluciones concretas a quienes quizá han pasado muchos años esperando una respuesta para sus problemas de salud.

A nivel empresarial ocurre lo mismo. Los gerentes de recursos humanos han cambiado una y mil veces sus estrategias para seleccionar el personal de la mejor manera posible, respetando sus capacidades y sus voluntades y buscando el mejor desempeño que beneficie a la organización. Esto se logra únicamente cambiando todas las veces que sean necesarias el modelo o el paradigma de trabajo, hasta que se encuentra aquel que respete la inteligencia emocional de cada hombre y de cada mujer.

Abandonar viejos paradigmas

Cuando elaboramos el proyecto de vida que regirá nuestra existencia en un futuro cercano, tenemos que tener en cuenta que va a resultarnos muy difícil incorporar un nuevo modelo de pensamiento o nuevos paradigmas para graduarnos en la vida, si aún no hemos abandonado los anteriores. Entonces, se impone eliminar los prejuicios y ofrecernos al presente y al futuro con una mente abierta y dispuesta al cambio genuino, si pretendemos alcanzar la meta final de vivir de acuerdo con nuestros deseos y necesidades reales, sin sabotear nuestro bienestar y nuestra felicidad.

Si algo tenemos que revisar cuando la vida no nos está brindando lo que nosotros esperamos es la manera en que percibimos nuestra realidad y el mundo en el que estamos desarrollando nuestros proyectos. La percepción dirige a su voluntad nuestras creencias y actitudes, que son en definitiva las que gobiernan nuestros comportamientos.

Sea cual sea el segmento de nuestra vida donde nos estemos planteando la innovación como alternativa de crecimiento y desarrollo, un nuevo modelo de pensamiento o un conjunto renovado de paradigmas puede ayudarnos a cambiar la visión que teníamos de lo que nos sucede, contribuyendo de ese modo a organizarnos con más eficacia.

Es necesario definir con la mayor exactitud posible adónde pretendemos llegar, y debemos establecer las metas y objetivos con meridiana claridad antes de emprender el camino. No es cuestión de correr y correr sin rumbo dejando transcurrir la vida. Lo importante es hacer un alto en el camino para revisar nuestro itinerario y asegurarnos de que cada esfuerzo que hagamos tiene un sentido y un propósito, que cada camino nos acercará a ese punto de equilibrio interior que tanto buscamos y que a veces no somos capaces de encontrar.

Optimizar nuestros recursos es un principio que deberemos respetar si queremos poner nuestra capacidad y energía al servicio de lo que pretendemos lograr con este cambio de modelo. De este modo, conseguiremos demostrarnos que un cambio positivo es posible si tenemos la valentía de transformar nuestra manera de pensar y de ver el mundo. No somos invencibles ni somos inmortales, por eso es necesario dedicar un lapso de tiempo a organizarnos de la mejor manera posible para evitar agotarnos antes de tiempo, lo que puede dar lugar a una gran frustración.

Liberarnos de antiguos hábitos y sumar nuevos paradigmas, definir nuestra identidad y tomar conciencia plena de lo que queremos para nuestra vida y del compromiso que estamos dispuestos a asumir para lograrlo, exige una postura de apertura y de diálogo sincero con nosotros mismos.

Organizar nuestra agenda diaria
y establecer prioridades

Alejarnos de la mediocridad implica comprometernos con el esfuerzo de ser mejores cada día, estableciendo las prioridades que consideramos pilares básicos de nuestro desarrollo y de nuestro crecimiento personal. Para eso podemos apoyarnos en herramientas que estén a nuestro servicio, como la planificación de nuestro día o de nuestra semana.

Una vez que hemos delineado con claridad las diversas tareas que hemos de abordar a lo largo del día o de la semana, debemos hacer el intento de cumplirlas lo más estrictamente posible, dejando naturalmente un margen para alguna situación de emergencia que pudiera surgir, pero haciendo lo posible por no alejarnos del orden establecido por nosotros mismos.

Esto nos proporcionará una gran disciplina interna, que no es otra cosa que entrenarnos para cumplir con aquello que hemos proyectado y respetar los compromisos que hemos asumido con otras personas y con nosotros mismos. Una vida organizada, que tenga rutinas donde haya espacios para unos minutos de diálogo interno y para tomar un café con uno mismo, son muy recomendables, porque no nos alejan de nuestras obligaciones, pero nos recuerdan que somos seres humanos que merecemos el respeto de los demás y de nosotros mismos. Usar adecuadamente esos breves momentos nos permitirá sentirnos integrados con otros hombres y otras mujeres que también se encuentran buscando su equilibrio y su verdad en la vida.

Si cada mañana dedicamos unos minutos a planificar nuestra jornada, podremos ver nuestro día con mayor claridad y decidir, por ejemplo, cuántas cosas podemos delegar, cuántas cosas no resultan tan urgentes como creíamos y la

211

importancia que tiene asumir la responsabilidad de otorgarnos pequeños espacios para ser nosotros mismos.

Cuando entramos en estas áreas de la planificación estratégica de la existencia, suelo preguntar a mis pacientes cuál es el porcentaje de rendimiento con el que creen que están actuando en la vida. Son muy pocos los que pueden contestar que creen estar rindiendo el ciento por ciento de su capacidad. Por lo general, tanto los hombres como las mujeres reconocen que su rendimiento oscila entre el sesenta y setenta por ciento de su capacidad, y en algunos casos apuntan porcentajes incluso bastante menores.

¿A qué conclusión podemos llegar después de reflexionar acerca de estas respuestas? Contamos con un importante margen de capacidad como para mejorar nuestro rendimiento e invertir toda la energía remanente en promover nuevos comportamientos y hábitos que respondan a necesidades actuales. Al crear obstáculos para evitar que las nuevas estrategias puedan ser incorporadas a nuestras rutinas, los hábitos antiguos ejercen una fuerza negativa de atracción bastante importante.

Piense por un instante y trate de contar cuántos asuntos pendientes tiene en su vida, cuántas cosas ha postergado una y otra vez sin decidirse a actuar: un correo electrónico sin contestar, un trámite engorroso en alguna oficina pública, una visita al dentista. A veces la baja autoestima y la falta de seguridad nos llevan a dejar para «algún día», estos y otros compromisos. En consecuencia, se genera en nuestro interior la ansiedad característica de quienes no son capaces de cumplir con sus propias promesas.

Si durante este diálogo que estamos manteniendo, usted me preguntara: «¿Es posible, doctor Dresel, romper hábitos improductivos y sustituirlos por hábitos nuevos, frescos, que respondan a la persona que soy hoy?», yo le respondería que sí, pero que romper esos hábitos no es gratis. Con esto quiero decir que ante todo tenemos que tener la certeza de que realmente queremos cambiar esas anclas poderosas que son los hábitos. Es posible cambiar siempre y cuando no nos fijemos metas inalcanzables que nos hagan sentir nuevamente la impotencia que confirmaría la falta de confianza en nuestros procedimientos y en nuestros pensamientos.

Antes de proclamar a los cuatro vientos que estamos en pos de un cambio, analicemos mesuradamente qué costes estamos dispuestos a pagar para lograr esta nueva identidad y evaluemos también el poder de las fuerzas que operan en contra de nuestra propuesta.

Esto no significa ni más ni menos que aceptar nuestra realidad sin restricciones quiere decir que estamos dispuestos a reconocer lo que somos, cómo somos y hasta dónde la necesidad de cambio está sustentada en un posicionamiento innovador que nos hace sentir que no podemos continuar viviendo como lo veníamos haciendo y que nos impulsa a crear nuevos modelos y paradigmas para interpretar nuestra existencia.

¿Qué fuerzas intervienen en un proceso de cambio?

Siempre que llegamos a este punto de inflexión en los caminos de la vida, resulta imprescindible evaluar la trascendencia de las fuerzas que intervienen en cada uno de los procesos de cambio y que surgen como consecuencia de períodos de crisis personales.

Todo cambio implica entrar en terreno desconocido, y por lo tanto, existe el riesgo de que no nos encontremos a gusto en la nueva situación. Eso facilita que la fuerza con que operan los viejos hábitos sea enorme, llevándonos a perpetuar conductas que, aunque tengamos claro que son nocivas para nuestros intereses, se imponen sobre el esfuerzo por hacer nuestra vida más agradable y placentera.

No basta con decirle a una persona que está atravesando una depresión que tiene que apelar a su fuerza de voluntad para sentirse mejor. De la misma forma, podemos cometer el error de pensar que sólo con fuerza de voluntad, y de la noche a la mañana, habremos borrado los viejos hábitos e incorporado los nuevos.

No podemos hacer rápidamente a un lado un estilo de vida que está íntimamente ligado a nuestros hábitos y a la manera de conducirnos en nuestra existencia. Esto significa que la transformación debe ser mucho más profunda y mucho más estructural, que no es suficiente con tener la intención de incorporar modelos o paradigmas distintos.

Seguramente, al dar los primeros pasos nos sentiremos como cuando estamos estrenando un par de zapatos nuevos, es decir, un poco inseguros e incómodos. Pero gracias al uso y a la costumbre irán disminuyendo las dificultades, hasta que el zapato se amolde perfectamente a nuestros pies.

Con los nuevos hábitos sucede exactamente lo mismo: al principio nos sentimos extraños, pues durante años hemos utilizado modelos diferentes y ahora nos disponemos a experimentar unos nuevos, lo que nos llevará cierto tiempo. También es probable que más de una vez nos veamos tentados a retornar a nuestras viejas costumbres. Sin embargo, con esto sólo lograremos demostrarnos cabalmente el poder que tienen los hábitos que se incorporan a la vida de un hombre o de una mujer.

El tabaquismo y el alcoholismo son dos de los hábitos más extendidos a lo largo y ancho del mundo y dos de los más dañinos que una persona puede utilizar en contra de sí misma. La enorme dificultad que presentan los individuos que un día, por distintas circunstancias, toman la decisión de abandonar esos hábitos certifica lo que hemos expuesto en los párrafos anteriores. Incluso después de haber abandonado esta adicción, después de haber vencido la adicción química, el hábito y la dependencia psicológica, pende sobre estas personas el peligro de retomar esa conducta si no son extremadamente conscientes y cuidadosas.

Queda demostrado, pues, que aun en áreas tan disímiles como las que estamos comparando, el comportamiento humano se equipara, obligándonos a transitar lenta pero firmemente por los caminos del cambio y de la transformación de nuestros modelos o paradigmas.

Aquí también, como en diversos escenarios donde actuamos los seres humanos, la importancia de vencer enemigos internos se convierte en una prioridad. Esta lucha inevitablemente nos enfrentará con distintas situaciones, en las que deberemos actuar, tomar decisiones y mostrar una firmeza que sólo podremos obtener si antes nos procuramos un tiempo para conocernos en profundidad, con nuestros puntos fuertes y con nuestras debilidades, que son siempre aspectos de la personalidad de cada uno que podemos mejorar día a día.

Estas correcciones que iremos instrumentando sobre la marcha de nuestra existencia deben tener como objetivo utilizar lo mejor de nuestra persona al comienzo del día, que es el momento más oportuno para tomar decisiones importantes, tales como analizar la marcha de nuestro proyecto de vida y evaluar si estamos respetando nuestras metas y objetivos, ya que nos encontramos con la mente fresca y lúcida.

Si estamos llenos de dudas, si atravesamos por tiempos difíciles, si tenemos la certeza de que nos encontramos en el centro de una crisis personal, nos resultará muy difícil interactuar en el medio en el que habitualmente nos movemos. Por eso es aconsejable que en ese momento cerremos filas a nuestro alrededor para desarrollar una estrategia más adecuada que nos permita aceptar la realidad como punto de partida para la modificación de los modelos y paradigmas que nos llevaron a esta situación crítica.

A pesar de que no nos encontremos en nuestro mejor momento, esta actitud nos permitirá ganar confianza en nosotros mismos y tener la certeza de que con esfuerzo, perseverancia, algo de obstinación y apelando a nuestro potencial creativo lograremos emerger de esta situación incómoda fortalecidos.

Es poco probable que podamos cosechar éxitos en nuestras empresas si antes no hemos recorrido caminos de crecimiento personal. Aprender a tener un diálogo interno fluido con nosotros mismos cada vez que necesitemos ser sinceros y evaluar con objetividad nuestros errores y también nuestros aciertos será un ejercicio que nos ayudará a resolver nuestras diferencias internas más rápidamente y con más certezas.

El objetivo final de transitar por los caminos internos que cada ser humano posee es construir una imagen creíble ante nuestros propios ojos, condición imprescindible para cambiar modelos o paradigmas que han regido nuestra existencia durante muchísimos años. Sólo una imagen firme y sólida, y una férrea convicción respecto del lugar hacia donde nos dirigimos nos permitirán cambiar nuestros hábitos sin temor al riesgo que ello implica y con la mira puesta en la creación de una nueva identidad, sustentada en el éxito del proyecto personal.

Respetar cada etapa

Cambiar modelos o paradigmas supone una evolución, un crecimiento y un progreso después de haber percibido que no estamos viviendo de acuerdo con nuestras expectativas. Sin embargo, cuando surge esa vorágine interna que nos arrastra literalmente a evaluar todo lo hecho hasta el presente de forma negativa manejamos la creencia errónea de que seremos capaces de transformar rápidamente esos modelos para vivir mejor.

Pero nada está más alejado de la realidad. Sería conveniente que usted tomará nota de esto, pues los procesos de cambio tienen una secuencia que necesariamente debemos respetar, eliminando de nuestro pensamiento la ilusión de que podemos acortar caminos o utilizar atajos para llegar antes a la meta que nos hemos propuesto.

Pongamos un ejemplo práctico en el que se ven involucradas nuestra integridad física y la de los demás. Usted o yo resolvemos un día que queremos aprender a conducir automóviles y con ese fin acudimos a una academia para tomar las clases necesarias con un instructor. Pero cuando estamos en la segunda clase, le decimos a la persona que nos está enseñando que nosotros ya nos sentimos seguros al volante y que sólo necesitamos las últimas dos lecciones. Al actuar de esta forma, nos habremos saltado todas las etapas intermedias del aprendizaje, que son indispensables para poner en práctica nuestros conocimientos con buenos fundamentos y una formación completa. La consecuencia será que, cuando salgamos a la calle conduciendo nuestro vehículo, pondremos en peligro no sólo nuestra integridad física, sino la de todos aquellos que se crucen en nuestro camino.

En todos los órdenes de la vida existen etapas que deben ser respetadas, sin que exista la posibilidad de tomar caminos alternativos siguiendo la ilusión de que podremos llegar antes a la meta final.

Los mismos principios pueden ser aplicados si pensamos, por ejemplo, en el aprendizaje de un oficio o de una profesión. En este caso, saltar etapas sería extremadamente peligroso, pues ese técnico no estaría en condiciones de brindar las mínimas garantías al realizar su trabajo.

Partir de cero, asumir que las etapas deben cumplirse y que cada aprendizaje requiere tiempo, es sinónimo de humildad, significa que respetamos la realidad y que, al respetarla, nos respetamos a nosotros mismos. Debemos reconocer que somos lo que somos y que, en la búsqueda de la excelencia y para llegar al éxito personal, tenemos que aprender muchas cosas y recorrer caminos extensos hasta que podamos alcanzar nuestros sueños.

Pero la vida no se desarrolla como nosotros queremos, sino que siempre estamos expuestos a oscilaciones que suelen hacernos perder el equilibrio. ¿Cuándo un hombre o una mujer están en condiciones óptimas para enfrentar las vicisitudes de la existencia?: ¿cuando ya han aprendido todo lo que tenían que aprender? En realidad la respuesta a esta pregunta es *no*. Un ser humano está en las mejores condiciones para enfrentar cualquier circunstancia de la vida cuando su madurez le permite no quedar a merced de sus emociones y es capaz de mantener la mente fría para tomar las decisiones más acertadas.

Podemos fingir que tenemos la fortaleza necesaria para enfrentar situaciones conflictivas, pero este disfraz dura muy poco tiempo, pues rápidamente quedan al desnudo nuestras carencias y nuestras dificultades reales para manejar las crisis. Es en estos momentos en que debemos aceptar que necesitamos cambiar nuestros modelos de comportamiento para crecer y aprender una nueva forma de relacionarnos con los demás.

Como ya hemos visto en otros capítulos de este libro, esta nueva forma de relacionarnos tendrá como eje central la escucha empática, que está basada en el deseo de interpretar lo que nos están diciendo y en la voluntad de comprender lo que le sucede a quien vive con nosotros o a la persona con quien compartimos buena parte del día.

El optimismo es la clave

En la medida en que los cambios de modelos o paradigmas nos permiten acceder a las metas que nos vamos planteando, nos sentimos también fortalecidos para resolver cualquier tipo de circunstancia que ponga a prueba nuestra integridad. El optimismo es la clave; no debemos dar cabida a la idea de que no seremos capaces de salir airosos de cada uno de esos desafíos.

Triunfar sobre los enemigos internos pone de manifiesto nuestra capacidad de aprendizaje y la voluntad de no quedar atados a los fracasos del pasado. Aunque no encontremos la forma de hacerlo correctamente, todos deseamos superarnos.

Muchas veces puede pasarnos que no sabemos por qué estamos tristes, o preocupados; sin embargo, siempre podemos hacer el intento de averiguarlo.

Si hacemos extensiva esta actitud a cada una de las cosas que vivimos y que experimentamos en la vida, se convertirá en una herramienta inestimable para llegar a conocer a fondo las circunstancias por las que hemos tomado decisiones que culminaron en un fracaso o en un poderoso sentimiento de frustración.

¿Por qué en determinado momento sentimos que los modelos o paradigmas que estamos utilizando han dejado de ser eficientes y que no nos conducen a los resultados que esperamos? En condiciones normales, los seres humanos crecen y se desarrollan físicamente sin participar activamente en el proceso. También se adquieren habilidades mentales que son acordes al desarrollo de la persona.

Pero a diferencia de lo que sucede con nuestro cuerpo físico, que, reitero, en condiciones normales alcanza su madurez sin ningún tipo de esfuerzo, el desarrollo espiritual no sigue esas normas ni tiene esa evolución. El desarrollo espiritual depende de nuestra voluntad y requiere una firme determinación de nuestra parte. El crecimiento interior es algo así como un tesoro muy valioso, un viaje que se inicia y que no tiene un fin determinado, una exquisita búsqueda que se aproxima al concepto de excelencia.

Cuando nos embarcamos en el análisis profundo de nuestra existencia y promovemos un diálogo franco con nosotros mismos para ver reflejada la realidad que estamos viviendo, ponemos en tela de juicio la validez de los modelos o paradigmas que han regido nuestra vida hasta el momento.

El crecimiento y el desarrollo personal tienen un precio, y ese precio se paga con gusto cuando el objetivo final es alcanzar la madurez y, junto con ella, una mejor calidad de vida. Vivir en armonía no es una quimera, pero depende de nuestra capacidad para desarrollar nuevas habilidades.

¿Qué hacemos para aprender un nuevo idioma? ¿Cuál sería la forma más rápida de incorporar nuevos vocablos de ese idioma que estamos tratando de aprender? Podemos utilizar varias metodologías para lograrlo, pero la práctica y la repetición de lo aprendido es lo que nos irá aproximando cada vez más a dominar esa habilidad. Podemos tener conciencia de que nos falta entrenamiento, podemos aceptar que nos corrijan, pero tenemos la íntima convicción de que ése es el camino para incorporar conocimientos. Lo mismo sucede si queremos aprender un determinado tipo de danza. Practicando las figuras una y otra vez vamos adquiriendo la destreza necesaria para, en un tiempo determinado, disfrutar de aquello que aprendimos.

Del mismo modo, esto se aplica a nuestro desarrollo espiritual. En ese caso, revisar una y otra vez aquellos hechos que nos provocan dolor nos obliga a crecer y nos lleva a cuestionar los modelos que hemos utilizado y que evidentemente no han sido eficaces.

Todo aprendizaje en la vida respeta las mismas tendencias, de modo tal que cuando los modelos sobre los cuales hemos ido basando nuestra vida dejan de funcionar adecuadamente sentimos la necesidad y a veces la urgencia de encontrar una nueva solución a nuestros problemas, lo cual es sinónimo de aplicar un nuevo estilo de vida en concordancia con aquello que va a contribuir a que nos podamos sentir mejor.

Cambiar viejos modelos para alcanzar el bienestar

¿Nos volvemos egoístas por perseguir nuestro bienestar? Vale la pena hacernos esta pregunta, porque existe la creencia generalizada, aunque errónea, de que ir tras nuestro bienestar es una actitud egocéntrica, que no contempla el bienestar de los demás y que pone esa ambición en el primer lugar de la lista de nuestras preocupaciones.

Ir tras nuestro bienestar es, antes que nada, una cuestión de responsabilidad individual, es asumir el compromiso con nuestra propia persona de que haremos el máximo esfuerzo por lograr ese bienestar lógico que nos beneficia a nosotros y a cada una de las personas que forman parte de nuestra existencia.

Pero sólo lograremos ese equilibrio que tanto anhelamos, ese bienestar que nos ha sido esquivo hasta el presente, cuando tengamos el coraje de cambiar los modelos o paradigmas que han sido el eje de nuestro comportamiento durante muchos años. Entonces, se hace necesario romper con un pasado que no nos permitió crecer, con esos modelos que eran nuestro mapa de ruta, que eran sinónimo de verdad, de nuestra verdad. Generalmente son los mismos hechos de la vida los que nos dan un empujón para advertir la importancia de imponer un cambio en nuestra manera de ver e interpretar el mundo en que habitamos.

Diariamente vivimos decenas y decenas de experiencias en las que nuestras expectativas chocan contra una realidad que no sabemos cómo resolver a nuestro favor. No importa cuántas veces hayamos impactado contra esa realidad, lo que importa es que no admitimos el hecho de que no tenemos respuestas frente a esos problemas.

Este error es común en todos o en casi todos. En lugar de aprender una nueva manera de responder frente a las mismas situaciones, mantenemos los mismos pensamientos que teníamos cuando nos golpeamos contra la cruda realidad por última vez.

Mientras dejemos transcurrir el tiempo y no tengamos la disposición necesaria para entender cuál es la verdadera causa de nuestras frustraciones y de las situaciones que nos provocan una profunda desazón, el equilibrio y el bienestar seguirán estando muy lejos de nuestro alcance. Aprender de los reveses de la vida es un buen entrenamiento para el presente y para el futuro, y nos ayuda a sentir que la existencia puede estar bajo nuestro control.

Dominar cada uno de nuestros actos y de las consecuencias de los mismos nos convierte en propietarios reales de nuestra vida. La revisión periódica de nuestros modelos y paradigmas, que son el fundamento mismo de nuestras actitudes, será la llave que nos permitirá abrir la puerta que nos conduzca a nuestros tan deseados objetivos: el bienestar y la felicidad.

La vida es una de las fuentes más importantes de enseñanza. El deseo sincero de aprender de ella nos aproxima al descubrimiento de nuestra propia verdad, esa verdad que nos identifica como seres capaces de cuestionar nuestras creencias y nuestros modelos para alcanzar esa verdad que nos permitirá vivir en armonía con nuestras reales necesidades.

La realidad de la vida de cada ser humano es muy diferente de las interpretaciones que utilizamos para explicar lo que nos sucede. Nuestra propia experiencia es la única que nos puede preparar adecuadamente para afrontar los sucesos a los que la vida nos expone cotidianamente. Pero por distintos motivos, algunos válidos y otros no tanto, hacemos todo lo posible por evitar esas experiencias.

¿Qué logramos o qué fin perseguimos al evitar esas experiencias reveladoras de nuestra realidad? Todos tenemos áreas de nuestra persona que nunca hemos abordado para no encontrarnos con una realidad que no nos resulte satisfactoria. Pueden pasar muchos años sin que siquiera sepamos que esto es así. Pero cuando tomamos conciencia real de lo que nos sucede, se vuelve imperioso examinar estos sectores de nuestra persona y no continuar ignorando su existencia.

Si nos negamos a revisar hasta el último rincón de nuestro interior, tampoco llegaremos nunca a descubrir si nuestros temores son fundados o si son sólo fantasmas que nuestra mente fantasiosa ha creado para distorsionar la visión que, como seres adultos, tenemos que tener de la verdadera dimensión de nuestras creencias.

¿Cuántos modelos o paradigmas caerán una vez que hayamos atravesado esa barrera imaginaria que nos hemos impuesto durante años? Como todo cambio, podrá generarnos ansiedad y angustia, pero también nos dará paz, porque sabremos que ahora sí seremos capaces de calibrar qué podemos esperar en nuestra búsqueda constante en pos de la verdad.

Cuando caiga el último de los modelos que hoy consideramos obsoleto, esa verdad nos permitirá disfrutar plenamente de nuestros pensamientos, generando una confianza en nosotros mismos que será el pilar fundamental de la reingeniería personal a la que aspiramos cuando creamos este nuevo escenario en el que se está desarrollando nuestro proyecto personal de vida.

Cómo superar nuestros miedos más íntimos

Es natural que tengamos miedo de algunos de nuestros pensamientos. Por lo general, se trata de pensamientos que revolotean en nuestra mente, pero que conscientemente preferimos no afrontar por temor a que puedan controlarnos. Sin embargo, al no enfrentarnos con ellos estamos dándoles espacio para que sigan habitando en lo más profundo de nuestro ser, y a pesar de que nos provocan una gran angustia, nunca estamos dispuestos a erradicarlos definitivamente de nuestras creencias.

El miedo a la soledad y a la vejez, la injusticia social, la creencia de que no seremos capaces de afrontar los desafíos de la vida en un futuro cercano, son algunos de los fantasmas más comunes que viven en lo más profundo de los seres humanos. Cualquiera de nosotros diría que es natural que estos temas nos provoquen cierto desasosiego. Pero es un error ignorar estos pensamientos de forma sistemática, creyendo que de ese modo alejamos su influencia. Lo que debemos proponernos, en cambio, es modificarlos.

Una vez más, aceptar la realidad es la clave. En este caso, será el primer peldaño que nos conducirá a un cambio de modelo. Ese nuevo modelo seguramente se basará en algunas verdades irrefutables: que todos los seres vivos podemos estar circunstancialmente solos, que vamos a envejecer de manera inexorable y que la injusticia social es algo muy doloroso, pero que no depende solamente de nuestro esfuerzo combatirla.

No saber qué hacer en un momento determinado puede causarnos una gran angustia. Sin embargo, muchas veces elegimos vivir y sufrir esa angustia antes que afrontar aquellos temores que reflejan los grandes interrogantes de la vida de los seres humanos.

En estos casos, nos dejamos llevar por la opinión de ciertas personas a las que atribuimos sabiduría y experiencia, y olvidamos tener nuestra propia opinión al respecto. Lo más importante, entonces, es que nuestra opinión sea el resultado de haber establecido un contacto con nuestros sentimientos para comprobar si los juicios de los demás coinciden con los nuestros y si lo que otros piensan será realmente de ayuda para resolver nuestros problemas.

Sólo la verdad descubierta por cada uno de nosotros en un diálogo franco y profundo nos ayudará a soportar cualquier vendaval. Cuando no tenemos el valor suficiente para revisar nuestros modelos, nos sentimos vencidos. En cambio, cuando nuestra verdad se levante ante nosotros en todo su esplendor, sentiremos que somos capaces de superar los temores capaces de paralizarnos.

Evitar las respuestas esquematizadas y rígidas

¿Estamos de acuerdo en que cada situación que vivimos en la vida admite más de una interpretación? Entonces, podremos estar de acuerdo en que adoptar una posición obstinada, no admitir que cada hombre y cada mujer pueden vivir una misma situación de maneras diferentes y acordes a la estructura de sus modelos o paradigmas, nos conduce inexorablemente a un comportamiento que se basa en las respuestas automatizadas y rígidas.

¿Cuál es el resultado de transitar por estos caminos? Busque usted la respuesta. Yo sólo lo ayudaré diciéndole que esos caminos nos alejan cada vez más de una vida donde predomina la tolerancia por la opinión de los demás y que nos deja paralizados en un esquema de pensamiento que nos obliga a interpretar una y otra vez los acontecimientos que vivimos sin investigar si los hechos son como los vemos nosotros o si es posible elaborar una interpretación distinta.

La sucesión de fracasos o de situaciones que no conforman nuestras expectativas nos obliga a revisar nuestros procedimientos, nuestros esquemas y, por ende, nuestra eficiencia y eficacia a la hora de resolver los conflictos que naturalmente surgen de la aventura de vivir. Pero entienda que no es necesario que la vida nos gane una y otra vez la partida antes de que podamos reaccionar.

El miedo, la ira, la angustia, sentirnos víctimas de las circunstancias y la culpa son equipajes que únicamente nos auguran un sufrimiento seguro. Quizá no resulte sencillo saber qué camino debemos elegir para evitar el dolor. Pero lo que sí le puedo asegurar es que cuando sentimos que perdemos el control, cuando sentimos mucha rabia hacia nosotros y hacia los demás, cuando el pesimismo se despliega como si fuera una enorme nube sobre nosotros, cuando somos capaces de sentir un resentimiento y un odio irrefrenable hacia alguien, cuando nos vemos desesperados por encontrar soluciones a nuestros dramas, nos estamos asegurando un dolor profundo que conmoverá nuestras estructuras más nobles.

A pesar de que estoy seguro de que usted comparte conmigo este pensamiento, también sé que usted cree que estos estados de ánimo se presentan una y otra vez como una respuesta aprendida frente a las vicisitudes de la vida, incluso aun cuando nos llevan a herirnos más profundamente.

Para cambiar los modelos o paradigmas que guían nuestra existencia es necesario detenerse. Y detenerse significa hacer un alto en el camino para mirar nuestro interior e intentar encontrar respuestas a nuestros problemas y a nuestras dificultades, para vivir en armonía y con un proyecto de vida sustentable.

Si no logramos encontrar por nosotros mismos las razones de nuestros fracasos, entonces habrá llegado el momento de admitir que debemos pedir ayuda. Una ayuda que sólo podrá llegar a nosotros en la medida en que seamos capaces de abrir nuestra mente y nuestro corazón, y no admitamos más mentiras ni justificaciones.

Sólo cuando seamos lo suficientemente valientes como para aceptar nuestros errores, y para aceptar nuestra total falta de flexibilidad a la hora de interpretar lo que nos sucede y lo que le ocurre a quienes conviven con nosotros, estaremos en condiciones de ir derribando las barreras que no nos permiten pararnos con firmeza sobre nuestros principios y valores.

Hemos visto y hemos analizado que no es sencillo modificar los modelos o paradigmas. Sin embargo, también sabemos que es posible lograrlo, y esta posibilidad está al alcance de su mano, tan cerca de usted como de cualquier persona que se lo proponga. Sólo es cuestión de tener autocrítica y de contar con el valor suficiente para aceptar que el mundo cambia y que determinados modelos o paradigmas que fueron absolutamente válidos en una época de nuestra vida, hoy ya no lo son.

En un principio podemos sentir que estamos suspendidos en el espacio, que el soporte sobre el cual estábamos parados se resquebraja como si sufriera un movimiento sísmico. Entonces es cuando debemos permanecer firmes, aferrados a nuestras más íntimas convicciones.

¡Vamos! ¡Anímese! ¿Qué puede perder? Siempre estaremos a tiempo de volver a esos modelos que hasta hoy rigieron nuestra existencia si consideramos que debemos permanecer fieles a ellos. Pero no nos neguemos la posibilidad de conocer nuevos paisajes, nuevos escenarios en los que el verde de los campos y el azul de los mares se confunden con un cielo celeste conformando una imagen que llena de paz, bienestar y tranquilidad nuestro espíritu.

Aun en medio de la vorágine que significa vivir en estas grandes ciudades, que son verdaderas moles de cemento que nos alejan de la naturaleza, es posible cambiar nuestra manera de ver el mundo y acceder a sentimientos más puros, más nobles, que nos reconfortarán y nos estimularán a seguir luchando para recuperar la alegría de vivir.

Pensemos en nuestro proyecto personal, pensemos en nuestra autoestima y en la de aquellas personas a las que queremos bien. Estos pensamientos obrarán como un estímulo poderoso para que nos atrevamos a ser diferentes, para desafiar nuestro pasado con la esperanza puesta en construir, con nuestro propio esfuerzo, un presente y un futuro distintos.

Ahora le pido que se tome otro breve descanso. Éste ha sido un capítulo estresante; lo sé. Una vez repuesto, amigo lector o amiga lectora, lo invito a ingresar en la tercera sección de este libro, que tiene que ver con tomar el control de nuestra existencia. El próximo capítulo nos ayudará a establecer ciertas prioridades en nuestro proyecto de vida. El trabajo que tenemos por delante también será arduo, pero le aseguro que vale la pena el esfuerzo.

ASUMIENDO EL CONTROL DE NUESTRA VIDA

En lugar de ser un hombre de éxito, busca ser un hombre valioso: lo demás llegará naturalmente.

ALBERT EINSTEIN

9

ESTABLECER LAS PRIORIDADES

> Nuestras dudas nos traicionan ya que, por
> medio del temor, nos hacen perder todo lo
> bueno que podríamos ganar.
>
> WILLIAM SHAKESPEARE

Hemos establecido juntos nuestro escenario correcto y hemos esbozado un esquema de nuestro proyecto personal. Ahora nos resta asumir el control de nuestra existencia, haciéndonos responsables del presente y del futuro. Para lograrlo, lo primero será establecer claramente cuáles son nuestras prioridades. Llegado este punto, es muy probable que nuestros caminos se bifurquen y debamos separarnos, ya que lo que es urgente e importante para un ser humano no lo es para otro, y viceversa. Las prioridades de cada uno de nosotros dependen del estilo de vida que llevamos y de las metas que nos hemos planteado como desafío en la vida.

Sin embargo, aún nos quedan muchas cosas en común para conversar, para intercambiar opiniones o para discutir si es necesario. Porque así como son muchas las diferencias, también son muchos los enfoques que unifican a aquellos hombres y mujeres que estamos dispuestos a encontrar la forma de acceder a nuestro bienestar como fruto del esfuerzo y de la creatividad que ponemos en la confección de este nuevo proyecto vital.

Cuidar nuestra salud física y emocional

A la hora de ordenar los pensamientos para establecer nuestras prioridades y ubicar cada una en el casillero que le corresponda dentro de nuestro proyecto, aparece como una necesidad impostergable mantener nuestra salud física y emocional al más alto nivel, ya que se trata de la herramienta más versátil para construir los sólidos cimientos de nuestra nueva identidad.

Hago hincapié en estos conceptos, pues ocurre con alarmante frecuencia que las personas no tengan en cuenta su salud a la hora de elaborar el borrador con el cual comienzan a erigir su proyecto. Parece que esta actitud esté diciendo que tienen la sensación de que «alguien» va a ocuparse por ellos de mantenerlos en un nivel aceptable de salud y equilibrio que les permita acceder a lo que erróneamente consideran como lo más importante.

Quizá usted esté pensando que mantenernos sanos no contribuye en nada a que podamos emerger satisfactoriamente de una crisis personal en el área económica, financiera, laboral o en la de los afectos. Sin embargo, un cuerpo físico que no funciona correctamente afecta directamente a nuestro cuerpo emocional, y esto limita cualquier capacidad de reacción equilibrada, inteligente y eficaz. Sólo nos damos cuenta de que no podemos cumplir con nuestros propósitos cuando sentimos dolor, cuando nuestro organismo denota una claudicación que nos obliga a consultar al médico y esto nos hace perder tiempo, un tiempo que podríamos haber empleado en producir resultados satisfactorios a nuestras demandas.

Durante una carrera de automóviles, y antes de salir a la pista, cada vehículo es revisado meticulosamente por mecánicos e ingenieros. Nosotros deberíamos hacer lo mismo;

tendríamos que tomar como norma ponernos al día en todos aquellos recursos con los que contamos, o con los que cuenta nuestro médico de cabecera, para que pueda decirnos con la máxima certeza en qué situación nos encontramos y si estamos en condiciones de emprender una aventura que nos va a demandar entereza emocional y equilibrio físico, pues vamos a someter nuestra capacidad de pensar y de actuar a un esfuerzo inusitado.

Claro está que si combinamos una gran voluntad con la motivación por el cambio y los resultados positivos, y le sumamos la ilusión de ver nuestros sueños cumplidos, todo esto contribuirá en gran medida a disimular algunas carencias que podamos tener en las distintas áreas de la salud física. Sin embargo, éste no es un argumento válido para evadir nuestra responsabilidad en el cuidado y supervisión de aquellos elementos que hoy son los factores básicos de nuestra energía vital.

La mesura y la responsabilidad nos ubicarán en el justo lugar y nos harán comprender que nuestra salud es el instrumento clave para responder a los duros avatares a los que el cumplimiento del proyecto personal ha de exponernos. Vemos, entonces, que está totalmente justificado situar el cuidado de nuestra salud, este verdadero patrimonio de los seres humanos, entre las prioridades fundamentales, cuya atención no podemos transferir a nadie, pues es cuestión de asumir nuestra responsabilidad individual.

Le ruego que reflexione por un instante y utilizando la visualización, que nos permite imaginar lo que nos podría suceder en el futuro, construya un extraordinario proyecto de vida en el que estén contemplados hasta los mínimos detalles de los cambios que deba realizar. Luego, imagine que, repentinamente, todo eso se ve reducido a la imperiosa necesidad de luchar únicamente por sobrevivir porque nuestra salud se ha quebrado. ¿Comprende, entonces, la importancia de preservar nuestro cuerpo físico?

No se angustie, no crea que esto es una visión algo apocalíptica de la vida. Esto es sólo el reflejo de una realidad que vemos y vivimos cotidianamente. Cuántos sueños, cuántas ilusiones, se ven destruidos en un instante cuando un dolor en el pecho, o la aparición de un tumor, o el cierre de una arteria cerebral provoca una debacle que da en tierra con cualquier tipo de proyecto. Créame, todos los seres humanos estamos lamentablemente expuestos a sufrir estos desequilibrios.

Sin duda que la prevención, el control periódico de las áreas más sensibles de nuestro organismo y la contemplación de aquellos factores de riesgo que precipitan la aparición más frecuente de las enfermedades lograrán minimizar la posibilidad de un desequilibrio agudo que anule nuestros proyectos.

Sin embargo, no basta sólo con ponernos al día con los controles específicos, sino que, además, en la elaboración de esta nueva identidad deberemos luchar contra aquellas agresiones a las que nos hemos visto expuestos gratuitamente a lo largo del tiempo y que van a desempeñar un papel extremadamente negativo a la hora de intentar cumplir con nuestros sueños.

Entre esas agresiones se encuentran el tabaquismo, el alcoholismo y cualquier otro tipo de adicción. Por lo tanto, debemos establecer como prioridades dejar de fumar si lo estamos haciendo, o reducir el consumo de alcohol a niveles saludables, o luchar contra cualquier otro tipo de adicción habida cuenta de que constituyen un peligro inminente contra nuestra salud. La medicina, la ciencia y la tecnología aún no tienen una respuesta o una curación que tenga en cuenta la desesperación que invade a la persona que comprueba que puede perder la vida sólo por haber tomado decisiones equivocadas y por no haber revertido esta situación a tiempo. Depende de nosotros lograrlo.

Tenemos que tener en cuenta, como lo hemos afirmado reiteradamente, que el poder positivo de la mente no es suficiente para enmendar una vida que ha deambulado por caminos equivocados. Hoy en día, son tantos los factores que están al acecho, prestos a agredirnos, que es prioritario permanecer alertas y evitar que la desestabilización abra la puerta a las enfermedades que, lógicamente, se van a interponer en la realización de cualquier proyecto que pretendamos llevar adelante.

Con frecuencia, el verdadero enemigo es interno. El estrés y el mal manejo de nuestros sentimientos y emociones van minando lenta pero certeramente nuestras defensas, y permiten de este modo que tengamos cada vez menos fuerza, menos capacidad de respuesta, hasta que llega un día en que nuestro organismo ya no tolera grandes esfuerzos y se deja invadir por la enfermedad.

En ese preciso instante, la armonía se hace añicos y somos como un barco a la deriva en medio de una tormenta. Quedamos a merced de cualquier agente agresor que pretenda introducirse en nuestro cuerpo para producir efectos devastadores en todas las áreas. ¿Comprende ahora por qué me he detenido a hablar con usted frente a frente y decirle, reconozco que con cierta crudeza, lo que puede ocurrirnos si no consideramos la salud como una de nuestras prioridades?

Podríamos extendernos sin fin en consideraciones acerca de la salud, el capital más importante con el que contamos en esta vida, sin embargo, mi intención es solamente advertirnos que no debemos descuidar aquellas decisiones vinculadas al cuidado de nuestro cuerpo físico. Si digo «advertirnos» es porque yo también me siento involucrado, yo también debo recordarme día a día la importancia de asumir esta actitud preventiva. Éste es sin duda el primer paso de cualquier proyecto, ya que, de lo contrario, corremos el riesgo de que se pierda el sentido o su finalidad, si no vamos a estar en condiciones de disfrutar de nuestros propios logros.

La medicina aún no cuenta con soluciones definitivas para todos los problemas que aquejan a los seres humanos. Es por eso por lo que debemos evitar a cualquier precio atravesar por una situación dolorosa y desesperante cuando el médico nos confiesa que nuestro problema no tiene curación definitiva y que lo máximo a lo que podemos aspirar es a un tratamiento paliativo, que nos capacite para vivir con cierta dignidad mientras esperamos nuestra hora final.

Como usted comprenderá, en el ejercicio de mi profesión me ha tocado más de una vez dar este tipo de noticias. Aun aquellas personas que han gritado a los cuatro vientos que no les importaba cuántos años habrían de vivir sino que querían vivirlos plenamente, y que para eso le iban a exigir a su cuerpo todo lo que tolerase, se sienten profundamente conmovidas y desesperadas al advertir que están a punto de perder lo más preciado, la vida, por no haber sido capaces de cuidar de su salud como se lo merece.

Después de todo esto le pido que se tome un tiempo para pensar y ver si no hay algo de razonable en lo que intento transmitirle. Con todo respeto, y si usted me lo permite, ahora quisiera preguntarle: ¿cuándo fue la última vez que visitó a su médico?, ¿sabe cuáles son sus áreas más sensibles, aquellas que reflejan su máxima vulnerabilidad?, ¿qué ha hecho al respecto? Si responde negativamente a alguna de estas preguntas, o si hace mucho tiempo que no se detiene a pensar en estas cuestiones, tome su agenda y busque un espacio para ponerse al día con su salud. Entonces sí que estaremos en condiciones de elaborar juntos algunas estrategias que tener en cuenta porque ya nos habremos propuesto asumir el control de nuestra vida.

Establecer metas y objetivos

Todo proyecto, personal o institucional, necesariamente debe cumplir con ciertos requisitos que dependen de las prioridades establecidas por su autor. Cuando es sólo una persona la que elabora dicho proyecto, la planificación tendrá su sello individual. Cuando la estrategia es de carácter empresarial, reflejará el consenso de un grupo de seres humanos.

Hemos trabajado ya sobre las resistencias naturales a los cambios y hemos intentado entender por qué esas resistencias son tan frecuentes e importantes. En consecuencia, en esta nueva etapa de nuestra existencia contamos ya con el impulso que nos permitirá salir de una rutina que nos oprime y que no deja que la creatividad y la innovación sean tenidas en cuenta.

Ahora sólo nos resta pasar a la acción, y la forma de hacerlo es comenzar a esbozar *metas y objetivos* que incentiven nuestra voluntad y nos motiven para luchar por algo que queremos y que sentimos íntimamente que será lo que nos despierte del largo letargo en el que estábamos sumidos. Si ya hemos logrado visualizar los resultados finales, el entusiasmo con que abordemos esta etapa es fundamental.

Como hemos visto anteriormente, los proyectos personales pueden crearse desde el éxito, con la intención de perpetuarlo, o como consecuencia de una crisis personal, actuando en este caso como un bálsamo que atenúa el dolor y el sentimiento de impotencia y minusvalía que caracterizan a estas situaciones. Las crisis suelen hacernos perder la alegría de vivir. Una de las formas de recuperarla es volver a creer en nuestra capacidad de pensar y de aportarnos a nosotros mismos ideas que tendrán como finalidad recuperar el control de nuestra vida.

Cuando logramos establecer algunas metas que cumplir, estamos cambiando el escenario en el que había transcurrido nuestra vida hasta ese momento y estamos generando una lógica expectativa que va a estar en función directa del esfuerzo, de la perseverancia y de la seriedad con que asumimos el compromiso de cambio. Ésta será la mejor forma de aprender a vivir de una manera distinta, con una esperanza, con un porqué y con la convicción de que somos merecedores de una nueva oportunidad.

El éxito en el diseño del proyecto tiene mucho que ver con sus contenidos. Con esto quiero decir que establecer metas lógicas y creíbles, especialmente ante nuestros propios ojos, va a darnos ciertas certezas acerca de su posible cumplimiento. Si es una etapa en la que estamos desafiando una realidad que no nos resulta satisfactoria y las metas son inalcanzables, culminaremos en un nuevo fracaso con la consiguiente frustración y pérdida de la confianza en nuestras posibilidades.

Éste es un punto fundamental en el que me quiero detener brevemente. Si aplicamos siempre los mismos modelos o paradigmas, creyendo erróneamente que esta vez sí vamos a triunfar, es posible que la desazón, la tristeza y la desesperanza vuelvan a ganar nuestros sentimientos. El pensamiento debe ser absolutamente fresco, nuevo, debe mirar el presente y el futuro con cristales que vean la realidad desde ángulos totalmente diferentes, sabiendo de antemano que deberemos acostumbrarnos a este nuevo contexto del cual pretendemos emerger victoriosos.

No podemos desconocer que estamos rediseñando nuestro presente y nuestro futuro, y que por lo tanto necesitamos trabajar juntos, tratando de hacer de nuestro proyecto algo agradable y sustentable, intentando posicionarnos de la mejor manera para obtener los mejores resultados. No importa la época del año en que usted haya comenzado a leer este libro. Vamos a fijarnos una o dos metas para los próximos cuatro meses. Con sólo empezar a movernos ya nos sentiremos mucho mejor interiormente. Ése es el primer objetivo.

¿Esto se produce por arte de magia? Decididamente no. El bienestar que comenzará a ganar a nuestra persona proviene de la convicción de que esta vez sí vamos a ser capaces de triunfar sobre la decepción, sobre el pensamiento negativo, para acceder a un futuro diferente que deje atrás el dolor y el sufrimiento. Esto será así no por casualidad, sino porque a través de un nuevo proyecto de vida estaremos asumiendo la responsabilidad de nuestro destino, siendo quienes determinamos lo que queremos lograr y cómo hemos de hacerlo.

Desde el mismo momento en que logramos cambiar nuestra manera de interpretar la realidad y conseguimos una visión diferente de lo que nos sucede, nos estamos dando también la oportunidad de iniciar un camino de esperanza. La mira debe estar puesta en un horizonte que hoy puede parecernos muy distante e inaccesible, pero que con la voluntad y la motivación con la que estamos abordando este nuevo proyecto de vida, comenzará a acercarse y a ser más real.

Es probable que, en el remanso que sigue a una gran tormenta, sea posible reflexionar con más mesura, con mayor objetividad, sin estar influidos por el dolor que producen el fracaso y la pérdida. Es entonces cuando debemos pensar cuándo fue la última vez que estuvimos dispuestos a fijarnos metas y objetivos que respondieran a nuestros reales deseos y necesidades.

Confiar en nosotros mismos

Yo sé que a lo largo de este libro estoy planteando algunas cosas que provocan un gran escozor, pero me he propuesto que, tanto usted como yo, utilicemos el bisturí para llegar hasta el fondo de las cuestiones que nos estamos planteando. Es por eso por lo que le pregunto y me pregunto: ¿cuánto respeto hemos sentido por nosotros, por ejemplo, en los últimos seis meses? Para responder a esta pregunta debemos tener en cuenta, entre otras cosas, si nos hemos tomado un tiempo para atender nuestro cuerpo emocional más allá de las necesidades básicas que atañan a nuestra supervivencia.

Lo importante es poner entre nuestras prioridades no sólo aquellas que indudablemente nos ayudarán a responder con eficacia a los retos a los que nos expone la vida diariamente, desafíos prácticos que exigen respuestas concretas y dinámicas, sino también dedicar un tiempo a nuestro crecimiento interior y a nuestro desarrollo espiritual. Esto será un complemento que reafirmará la certeza de que hemos encontrado el camino correcto para la superación personal, especialmente después de haber atravesado por tiempos difíciles o tiempos de crisis.

Para diseñar un proyecto personal y para ordenar nuestras prioridades es imprescindible encontrar un *porqué* para nuestra existencia y un *para qué*, que puede traducirse en un agradecimiento por el solo hecho de estar vivos y ser libres para resolver nuestro destino.

Probablemente, a la luz de cómo nos ha ido hasta el día de hoy, los primeros pensamientos que asalten nuestra mente sean los negativos, los de insatisfacción e impotencia. Pero una vez ordenada esa revolución interior, una vez que logramos poner cada cosa en su justo lugar, crece el sentimiento de que tenemos derecho a una vida digna, justa y responsable. Entonces habremos encontrado ese punto de equilibrio que es el comienzo de la recuperación de la alegría de vivir.

Fijar prioridades puede no resultar sencillo, pues podemos estar enfrentándonos con una serie de situaciones que para nosotros son verdaderas urgencias, pero hay algo previo aun a ordenar esas preferencias, y eso tiene que ver con eliminar los pensamientos que nos muestran como incapaces de edificar nuestro futuro. Eso implica la aceptación de que somos como somos y de la realidad que conforma el espacio que hemos de transitar en busca de nuestra nueva identidad.

Nuestras prioridades tienen que ser el fiel reflejo de los objetivos que deseamos alcanzar y del camino que queremos recorrer en pos de esos objetivos. Esta nueva aventura pone a prueba nuestra entereza y nuestra firme idea de que ahora sí estamos dispuestos a asumir nuestra adultez, nuestra independencia de pensamiento y de acción para revertir una manera de estar en el mundo que requiere del cambio que estamos experimentando.

Aunque debemos tener claro que las decisiones importantes, aquellas que van a marcar el rumbo de nuestra estrategia, son personales e intransferibles, es factible pedir ayuda. Ordenando nuestras prioridades, comprobaremos que el proyecto tiene vida propia y que cada logro es un peldaño que iremos subiendo en la escalera que nos conducirá a la nueva imagen que buscamos.

Le adelanto desde ahora mismo que cada logro va a producirnos una extraña pero agradable sensación de respeto hacia nosotros mismos, que fortalecerá nuestro interior y nos llevará a proyectar una imagen de mayor seguridad ante los demás. En esta etapa de reconstrucción de nuestra identidad, esta sensación será sumamente importante, pues nos ayudará a remodelar los espacios y los límites en el libre juego de las relaciones interpersonales.

Fijarnos objetivos posibles

En determinadas circunstancias, establecer nuestras prioridades se parece a diseñar un camino que vamos marcando paso a paso en el proyecto personal de vida. Por eso suele ser de suma utilidad que definamos las prioridades de la agenda diaria con la finalidad de lograr un entrenamiento que rápidamente nos permita discernir lo importante de lo que consideramos secundario.

Una de las habilidades que debemos aprender a manejar es la capacidad de establecer metas y objetivos que podamos concretar. Hacerlo aumentará nuestra motivación, lo que incidirá directamente en el deseo de elaborar nuevos proyectos, para estar cada vez más cerca de cumplir con nuestros sueños.

Una forma práctica y útil de combatir la angustia y el sentimiento de baja autoestima es, aun en los momentos difíciles, fijarnos propósitos claros, que nos indiquen hacia dónde debemos dirigirnos y que orienten así nuestra voluntad y motivación. Cuando no lo hacemos porque no nos sentimos lo suficientemente fuertes, o porque sumidos en la tristeza nada se nos ocurre, transitamos por la mediocridad, que no es otra cosa que la claudicación y la pérdida de nuestra capacidad de rebelarnos frente a ciertos hechos de la vida y de negarnos a hacer el esfuerzo necesario para emerger triunfantes de las crisis personales.

Si bien las prioridades se despliegan en un terreno absolutamente individual, ya que cada ser humano será inevitablemente responsable de sus propias decisiones, también es cierto que cuando tenemos delante de nosotros el proyecto que hemos creado, se hace necesario actuar con un criterio distinto al que utilizamos hasta el presente.

Esto nos exigirá profundizar acerca del verdadero significado de la palabra *calidad*, tan aplicada a productos y servicios y tan poco desarrollada en relación con nuestra vida privada. Si queremos revolucionar nuestro quehacer cotidiano, debemos comprender que es necesario aplicar este concepto también a la hora de pensar en nuestra propia existencia y en las relaciones que establecemos con quienes nos rodean.

Tenemos que crear nuestras prioridades siguiendo cierto orden, un orden que debería sustentarse en la premisa de que para acceder a una mejor calidad de vida, que sin duda es uno de los objetivos de todo este trabajo, deberemos aplicar ciertos principios fundamentales que se basan en la creatividad, en la innovación y en el perfeccionamiento permanente.

Para aportar un toque de calidad a nuestro proyecto personal debemos revisarlo constantemente. No debemos quedarnos estáticos después de haber formulado las metas y los objetivos que hemos de perseguir, ya que, paso a paso, y en la medida en que logremos comprender y satisfacer nuestros deseos y necesidades, podremos aspirar a más, comprendiendo que la excelencia nos capacita para cumplir nuestros sueños con alegría y esperanza.

Es posible que nos lleve cierto tiempo saber cómo tenemos que organizar nuestros pensamientos, para luego tener ciertas certezas de que las prioridades, tal y como nos las estamos planteando, siguen un orden correcto.

Las prioridades tienen que reflejar, en primer lugar, el respeto absoluto por nuestro desarrollo personal. Pensemos por un instante en la jerarquía que tiene que elaborar un proyecto de vida, disfrutemos plenamente de esa sensación probablemente nueva y fascinante que es tener la seguridad de que los desafíos que nos planteamos van a depender casi exclusivamente de nosotros y de nuestro esfuerzo. Y no se apure. Propóngase cumplir cada etapa con paciencia y estará mucho más cerca de alcanzar sus objetivos.

Yo sé que usted puede estar pensando que lo que acabo de afirmar no es tan sencillo. Usted y yo sabemos que pueden interponerse otras voluntades para que no alcancemos las metas y los objetivos planteados. Estoy de acuerdo con ese planteamiento, pero también tengo claro que la calidad de vida se alcanza cuando aprendemos a valorar nuestra persona, analizando la motivación y el compromiso que ponemos para obtener aquello que nos acercará al equilibrio y al bienestar.

Si pretendemos que estas prioridades que estamos intentando ordenar culminen en un éxito personal, debemos ser conscientes de que, desde el mismo instante en que decidimos nuestros objetivos y metas para los próximos meses, tenemos que estar dispuestos a realizar cambios personales, cambios que son mucho más urgentes e importantes que pretender modificar las circunstancias en las que nos toca vivir o la manera de actuar de los demás.

Es sobre nosotros mismos donde debemos posar el ojo crítico. Lo importante es trabajar en las áreas en las que sabemos que tenemos serias dificultades, porque seguramente son esas áreas las grandes responsables de nuestros fracasos y de nuestras frustraciones. Por ese motivo tenemos que convertirnos en trabajadores incansables que reparen esos tramos «débiles» de nuestra personalidad.

No es posible fijar prioridades sin tener absolutamente claro cuál es nuestro *gran objetivo*, ese lugar al que queremos llegar y para el que estamos construyendo un proyecto. ¿Estamos seguros de cuál es el camino que queremos recorrer?

¿Sabemos realmente que el camino será difícil, escabroso y que el escenario podrá adoptar diversas formas antes de que tengamos la sensación de que hemos llegado a la meta?

Con esto quiero decir que el cambio tiene que ser profundo. Si hasta el presente no nos hemos sentido conformes con los resultados obtenidos, no será suficiente con fijarnos metas nuevas, sino que deberemos plantearnos la modificación de los procedimientos. De esto vamos a ocuparnos ahora para que, cuando usted tenga que establecer sus prioridades, lo haga con convicción y con certeza.

Calidad y excelencia

Estamos acostumbrados a aplicar el concepto de *calidad* y de *excelencia* a los productos y a los servicios. Ha sido muy difícil incorporar el pensamiento que extiende estos atributos al ser humano en sí mismo, ya sea para aplicarlos a lo que es nuestra vida cotidiana como a nuestras relaciones interpersonales. Pero el crecimiento y el desarrollo personal están íntimamente ligados a estos conceptos. El desafío constante de ser mejores cada día, de alcanzar la habilidad necesaria para acercarnos a nuestras metas y objetivos, hace que trabajemos de forma constante para satisfacer nuestras exigencias, adaptándonos a aquellos modelos o paradigmas que nos conducen por los caminos del perfeccionamiento continuo.

Cuando comenzamos a manejar un sueño posible, que depende de la elaboración de un nuevo proyecto personal, admitimos desde el principio que vamos a tener que introducir modificaciones sustanciales a la forma en que hemos gobernado nuestra vida hasta el presente. Ésta es la mejor oportunidad que se nos puede presentar para profundizar acerca de la importancia de incorporar a nuestro proyecto el principio de *calidad total*, desconocido por la gran mayoría de nosotros.

Digo que es una muy buena ocasión porque cuando estamos tomando decisiones acerca de nuestro presente y de nuestro futuro, somos mucho más permeables que cuando estamos rígidamente estructurados y aferrados a los modelos que han regido nuestra existencia hasta el presente. Cuando abrimos las puertas de nuestra mente para incorporar nuevos paradigmas aparecen en primer plano los módulos que conforman este nuevo concepto que vamos a experimentar.

Es de vital importancia asumir la necesidad de adoptar la idea de que la *calidad* es imprescindible en esta etapa de reconversión a la que nos estamos exponiendo. De hecho, estamos creando el presente y apostando fuerte por el futuro, sabiendo desde ahora mismo que estamos parados en un escenario que hoy es el correcto pero que mañana puede cambiar, y que esos hipotéticos cambios no deben desestabilizarnos.

Adoptar la noción de calidad en cada una de nuestras propuestas y buscar afanosamente la armonía entre un mundo cambiante y nosotros, como seres humanos que se encuentran en la búsqueda constante de la verdad y el bienestar, nos ayudará a saber qué va primero y qué debe ir en segundo o tercer lugar.

Este ejercicio constante de aproximarnos a la excelencia en nuestra calidad de vida, que involucra los distintos aspectos de nuestra vida privada y de nuestra interacción social, estimulará la creatividad, tan necesaria en esta empresa que todos esperamos que transforme radicalmente la realidad que estamos viviendo.

¿Cómo logramos adoptar el concepto de calidad y aplicarlo a las distintas facetas que componen la vida de un ser humano? La mejora continua y el perfeccionamiento en cada una de nuestras acciones dará firmeza a nuestro sistema de valores, posicionándonos correctamente en un esquema universal al que tenemos la obligación de integrarnos personal y colectivamente.

Una buena brújula para encontrar el norte que buscamos es trabajar con intensidad en el diálogo interno, con el objetivo de descubrir cuál es nuestra misión, cuál es el fin de nuestra existencia, cómo somos hoy y cómo podríamos llegar a ser si nuestro proyecto personal resultara exitoso. No será difícil entonces definir nuestras prioridades, pues el rayo de luz que ilumina nuestro camino nos guiará rumbo al destino largamente esperado.

Una vez que nos acostumbremos a trabajar sobre nuestra propia persona ya no perderemos más tiempo ni energía tratando de redescubrir el pasado. En cambio, habremos enfocado todo el esfuerzo en renovar nuestro compromiso con el presente, tomando conciencia de que los límites de nuestra expansión se alojan en nuestra mente y que apelando a nuestra inteligencia emocional podremos abrir un panorama estimulante que nos recordará con toda la fuerza y a cada instante cuál es la misión que debemos cumplir.

A partir de ahora, cada vez que hagamos algo nos estaremos preguntando si no pudimos haberlo hecho mejor. Esto, lejos de convertirse en una autocrítica severa para nuestro diario vivir, será un excelente entrenamiento que nos llevará a continuar buscando la calidad y la excelencia. También ahora, cuando tenemos que ordenar nuestros pensamientos y marcar prioridades, la calidad y el íntimo deseo de no fallar otra vez nos acompañarán en esta dura pero estimulante tarea. Siempre debemos tener presente que el éxito será posible y que podremos vivir de acuerdo con nuestras expectativas, que no es otra cosa que buscar el respeto por nuestros deseos y necesidades.

El crecimiento personal y la interacción social

En esta nueva etapa por la que estamos transitando necesitamos dedicar un tiempo importante a dos aspectos que serán fundamentales para no volver a fracasar en nuestro intento de alcanzar la gran meta final. Uno de esos aspectos es el crecimiento personal y el otro es incrementar y mejorar nuestra interacción social.

El crecimiento personal implica alcanzar la madurez, admitir que en gran medida las cosas que queremos que nos sucedan dependen de nuestras intenciones, de nuestras decisiones y de nuestras acciones. Será bastante más sencillo establecer prioridades en nuestras necesidades si tenemos claro qué pasos tenemos que dar para respetarnos y para incrementar la confianza en nuestros propios procesos de pensamiento.

En el afán de no dejar de considerar ningún aspecto que pueda entorpecer el logro de los objetivos planteados, se hace necesario evaluar cómo se encuentra nuestra seguridad interior y hasta qué punto somos permeables a la opinión que los demás tienen de nuestros proyectos y de nuestros sueños. Tenemos dos posibilidades bien opuestas a la hora de valorar el modo en que nos afecta el juicio que nuestro entorno hace del esfuerzo que estamos realizando.

Mientras que un grupo de personas se verán atrapadas en el juicio que emiten los demás porque sólo pueden sentirse seguras si los aprueban, otro grupo de personas utilizarán esa opinión como un aprendizaje más que les ayudará a minimizar los errores, de manera tal que ese juicio será tomado como un aporte inestimable para el logro de sus objetivos.

Depender de la opinión del mundo exterior no es aconsejable, pero caminar por la vida de espaldas a lo que piensan los demás también nos excluye del conglomerado social que integramos necesariamente, aun cuando tengamos la certeza de que estamos dispuestos a pagar el precio por ser diferentes.

Es imposible elegir entre respetar nuestras prioridades y las de los demás. Sólo si nos queremos a nosotros mismos podemos entregar a los otros lo mejor de nuestra persona. Por lo tanto, dar preferencia a lo que es importante para nosotros no es egoísmo, sino que es genuina y sana autoestima. ¡Jamás olvide esto y no se deje confundir!

Recordemos que, aunque no sea de forma manifiesta, a todos nos interesa lo que los demás piensan de nosotros. Si la opinión de los demás coincide con la nuestra, entonces se refuerza nuestra convicción. Si en cambio es diferente, el disenso servirá para apreciar hasta dónde nuestro proyecto de vida está sustentado en el convencimiento de que nos asiste la razón en lo que pensamos y en nuestra manera de actuar.

De esto se desprende que la interacción social sirve de espejo, porque refleja de qué manera nos estamos conduciendo, en esta ruta que ha de llevarnos hacia la recuperación de la capacidad de soñar nuestro futuro.

El contacto diario con otras personas es una de las aristas más destacadas de la interacción social. Por ese motivo, a la hora de establecer nuestras prioridades, las relaciones interpersonales también deben ocupar un lugar de privilegio.

Existen determinadas áreas sensibles en el contacto diario que establecemos con el mundo. La relación de pareja es uno de los mejores ejemplos de un vínculo que nos resulta de extremada importancia y en el que en forma constante damos y recibimos mensajes que reflejan nuestras prioridades. También sucede esto en el nivel empresarial, donde el liderazgo envía mensajes continuos que determinan el rumbo que la organización ha de tomar.

Tanto en un caso como en el otro, la habilidad para manejar las relaciones interpersonales y la trascendencia que le demos a la interacción social estarán definiendo con gran claridad cuáles son nuestras prioridades. De esta forma estaremos contribuyendo a que los demás construyan una imagen lo más aproximada a la realidad de nuestras intenciones y de la manera que tenemos de conducirnos en el diario vivir.

Créame, amigo lector o amiga lectora, que esto también forma parte inseparable del proyecto personal que estamos diseñando. Ya que no estamos solos en la vida, y más allá de que cada uno debe velar por su presente y por su futuro, no podemos separarnos de una realidad que es el escenario en el que interactuamos en el día a día de nuestra existencia. Amalgamar las ideas, las metas y los objetivos propios con las necesidades más urgentes de quienes conforman nuestro entorno cercano se impone como una tarea que no sólo no podemos ni debemos delegar, sino que se convierte en un pilar importante que soportará el peso del esfuerzo que estamos haciendo por crearnos una nueva identidad.

El apoyo de nuestra pareja, de nuestros hijos y de todas aquellas personas que representan un papel importante en nuestra vida se vuelve imprescindible para utilizar adecuadamente una energía vital que es única y que, puesta al servicio de nuestro crecimiento y desarrollo, puede hacernos alcanzar niveles de excelencia jamás sospechados por nosotros.

Por el contrario, las limitaciones de todo tipo que puedan surgir como consecuencia de los desencuentros habituales motivados por la incomunicación dan por tierra con el más conspicuo de los esfuerzos por crecer y diseñar una nueva realidad.

Tener en cuenta estas prioridades nos ayudará a no fracasar en nuestro intento de cambiar. Todo cambio de rumbo en la vida, toda estructura nueva que pretendamos crear, debe contar con nuestra firme decisión de no aceptar que nos pongan piedras en el camino que nos hemos trazado.

Si a la guerra interna que se crea sólo por haber abandonado modelos o paradigmas antiguos le sumamos la fuerza contraria que ejercen quienes no están de acuerdo con nuestro proyecto, estos efectos se potenciarán y darán en tierra con cualquier sueño posible.

Imaginemos que estamos en una empresa o en una organización en la que los distintos departamentos que tienen que llevar adelante su funcionamiento actúan de forma anárquica, sin respetar las tendencias que el grupo de liderazgo impone. ¿Cuánto tiempo de vida le damos a esa empresa? Muy poco, ¿verdad? El desencuentro entre los distintos departamentos redundará en una deficiente atención del cliente y a eso se sumará el caos que se habrá creado entre los distintos agentes internos, que son sus funcionarios y administradores.

Podemos aplicar el mismo esquema a nuestra vida personal. Cada uno de nosotros es el líder natural de este nuevo proyecto. Si no logramos cierta armonía entre nuestros pensamientos y el pensamiento de quienes nos acompañan en esta aventura existencial, nuestra energía se dividirá tratando de complacer las necesidades de cada uno, y los cambios necesarios para acceder a nuestro orden vital quedarán relegados a un plano muy secundario.

Ahora que nos encontramos en el final de este capítulo, seguramente ya hemos incorporado la idea de que, para fijar nuestras prioridades, primero debemos tomar en consideración a todos los actores que están involucrados en nuestro proyecto, dando prioridad a nuestros deseos, pero atendiendo también a la opinión y al grado de apoyo con el que contamos por parte de quienes habitualmente conviven con nosotros.

Por lo tanto, ¿son incompatibles las metas y las emociones? En el próximo capítulo, vamos a desvelar esta incógnita. ¿Seguimos juntos?

10

EL PUENTE QUE UNE LAS METAS CON LAS EMOCIONES

> Muchos tienen una idea errónea de lo que es la felicidad.
>
> No se trata de obtener gratificaciones, sino de ser fiel a un propósito.
>
> HELEN KELLER

Cuando hablamos de puentes, se nos representa casi automáticamente la imagen de una construcción que une dos ciudades, o las orillas de un río o de un arroyo caudaloso. En cualquier caso, nuestro pensamiento gira alrededor de una idea que pretende ligar dos realidades para beneficio de cada una de las partes involucradas.

Las metas y las emociones conviven en lo más profundo de todos los seres humanos. Ahora sólo nos queda averiguar, y ésa es la propuesta de este capítulo, si son compatibles entre sí. Nos resta saber si, por ejemplo, al centrar la mayor parte de nuestro esfuerzo en las metas no estamos actuando en demérito de nuestras emociones, y viceversa.

Éste es un dilema de gran trascendencia que ha enfrentado, a través de los tiempos, el éxito con los sentimientos y la dedicación a aquellos tópicos tan importantes en nuestra vida como son la construcción de una familia y el desarrollo espiritual.

En este momento, entonces, debo preguntarle cuál es su opinión al respecto. ¿Será posible alcanzar el éxito personal sin dañar otros aspectos sensibles de nuestra vida?

Creo que, antes de que usted responda, tenemos que distinguir entre la realidad tal cual es y la forma como nos hacen sentir la realidad quienes afirman que, en el intento de cambiar nuestro presente y nuestro futuro, los relegamos a un segundo plano. ¿Por qué hago esta advertencia? Porque la realidad es diferente para todos, y esto depende del cristal que cada uno utilice para evaluar el espacio en el que desarrolla su existencia.

Una vez más, como en otras etapas de nuestra vida, la comunicación interpersonal, la mutua comprensión y la escucha empática son decisivas para llevar nuestro proyecto hasta sus últimas etapas y alcanzar los objetivos propuestos.

Si partimos de la base de que incluso en las parejas bien avenidas el crecimiento y el desarrollo individual nunca se dan de forma equilibrada, quizá podamos entender por qué sucede con frecuencia que una de las partes se opone tenazmente al desarrollo de su compañero o compañera. Esta actitud a veces implica por parte de uno de los miembros de la pareja el menosprecio constante ante cada una de las propuestas que tienen que ver con el proyecto personal, e incluso llega a hacer desistir al otro en su intención de cambio al amenazarlo con la idea de que afectará al vínculo afectivo irremediablemente.

Por esta razón, es importante que hagamos un esfuerzo por demostrarnos a nosotros mismos que la realización de nuestro proyecto personal es completamente compatible con una vida espiritual rica. Es más, también es mi intención señalar que en la medida en que cada uno de nosotros se sienta realizado, seremos capaces de entregar lo mejor de nosotros para lograr una armonía en las distintas áreas de nuestra actividad.

A lo largo de la vida aprendemos muchas cosas, y es la motivación por incorporar nuevas experiencias el motor que mueve nuestros sueños y nos ayuda a concretar nuestros proyectos. Si el lema que nos guía es aproximarnos a la excelencia, lo primero que debemos hacer es llevar a efecto nuestro diálogo interno para esclarecer aquellas dudas que nos asaltan periódicamente respecto a nuestra capacidad para lograr un cambio positivo.

Crecer, desarrollarse y aprender son tres pilares sobre los que se asienta el éxito de un proyecto de vida. Si podemos erigir estos pilares seremos capaces de vivir nuestra existencia como algo creativo y no a la defensiva, siempre intentando resolver los problemas más urgentes.

Si logramos conocernos íntegramente, si logramos dominar aquellos aspectos que reconocemos como nuestras «zonas débiles», nos encontraremos en las mejores condiciones para alcanzar los resultados que anhelamos desde lo más profundo de nuestro ser.

Este autocontrol debe convertirse en una parte indivisible de nuestro diario accionar, obligándonos a ser prácticos, concretos y resueltos, y a tener bien claro y presente lo que es importante para nosotros. Qué haremos para lograrlo es una pregunta que sólo nosotros podemos responder y que es imposible transferir a otras personas.

En el camino que transitamos para construir nuestro proyecto personal se interponen conflictos de mayor o menor importancia que nos fuerzan a resolverlos con diligencia. Sin embargo, debemos hacer lo posible para que no nos hagan perder de vista nuestras metas fundamentales.

El autocontrol también significa aceptar nuestra realidad sin restricciones y sin maquillajes circunstanciales, que sólo postergan decisiones importantes que debemos tomar porque nos sentimos atrapados en esquemas que no nos ayudan a progresar. Para saber si podemos llegar un día al destino final, se hace imperioso analizar dónde y cómo nos sentimos en la actualidad.

Como la tendencia natural de hombres y mujeres es el

equilibrio y la eliminación de todos aquellos factores que se interponen en el camino de su bienestar y de su paz interior, le sugiero que se detenga unos minutos en este párrafo para confrontar la imagen de aquello que usted ansía con su realidad actual. Dicho de otro modo: ¿a qué distancia se encuentra hoy respecto del lugar en el que le gustaría estar? Si su realidad le muestra que ambos lugares no se superponen, esa respuesta sin duda generará un sentimiento de rebeldía que obrará como una fuerza positiva que tenderá a equiparar ambas realidades.

Dominar nuestros impulsos

El entrenamiento que necesitamos, el aprendizaje que tenemos que incorporar, se refiere a que cada vez tenemos que ser más aptos para promover aquellos resultados que deseamos y que son la consecuencia de nuestro propio esfuerzo. Dominar nuestros impulsos nos permitirá mantener vivo el fuego interno que aviva esa rebeldía y que no nos permite claudicar ante los desafíos constantes con los que nos encontramos en la lucha por la supervivencia.

El conocimiento interior, el diálogo interno, el respeto por nuestros deseos y necesidades, y mantenernos fieles a un proyecto personal de vida que pretende cambiar radicalmente el escenario donde transcurre nuestra existencia, nos otorgarán algo así como una maestría en distintos aspectos que hacen a un ser humano íntegro y responsable de su propio destino.

La madurez de una mujer o de un hombre se refleja en que sepan apreciar objetivamente su realidad, en aprender a fluir con los necesarios cambios que hay que instituir cuando las circunstancias así lo determinan y en no aislarse del resto del mundo y de la vida misma. A pesar de esto, las personas maduras continúan manteniendo un perfil propio y orientan su pensamiento a generar nuevas condiciones e innovar constantemente para alcanzar un genuino bienestar.

Aprender en la vida es un proceso constante. La soberbia de creer que ya se sabe todo, que ya se ha vivido todo, no sólo demuestra una carencia profunda en la visión de un mundo hoy globalizado que nos exige una actualización permanente, sino que también hace evidente una gran ineptitud para el cambio.

Combinar el desarrollo personal con el crecimiento individual

Ahora vamos a detenernos un instante en este intento por unir el crecimiento personal con nuestra vida espiritual para responder a un par de preguntas. ¿Por qué nos cuesta tanto admitir que el desarrollo de un ser humano puede tener un alto impacto en su bienestar y en el de su familia? ¿Por qué creemos o nos hicieron creer que el desarrollo personal convierte al hombre o a la mujer enególatras incapaces de ver más allá de sus potenciales éxitos y de compartir y expandir esos efectos a su núcleo familiar, que es, en última instancia, el receptor natural de sus logros?

La dedicación al trabajo y el crecimiento que sobreviene como consecuencia de nuestro progresivo desarrollo nos hacen pensar que dicho trabajo no sólo es necesario para solventar nuestra existencia, sino que también contribuye con aquellas cosas que tenemos que hacer para construir un modelo de vida acorde con nuestros principios y con nuestra ética.

Si podemos incorporar estos conceptos a nuestra vida privada, sin duda habremos avanzado enormes trechos y estaremos cada vez más cerca de ver nuestros sueños convertidos en una realidad tangible. Tanto es así que, en la actualidad, las grandes empresas y organizaciones han comprendido que el éxito de su liderazgo y de su gestión pasa inevitablemente por comprender cabalmente lo que sucede en la vida de cada una de las personas que componen la firma. Por este motivo, procuran que sus familias formen parte de distintas actividades que acompañan el crecimiento y potencian el desarrollo individual.

En la actualidad ya se ha comprendido que no es posible separar compulsivamente a un ser humano de su entorno natural con la excusa de que debe dedicarse en cuerpo y alma a su crecimiento y a su desarrollo personal. El desarraigo respecto de su hábitat original, que es el que debe proporcionarle el estímulo necesario para ser creativo, es altamente nocivo y coloca a la persona en la incómoda posición de tener que optar por una organización que le reclama su presencia o las obligaciones contraídas con su pareja o demás miembros de su familia.

También es justo decir que, por distintas circunstancias, suele suceder que ese marco familiar no apoya los proyectos ni la intención de crecer de ese individuo, lo que suscita discusiones y diferencias que pueden repercutir seriamente en la armonía de los vínculos afectivos. Se impone en estos casos un abordaje que sea lo más objetivo posible, un abordaje que requerirá probablemente la intervención de una tercera persona, que al no estar involucrada subjetivamente en la situación pueda aportar su visión para que luego los actores lleguen a una conclusión que respete los intereses de ambos.

Creo con absoluta sinceridad que las diferencias que se generan en cuanto a los objetivos planteados se deben fundamentalmente a las realidades distintas en que viven ambos miembros de una pareja. Esto parece una paradoja, pues se supone que un hombre y una mujer resuelven vivir juntos y recorrer caminos que les permitan llegar a objetivos comunes que fueron establecidos al inicio del vínculo. Pero si bien es cierto que al inicio del vínculo resulta sencillo establecer objetivos comunes, no es menos cierto que los acontecimientos que naturalmente se suceden en la vida de cualquier ser humano generan más tarde respuestas diferentes de cada miembro de la pareja, respuestas acordes con la escala de valores y los principios que cada uno maneja.

Esto hace que, frente a una situación determinada, la visión o la solución de un problema, un conflicto o una crisis circunstancial sea diferente para cada uno. Del mismo modo puede ocurrir que, frente a la posibilidad de afrontar cambios sustanciales en el esquema de vida, en el escenario donde ambos se mueven, aparezcan diferencias que a veces pueden ser irreconciliables. El desarrollo y el crecimiento de uno de los miembros puede ser vivido por el otro como negativo, como si se hiciera a expensas de su bienestar y de su felicidad. Por ese motivo, interpone todos los recursos que tiene a su disposición para vetar esa posibilidad.

Cuando las piezas del tablero de la vida se colocan en esta posición, quien es cuestionado debe optar por seguir adelante con su proyecto o aceptar los cuestionamientos de que es objeto y abandonar toda posibilidad de cambio. Optar por la primera de las posibilidades ahondará las diferencias, quizá poniendo en riesgo severo la continuidad del vínculo afectivo. Pero renunciar a su voluntad generará una profunda frustración, que a su vez se convertirá con el tiempo en resentimiento e incluso en un odio irracional hacia la otra persona.

¿Qué se debe hacer, entonces, para que las metas de uno no entren en conflicto con los sentimientos y con las emociones del otro? Partiremos de la base de que nadie puede llegar verdaderamente a tener éxito en un aspecto de su existencia, por ejemplo, en el ámbito profesional, si al mismo tiempo su vida familiar cae en el desequilibrio más profundo.

En el mundo occidental en el que vivimos, generalmente nos guiamos por una ecuación muy simple que propone lo siguiente: si dedicamos más tiempo al trabajo habrá más posibilidades de que el hogar ingrese más dinero, porque la remuneración que obtenemos por nuestro trabajo está en directa relación con la cantidad de horas que dedicamos a él. Paralelamente, y como las horas son únicas, al dedicar más tiempo al trabajo estamos restando tiempo a nuestra familia, lo que trae aparejada una crisis en el vínculo con nuestra pareja y con nuestros hijos.

Tanto en el seno mismo de la sociedad como en las diferentes empresas y organizaciones tradicionales, circulan ciertas premisas que instan, quizá sin proponérselo específicamente, a generar un conflicto entre el trabajo y la familia. La idea de que «el progreso depende del grado de sacrificio que estamos dispuestos a hacer» opera como una verdadera amenaza que anuncia que sólo podríamos llegar a la meta abandonando todo aquello que no estuviera específicamente vinculado a nuestro trabajo.

Aquí quizá debamos detenernos un momento y distinguir la realidad de una persona que trabaja en relación de dependencia dentro de una empresa de la realidad de una persona que es autónoma e independiente. En el primero de los casos, puede ocurrir que la organización de la que esta persona forma parte genere una serie de exigencias que no sólo tengan que ver con la cantidad de horas de trabajo, sino también con reuniones, cursos, desayunos y almuerzos de trabajo, encuentros con otras personas de la misma empresa que llegan del exterior, entre otras tantas actividades extra que colisionan inevitablemente con el tiempo que debería estar destinado a la familia.

En el segundo caso, si la persona es autónoma e independiente, supuestamente tendría que resultarle más sencillo coordinar los tiempos del trabajo y los de la familia. Pero aquí surge otro inconveniente: ser independiente también significa no tener un ingreso fijo, por lo tanto la remuneración por el trabajo va a estar aún en más estrecha relación con la cantidad de horas que se trabaja y el tiempo que se destina a pensar, crear y producir.

Hasta aquí, parecería que estamos planteando un problema que no tiene solución. Sin embargo, cabe señalar que las organizaciones modernas e inteligentes han comprendido que existen puntos de contacto muy profundos entre la vida laboral y aquellos aspectos que componen la vida íntima, espiritual y familiar de un ser humano. Y es por eso por lo que, en este tipo de organizaciones, el empleado es estimulado a perfeccionar no sólo su capacitación para cumplir con su tarea específica dentro de la empresa, sino también para mejorar en esos otros aspectos que complementan su rendimiento. Es que en el proyecto de crecimiento de cualquier individuo siempre debería existir un generoso espacio de tiempo dedicado a la familia.

Buscar el equilibrio

Pero no todos los empresarios ni todas las organizaciones respetan estos espacios. La consecuencia es que se genera todo un sistema de presiones que pueden terminar enfermando a ese hombre o a esa mujer de lo que hoy se denomina «agotamiento psicofísico» o «sobretensión». Las presiones que provienen tanto de la empresa como del marco familiar y que crean un escenario tan tenso para ese individuo inevitablemente culminan en la claudicación de sus mecanismos de defensa y en la instalación de una o más enfermedades.

Aquí desempeña un papel muy trascendente lo que cada uno de nosotros piense al respecto. No hay malos por un lado y buenos por otro. La competencia y los apetitos desmedidos hacen que cada uno esgrima sus argumentos de forma convincente. Para saber exactamente dónde estamos ubicados respecto de este tema, se impone un análisis mesurado de la situación.

El primer paso que debemos dar es independiente de que mantengamos una relación de dependencia laboral o que nos consideremos independientes. Lo que tenemos que evaluar es si en el proyecto personal que hemos elaborado juntos tuvimos en cuenta la necesidad de equilibrar la dedicación al trabajo y a la familia. Vale la pena tomarse un tiempo para pensar en esto seriamente porque no es sencillo lograr este equilibro tan necesario. Puedo asegurarle que buena parte de las consultas profesionales y de las quejas que tienen las personas respecto de sus cónyuges es que se ausentan demasiado del hogar por motivos laborales.

Ya que todo esto forma parte del diseño del programa del proyecto, debemos fijarnos metas claras que marquen límites a las horas que dedicaremos al trabajo y las horas que pretendemos dedicar a las actividades familiares. La estructura de la semana debe ser cuidadosamente analizada para lograr un equilibrio que nos permita avanzar sin tener que detenernos por aquellos obstáculos que es posible prever. No tiene ningún sentido fijarnos metas que luego no vamos a cumplir por no haber tenido en cuenta estas variables que son de capital importancia.

Tanto las organizaciones inteligentes como los seres humanos inteligentes deben partir de la base de que no es posible crear proyectos con éxito si éstos desembocan en conflictos personales y familiares que disminuyen la capacidad productiva de los seres humanos. Vivir bajo un estrés que nos desborda dista mucho de ser la atmósfera ideal para que podamos crecer y desarrollarnos de acuerdo con un plan preestablecido.

Pero no sólo por la gestión de los tiempos se plantean los conflictos entre el proyecto personal y la familia. A veces depende de una cuestión de valores y de principios. Los códigos con que nos movemos en las distintas áreas de nuestra vida deben estar sujetos a la ética y a la moral que sustentan los modelos o paradigmas sobre los cuales hemos construido nuestra existencia.

Es posible que si planificamos estratégicamente los pasos que hemos de seguir podamos minimizar los conflictos que se generan entre el logro de nuestras metas y objetivos, y la visión que tiene la familia de nuestro esfuerzo. La capacidad que cada uno de nosotros tenga para evaluar la intención, la decisión y la acción va a marcar claramente hacia dónde nos dirigimos. De ese modo, lograremos enviar mensajes claros a nuestros seres queridos.

Esta planificación es la brújula que nos permite movilizarnos con soltura, sabiendo desde el comienzo adónde queremos llegar. Por lo tanto, siempre debemos recordar que la falta de una estrategia de vida obstaculizará seriamente el logro de nuestras metas. Si no conocemos el camino, todo tendrá que ser adivinado y en esa tarea se puede llegar a perder mucho tiempo, mucho más tiempo del que en realidad tenemos para disfrutar plenamente de nuestra vida.

La planificación nos ayuda sobre todo a crear un sistema para pensar, tomar decisiones y actuar en consecuencia. Cuando logramos darle forma a nuestra manera de organizarnos, estamos dando un gran paso para que, de ahora en adelante, cada situación nueva que se nos presente sea abordada con la misma metodología; esto nos volverá predecibles y, por lo tanto, más creíbles ante los ojos de los demás.

No existe contradicción entre esta idea que acabo de plantearle y el concepto de una buena autoestima, basada en nuestras propias creencias. Ya que la gran mayoría de nosotros no vive solo, una de las tantas maneras en que es posible evitar un conflicto grave entre las metas y las emociones es que quienes conviven con nosotros tengan una imagen siempre igual de nuestra persona.

Por eso decimos que ser predecibles es, de algún modo, llevar adelante una metodología que nos va permitir recorrer los caminos que nos conducirán al éxito personal y a la posibilidad de vivir de acuerdo con nuestras expectativas.

La planificación

Está por demás demostrado que una planificación cuidadosa de todas nuestras acciones colabora significativamente con su éxito, haciendo que ese conflicto entre las metas y las emociones sanas desaparezca de la mente de hombres y mujeres. Planificar significa ahorrar esfuerzo, significa optimizar nuestra energía poniéndola al servicio de una mente creativa que sabe lo que quiere y cómo lo quiere.

Planificar es aplicar estrategias que nos permitan eliminar todo aquel derroche de energía inútil que nos debilita, que ensombrece nuestro humor y que contribuye significativamente a que hagamos cada vez más cosas equivocadas y menos cosas acertadas. Recordemos que no basta con obtener resultados satisfactorios relacionados con nuestro proyecto personal si no somos capaces de realizar una evaluación constante de los resultados de esta empresa que no cotiza en la bolsa de valores y que sin embargo tiene las acciones más preciadas por los seres humanos: la vida.

Planificar significa también aprender a utilizar nuestros recursos con mayor eficiencia para, de esta manera, ser más eficaces a la hora de plantearnos nuestras metas y objetivos. Cuando estamos en condiciones de apreciar el resultado de nuestros cambios, éstos se van a ver reflejados en un aumento del rendimiento y de una mejoría sustancial en lo que tiene que ver con las relaciones interpersonales, así como de la visión que tenemos de nuestro presente y de nuestro futuro.

Estamos acostumbrados a oír hablar acerca de la planificación en el nivel de las empresas. Pero olvidamos que la vida es una empresa más que nos tiene a cada uno de nosotros como protagonistas principales, como líderes de nuestro proyecto y como administradores del tiempo que nos toca vivir. Si logramos comprender esto sin sentir que dejamos de ser humanos porque nos organizamos, porque aprendemos a priorizar lo que es importante y lo que es secundario, estaremos sumándole un valor agregado a nuestra existencia.

La salud es nuestro principal capital. Y cuando hablamos de salud nos referimos sin duda a la salud física, pilar fundamental de nuestro equilibrio. Pero también nos referimos a nuestra salud emocional, indisolublemente unida a todo lo que nos sucede en el desarrollo cotidiano de la vida.

Podríamos entonces afirmar que el capital con que contamos para llevar a cabo nuestro proyecto personal se compone de una única energía, que cada uno de nosotros administra a su manera, pero que tiene dos grandes vertientes: una emocional y otra física. En cada una de ellas se mueven enormes caudales de esa fuerza cuyo buen o mal uso va a determinar al final del camino los resultados que obtendremos.

Nuestra mente gobierna cada una de las decisiones que tomamos, y depende entonces de los recursos con los que contamos el balance final al que podremos llegar. No debemos olvidar, además, que más allá de administrar cotidianamente nuestros cuerpos físico y emocional, los sucesos de la vida funcionan muchas veces como una fuga incontrolable de esa energía, lo que posterga el logro de nuestras metas y objetivos.

Si a medida que vamos viviendo y vamos evaluando los resultados de nuestras estrategias de vida, estos resultados no son satisfactorios o no están de acuerdo con nuestras expectativas, déjeme decirle, amigo lector o lectora, que ha llegado el momento de planificar el presente y el futuro inmediato sin demora. La frustración y la insatisfacción son los obstáculos que debemos sortear para encontrar la valentía y el coraje para reformular aquellas preguntas claves que nos ubican en el escenario correcto.

Qué deseamos para nuestra vida

¿Qué quiero y qué no quiero para mi vida? Ésta es una pregunta que nos ubica en nuestra realidad, esa realidad en la que nadie más que cada uno de nosotros puede hurgar para encontrar la respuesta más adecuada. Repito: si los resultados no son los que nosotros esperamos, reflexionemos, revisemos nuestra planificación y hagamos las modificaciones necesarias para reencontrar el camino del éxito personal.

Siempre deberá estar presente la voluntad de que las metas personales y las emociones que se generan a nuestro alrededor convivan en armonía, pues un enfrentamiento entre lo que deseamos hacer y las emociones negativas que ese esfuerzo puede generar, tanto en nosotros como en nuestra família, obstaculizan la posibilidad de alcanzar el bienestar y la paz interior, deseos a los que tenemos derecho a aspirar.

A lo largo de la existencia de los seres humanos, los acontecimientos se suceden con una continuidad asombrosa, lo que nos hace pensar que la *causalidad* y no la *casualidad* determina todo lo que nos pasa. Ejercitarnos para formular preguntas constantemente respecto del curso de nuestros proyectos y del liderazgo que estamos ejerciendo sobre nuestra vida nos dará un conocimiento cabal de quiénes somos, de cómo somos, y nos aproximará positivamente a la posibilidad de establecer cambios siempre que el análisis de nuestra situación así lo requiera.

Esto es algo así como entrenarnos para no quedarnos estancados en aquellos episodios vividos como fracasos, o en la frustración por no haber podido alcanzar lo que nos habíamos propuesto. Si caemos una vez, debemos levantarnos. Si caemos cincuenta veces, debemos levantarnos cincuenta veces con la frente en alto y apelando a ese capital con que todos contamos: nuestra mente, una obra de ingeniería fantástica que nos guiará con nuestro pensamiento por los caminos de la recuperación y de la fijación de nuevas metas que estarán en consonancia con nuestras emociones más profundas.

Para que las metas convivan en armonía con las emociones, siempre tenemos que estar creando, siempre tenemos que tener la sensación de que estamos en movimiento y que ese movimiento nos permite avanzar, dejando atrás un pasado que quizá no haya sido todo lo bueno que nos merecíamos, o que no nos dio los resultados que esperábamos. No podemos pensar en un presente y en un futuro diferentes si no abandonamos viejos modelos y paradigmas cuya vigencia ya ha caducado.

Aprovechar al máximo nuestras capacidades

Pero además de buscar afanosamente la armonía, tenemos también que tener una estrategia que nos permita pensar en términos de presente y de futuro desde el punto de vista estrictamente práctico. En momentos críticos, o en momentos de cambio, es bueno responder a algunos interrogantes como los que le planteo a continuación: ¿tenemos que continuar haciendo lo mismo que hicimos durante años o durante décadas?, ¿no habrá llegado el momento de cambiar definitivamente el rumbo de nuestra vida?

Mientras usted recorre con la mirada los renglones de esta página, seguramente se estará preguntando si sus capacidades no son lo suficientemente amplias como para aspirar a algo más de lo que hoy está viviendo. Inevitablemente surgirán en su mente las respuestas respecto de cuáles serán los cambios que tendría que poner en práctica para convertirse en la persona que usted sueña ser, aquella que disfruta plenamente de su vida y que puede dedicarse a aquello que le gusta y que siente que contribuye a su crecimiento y desarrollo personal.

La vida, querido lector o querida lectora, literalmente nos arrastra en ese vértigo cotidiano del que es extremadamente difícil mantenerse fuera. Esto seguramente le pasa a usted, les pasa a las personas que usted quiere y respeta, me pasa a mí y a la enorme cantidad de seres humanos que nos rodean diariamente. Éste es el momento de detenernos para entrar en territorios hasta hoy ignorados de nuestra mente.

A medida que nos vamos involucrando en nuestros roles y nuestras obligaciones, cumplimos casi automáticamente con todo aquello que entendemos que es nuestra responsabilidad. Pero sería excelente que en medio de la vorágine pudiéramos abstraernos momentáneamente para tomar contacto con nuestras capacidades y con nuestro potencial.

Más allá de todo lo que usted hace, ¿no le sucede a veces que se pregunta: qué es lo que sé hacer mejor? En este camino hacia la excelencia, ¿cuáles son las tareas que se aproximan más a ese concepto?, ¿cuáles son las áreas de mi oficio, o de mi profesión en las que me desarrollo con mayor destreza? Lo importante, antes de avanzar, es responder a estas preguntas con la verdad, con esa verdad que sólo puede emerger del centro mismo de nuestra persona.

Es muy común que los grandes esfuerzos que nosotros realizamos no tengan lugar en el sitio apropiado, ni en el tiempo adecuado, ni con los resultados que esperamos. Por lo tanto, nos guste o no nos guste, llegaremos a la conclusión de que estamos utilizando mal esa única energía que poseemos, o por lo menos que no estamos sacando el mejor provecho de ella.

Pensemos qué pasaría si pudiéramos comparar estos pensamientos con lo que sucede cuando alguien quiere acertar en un punto determinado durante una práctica de arquería o de tiro al blanco. Quien practica estos deportes pone toda su capacidad al servicio de aproximarse lo más posible al objetivo, afinando su puntería y poniendo toda su destreza al servicio de su propósito final.

En la vida real ocurre lo mismo. Por eso es bueno preguntarse si estamos invirtiendo nuestra fuerza en el lugar correcto. Esto es especialmente válido a la hora de pensar en nuestro proyecto personal, que incluye nuestra vida afectiva, nuestra vida laboral y también nuestro equilibrio económico y financiero. Si nuestras metas no son claras y si no responden a nuestros verdaderos deseos y necesidades, inevitablemente se van a ver afectadas nuestras emociones.

Por lo general, hacemos una revisión de todos estos parámetros en momentos críticos, en momentos en los que las cuentas no nos salen y cuando la autocrítica crece hasta llegar a niveles insospechados, porque entendemos y comprendemos que probablemente estamos dedicando la mayor parte del tiempo a actividades que nos rinden poco o nada y que bien podríamos haber utilizado ese tiempo para la recreación o para un ocio planificado, actividades indispensables para lograr una buena calidad de vida.

La estrategia que estamos intentando poner en práctica depende del análisis y de que sepamos cuáles son las actividades que nos proporcionan el bienestar que necesitamos. Una vez identificadas estas actividades, preguntémonos: ¿cuánto tiempo le dedico diariamente a algo que se supone que es lo mejor que me puede pasar? Porque esas actividades generalmente se viven como un bálsamo que nos alivia la vida, nos vuelven optimistas y nos proporcionan una visión positiva del futuro, basada únicamente en nuestra habilidad para responder a la gran cantidad de desafíos que nos esperan.

Quienes ya hemos recorrido una parte de la vida seguramente nos topamos con una serie de obstáculos que han intentado impedir, de una forma u otra, el cumplimiento de nuestro proyecto personal.

Si seguimos esta línea de pensamiento, podremos trazar una recta desde el lugar que ocupamos hoy en el mapa de nuestra existencia y el destino final al que pretendemos llegar gracias a nuestra voluntad y a nuestra motivación. Esa distancia entre el sitio en el que estamos ubicados hoy y el punto hacia donde queremos llegar tiene una serie de escollos, que son precisamente esos obstáculos que ya conocemos y otros que aparecerán de pronto en el trayecto que se deba recorrer y que determinarán el tiempo que necesitaremos para alcanzar el éxito que nos proponemos: el equilibrio, la paz interior y la libertad de acción.

Quienes estamos en la búsqueda de una vida mejor para

nosotros y para nuestras familias debemos ser certeros, honestos, imparciales y objetivos a la hora de analizar nuestra realidad. Recordemos que sólo tenemos una vida y que la postergación indefinida de esta propuesta puede verse interrumpida sorpresivamente por una enfermedad o por el final mismo de la existencia. Por lo tanto, no podemos ponernos más excusas y debemos pasar a la acción cuanto antes.

Cuando por distintas circunstancias no estamos en el lugar que merecemos estar, es nuestra obligación investigar sin pausa hasta determinar las razones que nos impiden alcanzar nuestras metas. ¿Se trata de factores externos, son emociones negativas que se interponen, son nuestras propias limitaciones, nuestros miedos a los cambios, a asumir riesgos, o depende de esa tendencia que algunos tienen a quedarse siempre en el mismo lugar?

Mucho cuidado con los razonamientos complacientes, que tienden a comparar las dificultades por las que están pasando los demás y a asumir que son mucho mayores a las nuestras, invitando así a la peligrosa actitud de nivelar hacia abajo, estimulando la mediocridad, que no es otra cosa que abandonar la lucha y el esfuerzo por ser mejores.

Las limitaciones están seguramente en nuestro interior, como hemos dicho, y resulta un buen entrenamiento examinar cuidadosamente nuestros modelos y paradigmas, así como nuestras creencias y hábitos para encontrar las causas verdaderas de nuestros fracasos en la lucha por la vida.

La convivencia armónica de las metas y las emociones

Las metas y las emociones pueden convivir armónicamente y desarrollarse en forma conjunta a lo largo de nuestro trayecto vital. Para grandes metas o grandes objetivos, primero tenemos que ser personas habilidosas, y para lograrlos tenemos que empezar a trabajar con nosotros mismos. ¡Usted puede hacerlo! Sólo tiene que creer en usted mismo, creer que es capaz de cambiar su destino y de orientarlo hacia un contexto que le permita experimentar emociones positivas, que lo estimulen y le señalen el camino del encuentro con lo mejor de su persona.

Piense por un instante: si otros pudieron hacerlo, ¿por qué no habría de poder usted? ¿Qué es lo que le falta, o dicho de otro modo, qué tienen los demás que usted no posea? ¿Voluntad, actitud, perseverancia, motivación? Analice estas preguntas, busque en su interior y finalmente verá cómo se convence de que todos podemos, de que todos merecemos cumplir con nuestro proyecto personal y ordenar definitivamente nuestras emociones, poniéndolas al servicio de nuestro bienestar y felicidad.

¿Quiere que le diga algo de forma directa? Todo es posible si nos lo proponemos seriamente y si estamos dispuestos a vencer esas barreras que nos imponemos como vallas insalvables y que no son otra cosa que la exteriorización de nuestros genuinos temores frente a lo desconocido.

No puede existir mejor sintonía entre nuestras metas y las emociones que se generan a partir del reconocimiento de que, a pesar de las dificultades, aún estamos vivos y aptos para responder con lo mejor de nuestra esencia a las propuestas que emergen de una mente que trabaja a ritmo acelerado para procesar, en el menor tiempo posible, nuestra nueva identidad.

Nuevos modelos, nuevas creencias, nuevos valores asentados en una percepción de la realidad diferente nos posicionan, quizá por primera vez, en el centro de nuestra propia atención y nos capacitan para escuchar atentamente la voz del corazón, que es el resultado de un diálogo interno franco y sincero con nosotros mismos.

Estamos experimentando nuevas sensaciones, maravillosas experiencias que nos demuestran una y otra vez que la clave para emerger de los tiempos difíciles depende de que creamos en nuestra capacidad, y de que trabajemos con constancia y perseverancia en el cumplimiento de nuestros más caros deseos. Así llegaremos a las metas que nos hemos propuesto.

Aquí no queda nadie, absolutamente nadie excluido. Ni la edad, ni la posición económica, ni la raza, ni la religión pueden dejarnos fuera. Todos tenemos la misma oportunidad de reencontrarnos con nuestras fuerzas y templarlas, como se hace con el acero, para construir un proyecto personal de vida que nos ayude a recuperar la dignidad, la autonomía y la independencia, que son los valores más importantes para ganar nuevamente la confianza en nosotros mismos y generar esa nueva identidad basada en una sana autoestima.

Ha llegado la hora de pasar a la acción: ya son suficientes todos los argumentos que hemos esgrimido y que nos demuestran que todos partimos del mismo lugar y que las oportunidades se nos presentan periódicamente. Siempre que el desafío sea grande, que los objetivos sean sanamente ambiciosos, el primer paso está en dedicar un tiempo a trabajar con nosotros mismos para luego salir al encuentro de los resultados deseados.

Todos podemos lograrlo

En mi experiencia personal, cada vez que he tenido que enfrentarme a la pregunta de si podría alcanzar las metas que me había propuesto en las distintas etapas de la vida, me he dicho: ¿por qué no?, ¿dónde está el freno que nos hace creer que sólo pueden llegar al objetivo unos pocos privilegiados?

Hacer algo para controlar nuestros sentimientos de minusvalía o no hacer nada al respecto consume el mismo tiempo y los mismos bríos, y es absolutamente recomendable circunscribirnos al análisis de nuestras conductas y dejar de mirar hacia el exterior para hacerlo responsable de nuestros fracasos y de nuestras frustraciones.

Una vez que llegamos a la conclusión de que somos totalmente responsables de nuestro destino, incluso aun cuando en la interacción social y en el ejercicio de nuestras relaciones interpersonales puedan presentarse circunstancias que retarden el logro de nuestras metas, estaremos en condiciones de tener una visión optimista del futuro. Lo importante es mantener el rumbo de nuestra propuesta y no alejarnos de aquello que nos hemos impuesto como meta final.

Ahora sí, alineadas en una alianza indestructible, nuestras metas y nuestras emociones estarán dispuestas a recorrer un camino fascinante, donde cada vez que logremos algo como consecuencia de nuestras propias ideas, de nuestras convicciones y de nuestras acciones, la gratificación se traducirá en una reafirmación de la confianza y el respeto por nosotros mismos y por la seriedad con que hemos abordado la realización de nuestro proyecto personal. De forma adicional, y como consecuencia de esto, apreciaremos cómo los demás comienzan también a modificar su actitud hacia nosotros, estableciéndose vínculos de respeto que antes no conocíamos.

Elegir las acciones que vamos a poner en práctica es el próximo paso para que se mantenga una armonía entre las metas y las emociones. De ese modo, podremos sentir que hemos cumplido con lo propuesto, que nos hemos manifestado como seres humanos útiles a nosotros mismos y por ende útiles a los demás. Ahora sí, además, seremos capaces de mostrar el camino a otras personas que también pueden encontrarse en el comienzo de su propia transformación.

Recordemos además que siempre hay más de una interpretación de los sucesos a los que nos vemos expuestos a lo largo de la existencia. Esto significa que la tristeza, el desánimo y la sensación de impotencia son sentimientos válidos frente a las agresiones de las que hemos sido objeto, pero que, una vez decantadas estas emociones naturales, debemos disponernos con fervor y con ahínco a cambiar ese contexto. Alcanzar el éxito, vivir de acuerdo con nuestras expectativas, se convierte ahora en el objetivo fundamental de nuestros desvelos. Créame, usted y yo estamos en ese camino.

Ya en el final de este capítulo hagamos otro pequeño descanso, tomemos otro café juntos y veamos cuál es el propósito de planificar hasta los pequeños detalles la estrategia que vamos a utilizar no sólo en este proyecto personal al que estamos abocados, sino también para el futuro, cuando tengamos que enfrentarnos con distintas situaciones que pondrán a prueba nuestra integridad y nuestra capacidad de respuesta. En un mundo tan cambiante, que no respeta normas ni modelos fijos, la clave está en tener siempre alternativas que no nos permitan caer en la desesperanza.

Pensemos siempre que cada cosa que nos puede pasar, tanto a usted como a mí, es seguramente sólo una escena de una obra que se representa en infinitos actos, y de la que somos protagonistas. Por eso, debemos seguir luchando juntos, con lo mejor de nuestras capacidades, para salir airosos de cada uno de los retos que se nos presentarán en el futuro.

Le confieso que este café imaginario que hemos tomado juntos me ha reconfortado, porque a veces resulta más sencillo analizar los problemas a través del diálogo con un interlocutor supuestamente desconocido. Sin embargo, le confieso también, y no sé si a usted le pasará lo mismo, que ahora tengo la agradable sensación de que nos hemos ido convirtiendo en socios para esta empresa que apunta al nacimiento de esa nueva identidad que nos permitirá avanzar en la búsqueda constante de nuestra verdad.

El objetivo: ser eficaces sin perder la sensibilidad

Después de haber realizado este reconocimiento de nuestras actitudes y de nuestras acciones, seguramente advertiremos que debemos dejar de hacer algunas cosas porque nos han demostrado que no sólo no nos conducen al logro de nuestros objetivos, sino que ponen obstáculos que no nos permiten visualizar con claridad el camino que debemos seguir.

Tanto usted como yo también sabemos que hemos postergado algunas cosas que ya deberíamos estar poniendo en práctica. Qué le parece, entonces, si nos ponemos en marcha a partir de este instante para cambiar una a una aquellas conductas que sabemos que nos causan una tensión desmedida y promueven nuestro descontento. Sí, vamos a proponernos alinear nuestras metas con nuestras emociones y comencemos a hacer el intento de ser eficaces sin perder la sensibilidad, la solidaridad y el amor por aquellos seres que nos acompañan en esta tentativa de alcanzar el bienestar.

Nuestro proyecto personal es una tarjeta de identificación, refleja nuestra escala de valores, nuestra visión de futuro y nuestra habilidad para obtener los resultados que nos hemos propuesto. No podemos olvidar que la naturaleza de nuestros pensamientos va a incidir directamente en la calidad de vida que nos otorguemos en el presente y en el futuro.

No existen límites para que la naturaleza de nuestros pensamientos se eleve cada vez más. Del mismo modo, no hay límites para mejorar las condiciones de nuestra vida. Todo lo que ambicionamos cambiar en el mundo que nos rodea comienza con un cambio de actitud y de apreciación de lo más íntimo de nuestro ser.

Después de haber dado los primeros pasos en este largo camino que deberemos recorrer, ya conocemos nuestro proyecto personal y sabemos que se encuentra sustentado en un conocimiento más profundo de quiénes somos y de hacia dónde nos dirigimos.

Todo crecimiento interior pretende alcanzar la paz y el equilibrio. Una vez que logramos nuestras metas, los seres humanos ávidos de conocernos profundamente buscamos la trascendencia, esa integración con el universo del cual somos una parte inseparable y que nos permitirá alcanzar la cima, desde donde seremos capaces de valorar el esfuerzo que cada hombre y cada mujer hacen para lograr su propio desarrollo.

Hacia allí nos dirigiremos en el próximo capítulo. ¿Renueva el compromiso de acompañarme? ¿Verdad que sí? Muchas gracias por su confianza.

11

PAZ Y EQUILIBRIO INTERIOR. EL ANHELO DE LA TRASCENDENCIA

Hay seres especiales que viven en estado de paz. Tienen la mirada serena, la voz pausada, el rostro en calma... Su sola presencia nos tranquiliza.

¿Por qué logran transmitirnos esa sensación de bienestar, de remanso entre aguas agitadas?

Porque han encontrado la paz interior, el grado justo de conexión entre el espíritu y el mundo que los rodea. La paz es un valor abstracto y universal, pero puede tener muchas definiciones, porque es una vivencia personal.

A partir de la experiencia propia, la paz se puede comunicar, compartir, contagiar. Si la hallamos en nuestro interior, además de sentirnos más plenos y felices, podremos irradiarla hacia los demás. Y así, formar una cadena invisible que nos una.

AUTOR ANÓNIMO

A medida que las distintas etapas de la vida se van sucediendo, los seres humanos deseamos y necesitamos conectarnos con el universo que integramos. Ya no nos basta con lograr nuestros objetivos, o con tener la sensación de que hemos cumplido con nuestros propósitos, sino que un impulso que proviene de nuestro interior nos empuja a buscar satisfacción para nuestras ansias espirituales.

Cada ser humano crea su propio camino hacia el desarrollo espiritual estableciendo determinadas creencias que lo conectan con la naturaleza y con el universo todo. Alcanzar la plenitud a través del equilibrio y la paz interior depende del nivel de crecimiento que hayamos tenido a lo largo de nuestra vida y de la importancia que le hayamos otorgado a esa otra cara de la realidad cotidiana que tiene que ver con los principios, los valores, la ética y la moral que guían nuestra existencia.

Desde que tenemos uso de razón, todos buscamos constantemente una mejor calidad de vida. De ahí surgen todos los esfuerzos que cada uno hace para alejar el temor a la inseguridad económica o financiera, o para erradicar definitivamente la soledad y la insatisfacción en nuestros pensamientos. Conseguirlo o no nos aproxima al sentimiento de éxito o de fracaso y, en este último caso, a una sensación de frustración por no haber podido alcanzar los objetivos que nos habíamos planteado.

Sin embargo, siempre tendremos una nueva oportunidad para levantar la cabeza y recuperar la credibilidad ante nuestros propios ojos y luego ante los ojos de los demás. Eso es lo que hemos estado analizando a lo largo de los distintos capítulos que integran este libro, estableciendo que es posible alcanzar nuestros sueños si los traducimos en un proyecto sustentable y creíble para nosotros. En este caso, *creíble* quiere decir que estamos convencidos de que seremos capaces de cumplir con los objetivos que nos fijemos.

Cada hombre y cada mujer estamos hoy llamados a ser los guardianes de los valores más trascendentes que albergamos en nuestro interior como condición primaria para alcanzar el éxito en nuestras vidas. Rescatar estos principios irrenunciables nos habilitará a experimentar la paz interior y el bienestar que tanto anhelamos.

Cómo alcanzar la paz interior

Estar en paz con nosotros mismos sólo es posible cuando alcanzamos un nivel de satisfacción con lo que hacemos y con lo que sentimos en la vida. Cuando la imagen que tenemos de la realidad, la que es percibida por los otros y la que tenemos de nosotros mismos se superponen, podemos sentir que el equilibrio y la paz cubren totalmente cada uno de nuestros pensamientos y de nuestras decisiones.

¿Estaremos hablando de una situación ideal, imposible de alcanzar? Cada uno debe saber lo que necesita para sentirse bien. Esto requiere de un diálogo profundo acerca de lo que es importante y de lo que es secundario en la escala de valores de cada individuo. Por ese motivo, no existen recetas universales que se adapten a las necesidades de cada ser humano. Debemos decidir personalmente lo que necesitamos para sentirnos felices. Y no es una situación imposible de alcanzar; lo importante es permanecer atentos a la voz que emerge de nuestro interior.

Una de las mejores formas de encontrarnos con nosotros mismos para descubrir nuestras necesidades y nuestros pensamientos acerca de la paz interior, del equilibrio y del bienestar es acostumbrarnos a tener espacios de soledad, espacios de encuentro con nosotros mismos, con nuestra verdad y con las únicas respuestas a las que necesariamente deberemos atender porque surgen de lo más profundo de nuestro ser.

Frente a cualquier circunstancia difícil de la vida en la que debemos tomar decisiones que pueden cambiar el curso de nuestra existencia, en la que debemos respondernos a interrogantes claves acerca de nuestra manera de estar en este mundo, lo aconsejable es ejercer nuestro derecho a estar solos para pensar y escuchar nuestra voz interior mientras disfrutamos de tomar un café con nosotros mismos.

Ser amigos de nosotros mismos, tenernos como consejeros en los trances amargos por los que tenemos que atravesar, nos aporta instrumentos fundamentales para superar las crisis personales y elevarnos espiritualmente hasta encontrarnos en armonía con la música que emite el universo que nos integra a todos como sus hijos dilectos.

Disfrutar de esa sensación de amparo, sentir que no estamos solos con nuestros problemas, suaviza el malestar que genera cualquier adversidad y nos ayuda a elevar la confianza en nuestra capacidad para revertir rápidamente esas ráfagas de frustración y de impotencia que todos conocemos, aventurándonos hacia un futuro diferente, un futuro de luz, una luz potente que se irradia desde nuestro interior y que, como un faro, nos estará indicando el camino que debemos seguir.

Estar solos cuando lo consideremos necesario no significa aislarnos de nuestro círculo de amistades o de nuestros compañeros de trabajo o de estudio. Sólo significa que, en determinados momentos, debemos ser capaces de separarnos transitoriamente del mundanal ruido para conectarnos espiritualmente con esa voz interior que nos indicará qué es lo que tenemos que hacer para corregir situaciones que no nos resultan satisfactorias.

Cuando logremos hacer esto de forma natural, habremos agregado sabiduría a nuestra existencia, además de haber podido descubrir una forma natural y espontánea de conectarnos e integrarnos a esa Verdad Universal de la que formamos parte indivisible, y que es el principal antídoto para luchar con dignidad en los tiempos difíciles y de crisis personales.

No se trata de que una fuerza superior resuelva nuestros problemas terrenales, sino de que en esos momentos críticos de la vida podamos sentirnos integrados en una estructura que es mucho más grande que nuestra persona. Si logramos percibir la verdadera dimensión de nuestros desvelos, todo se hará más sencillo y podremos resolverlo con mayor facilidad.

¿Podemos mejorar el mundo en el que vivimos?

A medida que vivimos formamos parte, en primer lugar, de un proyecto personal, este que estamos terminando de modelar. En segundo lugar, formamos parte también de un proyecto que nos involucra a todos los seres humanos que estamos decidiendo si vamos a hacer de este mundo un lugar habitable o un lugar para el sufrimiento y para las lágrimas. Dependerá de lo que cada uno de nosotros sea capaz de aportar, de la sensibilidad y del amor que cada uno de nosotros sea capaz de entregar a quien esté a su lado, la conformación del escenario donde deberán vivir su propia vida nuestros hijos y nuestros nietos.

Ésta es una gran responsabilidad que no podemos eludir. Por eso es necesario comprender que así como nuestra vida será buena o mala de acuerdo con lo que hoy estemos haciendo con ella, lo que seamos capaces de legar a las futuras generaciones depende en gran medida de las actitudes que hoy tomemos para resolver nuestros conflictos.

En un mundo tan competitivo como en el que todos vivimos actualmente parece incluso ingenuo preguntarnos cuáles son los valores espirituales que nos mueven a la hora de lograr nuestros objetivos. Cuando estamos luchando por nuestra supervivencia, supuestamente no hay tiempo para lo espiritual. Sin embargo, sería bueno que nos hiciéramos algunas preguntas: ¿hacia dónde vamos?, ¿qué fines perseguimos?, ¿es ésta la razón de nuestra existencia?

Cuando encontremos el tiempo para responder a estas cuestiones esenciales es posible que hallemos un lugar donde ubicar esos valores espirituales de los cuales vivimos escapando por considerarlos secundarios en la interminable lista de obligaciones que tenemos en nuestra agenda. Hágase un tiempo y pregúntese qué papel cree que desempeñan sentimientos como la alegría, la tristeza, el amor, el perdón o la esperanza en su estrategia de vida.

Cada ser humano tiene una perspectiva personal respecto de lo que significa acceder a la paz interior. Utilizando la visualización de nuestro futuro podremos seguramente representarnos mentalmente cómo sería vivir de ese modo y podremos precisar también qué cambios debemos introducir en nuestra existencia para acceder a un nivel superior de desarrollo espiritual que nos acerque al equilibrio.

Del mismo modo que hemos elaborado cuidadosamente nuestro proyecto personal, que hoy luce como algo realizable y creíble ante nuestros propios ojos, es ahora el momento de establecer cuáles han de ser nuestros objetivos espirituales y cuán fuerte es nuestro deseo de trascendencia. Llegado este punto, nos encontraremos ante la necesidad de determinar qué pasos debemos dar para ser individuos más felices.

El crecimiento espiritual puede adoptar distintas formas. Lo importante es que seamos capaces de crear un hábito nuevo en áreas que hasta el presente habían sido relegadas por distintas circunstancias. Hoy comprendemos que no podemos considerarnos individuos completos si no desarrollamos una sensibilidad especial que nos recuerde que no somos sólo estructuras vivientes que producen resultados, sino que somos seres indivisibles, con responsabilidades y con necesidad de amor, de contención y de comprensión.

Créame, no hay ninguna contradicción entre adoptar la firmeza que requiere el cumplimiento de un nuevo proyecto de vida con el bienestar que surge luego de bregar sin pausa en pos de alcanzar esa integración con el universo que nos hará sentir seres humanos útiles a nosotros mismos y, lo que es más importante aún, que nos hará experimentar cuánto significa mostrar el camino a otros que también están en la búsqueda constante de su verdad.

Suele suceder que no encontramos el espacio necesario para dar cumplimiento a este mandato interno que se impone con una fuerza inusitada porque nunca hemos reparado en la necesidad de integrarnos y trascender.

Es probable que tengamos que incorporar una nueva actividad a nuestro calendario, o que tomemos la decisión de abandonar algo que hacíamos y que no nos aporta nada constructivo para sustituirlo entonces por este nuevo desafío. El resultado positivo dependerá de que podamos asumirlo con seriedad, con compromiso y con el deseo de alcanzar esa alegría de vivir que merecemos todos aquellos que estamos constantemente comprometidos con descubrir cuál es nuestra verdadera misión en esta vida.

También se aprende del dolor

Los problemas y las crisis personales con que nos enfrentamos cotidianamente siempre nos envían mensajes que tenemos que interpretar, lecciones que nos enseñan a aprender que en la vida tenemos que ganarnos un lugar de excelencia, descifrando los códigos que se ocultan tras las oportunidades que nos brindan los fracasos y las frustraciones que vamos cosechando en el camino hacia el éxito personal.

Yo sé que a todos nos cuesta admitir que aun los episodios más dolorosos y más traumáticos que nos haya tocado vivir también trajeron aparejada una enseñanza. Quizá al principio no pudimos apreciarla, pero hoy, en el remanso que sigue a la furia de la naturaleza, comprobamos con beneplácito que hemos crecido y que, mediante estas experiencias que ponen a prueba nuestra condición humana, hemos templado el alma.

¿Cómo podemos saber si realmente hemos crecido espiritualmente? La espiritualidad no es algo que podamos cuantificar, pero si somos capaces de revelar nuestra misión en la vida, si somos capaces de alcanzar nuestra verdad, única e irrepetible, y si somos capaces de darnos un tiempo para encontrarnos con nosotros mismos para escuchar la voz de nuestro corazón, tenga la certeza de que hemos encontrado el camino de la trascendencia, que inevitablemente nos convertirá en mejores personas.

Cuando alcanzamos estos niveles superiores en la forma de vivir, cuando aceptamos nuestra verdad como válida y no luchamos contra ella, cuando confiamos en nuestra intuición y en lo que nos sugiere esa voz interior que nos guía y nos respalda, sólo entonces nos conectaremos con el mundo real sin temores y sin defensas, porque la armonía con los demás seres será una consecuencia natural de nuestros actos. Vivir la vida como una guerra constante o como una oportunidad maravillosa para crecer indefinidamente depende de cada uno de nosotros. ¿Qué elegirá usted?

Si hasta ahora, por distintas circunstancias, nos hemos visto involucrados en diversas batallas por nuestra supervivencia, ha llegado la hora de transformar ese campo de batalla en un escenario donde desarrollaremos la obra maestra de nuestra vida con una interpretación nueva, siendo protagonistas y encontrando en la conexión con los demás seres humanos el porqué y el para qué de la existencia.

Ésa es la vida que queremos para nosotros y para nuestros hijos. Comencemos ya a anhelar la paz y el equilibrio interior. Comencemos a construir nuestro bienestar, porque para eso hemos diseñado este proyecto personal que dará cumplimiento a nuestros sueños, entre los cuales se encuentran, en el primer lugar, la armonía y el equilibrio, el entendimiento y el diálogo fecundo con nuestros hermanos.

A partir de ese momento, nuestros sueños serán posibles. Sólo a partir de un equilibrio que nos permita crecer sin claudicaciones seremos capaces de trascender, dejando un legado valioso para quienes nos siguen, dejando un camino trazado para que otros recorran y puedan encontrar también respuestas a sus interrogantes. Sin armonía no hay crecimiento. Sin entendimiento no es posible progresar. Sin energía no hay movimiento. Todo eso y mucho más somos nosotros, los seres humanos.

¿Dónde está el límite? ¿Quién pone el techo a nuestro crecimiento? Cada uno de nosotros es el único que puede establecer el límite hasta el que puede llegar. Para ser mejores no existen barreras, siempre y cuando nuestra propuesta sea firme y esté bien sustentada en el deseo íntimo de progresar sin permitir que nada ni nadie nos detenga.

Trabajar con ahínco en el presente y en el futuro es la clave del éxito. El pasado es pasado, forma parte de la historia que cada ser humano va generando en su paso por la vida, pero no es nada más que eso, una parte ya vivida, ya sufrida o ya disfrutada, que no ha de volver y que de ningún modo puede gobernar nuestro presente ni nuestro futuro.

La actitud positiva y la perseverancia son nuestros aliados más importantes para alcanzar lo que nos hemos impuesto. Tanto los resultados materiales como los resultados espirituales caminan juntos en este trayecto que nos hemos trazado con el objetivo de crear una nueva identidad que nos permita acceder al bienestar y a la felicidad que nos ha sido esquiva hasta el presente.

Se abre un gran abanico de posibilidades cuando logramos expandir nuestra mente y no nos aferramos a una sola opción. Los hombres y las mujeres contamos con infinidad de opciones; nuestra misión es descubrirlas y utilizarlas en nuestro beneficio. Nadie nació con una etiqueta que indique qué es lo que puede y lo que no puede hacer en la vida. Advertir que las opciones existen, que están frente a nosotros, nos abre el camino hacia una vida mejor, porque nos permite ser libres en la decisión y en la acción.

Todos podemos cumplir nuestros sueños

Los sueños son importantes y el deseo por ver esos sueños cumplidos es como un automóvil. La motivación será el combustible que pondrá en marcha el motor y nosotros seremos los conductores que llevaremos esos sueños hacia una realidad tangible. Ahora deténgase por un momento y lea atentamente esta pregunta: ¿hasta qué punto desea que sus sueños se conviertan en realidad?

Tómese un tiempo para contestar. No se apure, ya estamos en el final de este viaje apasionante que hemos emprendido juntos y vale la pena detenerse a meditar cada pasaje. Tenga en cuenta que cada página, cada párrafo de este libro, fueron escritos con la intención de que cuando usted lea la última página se dibuje una enorme sonrisa en su rostro y tenga ganas de gritar a los cuatro puntos cardinales: «¡Puedo cumplir mis sueños, todos podemos cumplir con nuestros sueños si nos lo proponemos!»

Retomemos ahora el hilo de nuestro diálogo y pensemos que nuestros sueños pueden hacerse realidad si realmente lo queremos. Sin embargo, debemos saber también que para alcanzar ese objetivo será necesario dedicar mucho trabajo, mucho esfuerzo y la obstinación que caracteriza a los triunfadores. Lo fundamental es creer que seremos capaces de alcanzar todo aquello que hemos aportado con amor y con esfuerzo a nuestro proyecto personal, un proyecto que ya tiene forma, que tiene vida y que, movido por el aliento de cada uno de nosotros, va camino de convertirse en una misión cumplida.

Controlar la ansiedad

Ahora es necesario controlar la ansiedad por ver los resultados, en especial si tenemos en cuenta que la inquietud, el desasosiego, la angustia y el desequilibrio de nuestras funciones orgánicas nos generan sentimientos encontrados y nos pueden hacer dudar respecto de nuestra capacidad para llevar a buen fin las propuestas que nos hemos impuesto.

Vivimos una época que se caracteriza por provocar un alto nivel de ansiedad. Esto se debe a la incertidumbre y a la inseguridad que generan los cambios constantes de reglas, cambios que nos obligan a adaptarnos con rapidez a cada transformación. Si queremos mantener vigente nuestro nuevo plan de vida debemos asumir el protagonismo de nuestra existencia y no decaer en ningún momento.

No crea ni por un momento que su nivel de ansiedad es el más alto de todas las personas que conoce. Para su tranquilidad, debe saber que todos vivimos con un alto nivel de tensión, y que esto se debe a que la estructura social en la que desarrollamos nuestra actividad se ha vuelto extremadamente competitiva y desconoce a veces los aspectos humanos de la interacción social.

Los seres humanos somos individuos. Como la propia palabra lo indica somos indivisibles y estamos conformados por unidades biológicas, psicológicas y sociales. De cada uno de estos componentes puede emerger una ansiedad difícil de controlar, porque esta respuesta está asociada, como dijimos, a la inseguridad, al temor por no poder responder con habilidad a los distintos desafíos que la vida nos presenta.

Si bien el miedo es en cierto modo un mecanismo de protección frente a una potencial agresión, no es inocuo en cuanto a los efectos secundarios que produce, por ejemplo, en nuestro cuerpo físico. ¿Cuántos problemas atendemos diariamente que repercuten en nuestro funcionamiento como individuos? Los conflictos familiares, los conflictos laborales, la inseguridad acerca de nuestro futuro, todos éstos son factores que desestabilizan al ser humano y le provocan un nivel de ansiedad muy alto, que se proyecta en nuestro cuerpo físico y también en el emocional.

Determinados cuadros clínicos que se ubican en el nivel del estómago, del duodeno o del colon, y que se presentan como un trastorno en la función habitual que deben cumplir estos órganos, la presencia de un bloqueo en la zona lumbar que provoca dolor, una gran dificultad para moverse y para mantener una posición erecta, muchas veces son la consecuencia de un cuadro de ansiedad generalizada que altera el normal funcionamiento de nuestro organismo.

Cada persona percibe el mundo de una forma distinta. Lo que a algunos les provoca una descompensación total, a otros los deja indiferentes. Hay personas que logran mantener una distancia prudencial respecto de los problemas, mientras que otras se perturban profundamente ante la más pequeña contrariedad.

La ansiedad es exactamente lo contrario de lo que estamos buscando como punto máximo de nuestro esfuerzo: el equilibrio y la paz interior. La ansiedad es una luz roja que se enciende y que nos avisa que en algún sector de nuestro cuerpo hay un conflicto que resolver. Funciona igual que la fiebre, que nos está indicando que algún órgano de nuestro cuerpo está luchando contra un elemento agresor.

Bajar la fiebre con antitérmicos no resuelve la situación de fondo y sólo permite una mejoría transitoria. Del mismo modo, controlar la ansiedad con medicamentos, evitando analizar el contexto y las causas por las que esa ansiedad pueda estar manifestándose, sólo servirá para ocultar la realidad y prolongar nuestro sufrimiento inútilmente.

Buscar la excelencia en materia de emociones es intentar armonizar todos los sentimientos que alberga nuestra mente, que a veces sólo nos deja ver una pequeña porción de lo que se está procesando en su interior. La mayor parte de las emociones y de los sentimientos permanecen ocultos en la profundidad de nuestro ser, allí donde no podemos llegar con el pensamiento y donde se desatan enfrentamientos entre lo que debemos y lo que queremos hacer en realidad.

A veces emergen desde allí muchas de nuestras decisiones y algunos sentimientos encontrados que nos sorprenden y que nos están indicando que reina cierto caos en nuestro interior, lo que inevitablemente nos provoca una gran inseguridad y pone en riesgo nuestra autoestima.

Los conflictos internos consumen un gran nivel de energía, porque la lucha entre más de una manera de pensar y sentir a la hora de tomar una decisión y de pasar a la acción genera contradicciones y frustraciones que no podemos disimular y que se traducen en un cuadro de ansiedad generalizada.

«Te veo mal», solemos decir cuando entramos en contacto con una persona que deja traslucir la angustia y la ansiedad que está viviendo. Y es muy probable que esa angustia y esa ansiedad se deban a que no puede resolver adecuadamente conflictos que se han ido presentando en su vida y para los que continúa aplicando modelos de respuesta vencidos. Si al aplicar esos modelos de respuesta vencidos sentimos que no estamos resolviendo adecuadamente nuestros conflictos, debemos cambiarlos. La dificultad para cambiar con rapidez los paradigmas de comportamiento nos quita la paz interior y la mesura que tan laboriosamente habíamos construido.

La realidad nos muestra que el mundo cambia constantemente en una relación muy dinámica con quienes habitamos en él y que, junto a ese cambio, nosotros también tenemos que flexibilizar nuestras posturas para acceder a la moderación y a la paz interior. Los dolores musculares y las contracturas muchas veces no son sino el reflejo de una ansiedad que no hemos podido manejar con la habilidad suficiente como para evitar que nos perjudique físicamente.

Cierto nivel de estrés en la vida cotidiana nos ayuda a sentirnos vivos. Pero ese mismo estrés, que es la chispa que enciende el motor de la motivación y del compromiso con nuestras ideas, puede también ser el factor responsable del incendio y destrucción de todos nuestros sueños. Cuando el estrés se presenta de forma desmedida abre las puertas del desequilibrio, la enfermedad y hasta la muerte.

¿De quién depende controlar los niveles de estrés a los que nos vemos sometidos todos los seres humanos? Cada uno de nosotros tiene que ser responsable de la forma en que percibe el mundo que habita diariamente. Esto significa que, frente a los conflictos, tenemos que elaborar más de una respuesta para no vernos sometidos a una presión que, en determinado momento, pueda volverse insoportable para nuestro cuerpo físico y emocional.

Esto exige de nosotros un cierto entrenamiento para crear, en los momentos de paz y de remanso, caminos que nos permitan abordar los conflictos con serenidad y sin pagar el precio de la angustia, de la ansiedad y de la desesperanza.

Adelantarnos a los hechos

Quizá le resulte difícil imaginar que un hombre o una mujer pueden contar con más de una alternativa para hacer frente a los distintos conflictos que se presentan en la vida. Una buena señal de madurez es que podamos adelantarnos a los hechos, habida cuenta de que en la vida todo es cíclico y de que es posible prever una gran cantidad de situaciones.

Este entrenamiento también nos será de extrema utilidad cuando nos veamos involucrados en situaciones problemáticas imprevisibles, pues el solo hecho de haber trabajado sobre nuestras emociones nos permitirá abordarlas con mayor entereza, buscando siempre preservar los valores que tanto nos ha costado obtener, valores como la paz interior y nuestra armonía psíquica y física.

Vivir en un estado de guerra permanente, con resentimiento, con odio, con envidia, con emociones altamente perjudiciales para nuestro bienestar, sólo atenta contra nuestra necesidad de sensatez y concordia. Revisar esos sentimientos y evaluar la necesidad o no de mantenerlos a través del tiempo es una tarea que no podemos delegar. Cada ser humano traza su camino y, en gran medida, vive de acuerdo con su buen saber y entender.

Es oportuno recordar que tenemos una sola vida y que cada día que pasa es un día menos en la cuenta regresiva hacia el logro de los objetivos que nos hemos fijado en nuestro nuevo proyecto personal. ¿Vale la pena perder el tiempo mirando hacia los costados, hacia atrás o hacia adelante, mientras tenemos tanto para construir en nuestro interior? Una fuerte convicción sustentada en un fecundo diálogo interno nos dejará en una posición muy favorable para lograr nuestra nueva identidad.

Tampoco podemos dejar de mencionar el grado de ansiedad que genera en el ser humano la soledad. Estar solo no significa únicamente no estar rodeado de otras personas, de otros seres que nos amen y que nos necesiten, sino que la soledad suele vincularse a la incapacidad que tenemos los hombres y las mujeres de establecer un diálogo personal y de conocernos tal como somos.

La soledad genera emociones intensas y sentimientos contradictorios que llevan al ser humano a un sufrimiento continuo. Esto le resta al individuo capacidad de respuesta frente a los sucesos de la vida y a un aislamiento progresivo en el que ya no importa si está acompañado por alguien o si está realmente solo.

Tenemos que aprender a disfrutar de los tiempos de soledad y de los tiempos de compañía. Ambas situaciones tienen cosas positivas que nos permiten, en cada época, crecer y desarrollarnos. La soledad es el mejor escenario para promover un diálogo interno, para conocernos en profundidad y para descubrir cuáles son nuestros verdaderos deseos y necesidades. La compañía, la pareja y el sentirse rodeado por otras personas que sienten y piensan como nosotros refuerzan nuestra motivación para lograr los objetivos que nos hemos planteado, en un intercambio fecundo de opiniones y de actitudes frente a la vida.

Podremos calmar la ansiedad y alcanzar la paz interior a través de diversos procedimientos que favorezcan el equilibrio físico y espiritual. La práctica de algún deporte, por ejemplo, nos ayudará a canalizar la energía acumulada y a evitar el desasosiego y la angustia que nos generan las situaciones difíciles de manejar.

No hay recetas universales para controlar la ansiedad. Si atendemos nuestra voz interior, si mantenemos el respeto por nosotros mismos estableciendo ciertos límites para no sentirnos invadidos por los demás, toleraremos mucho mejor la soledad y otros estados naturales por los que podemos atravesar a lo largo de la vida sin que se conviertan en nuestros enemigos íntimos.

La ansiedad suele venir acompañada por un profundo estado de tristeza y abatimiento. La tristeza es un estado emocional como cualquier otro, que en este caso refleja nuestra reacción frente a situaciones en las que sentimos que hemos sido heridos o lastimados. En algunos aspectos esta tristeza tiene su belleza, porque nos hace más reflexivos y más sensibles. Pero esta respuesta natural de los seres humanos se puede convertir en una trampa que limite nuestra creatividad y nuestro desarrollo, que nos hunda en la melancolía y en el recuerdo destructivo de nuestro pasado, transformándose en un síntoma más de una posible depresión.

La tristeza incluso a veces contribuye a que desaparezca la motivación y el porqué de nuestra vida. Cuando los episodios de tristeza se prolongan en el tiempo, vamos perdiendo progresivamente nuestras ganas de vivir, nos envuelven el abatimiento, la indiferencia y la impotencia frente a los roles que nosotros mismos habíamos asumido en la vida.

Ocuparnos diariamente de no alejarnos de nuestra armonía emocional alejará la posibilidad de que los estados de tristeza se prolonguen en el tiempo. Para lograrlo debemos apoyarnos en aquellas emociones sanas que todos experimentamos, pero que no siempre jerarquizamos adecuadamente.

Lograr el bienestar con las pequeñas cosas cotidianas, esas obras que nos distinguen como seres humanos sensibles, solidarios y benevolentes, hace que nos identifiquemos con la alegría, con la sonrisa y con la esperanza. Recordemos que para ser responsables, es decir, para tener la habilidad necesaria para responder a los desafíos a los que la vida nos enfrenta debemos evitar sentirnos tristes, deprimidos y amargados porque los éxitos no llegan en el tiempo que deseamos, o porque aún no hemos podido cumplir algunos puntos de nuestro proyecto personal.

Mirar hacia el futuro con esperanza

El ímpetu, las ganas de superarnos, reconocer nuestros logros, son el estímulo natural que nos permite mirar hacia el futuro con esperanza y con la certeza de que lograremos todo aquello que nos hemos propuesto. ¡No seamos esclavos del tiempo! Seamos complacientes y otorguémonos todo el espacio necesario para ver culminada nuestra tarea.

En la búsqueda de nuestra trascendencia nos encontraremos sin duda con algún tipo de conflicto emocional. Lo importante, lo que es un signo de madurez, es conocer ese conflicto, abordarlo y aceptarnos a nosotros mismos como seres imperfectos que a veces tenemos derecho a albergar emociones negativas.

La intención no es reprimirnos, sino comprendernos. Esto no significa, sin embargo, que la autocomplacencia sea sinónimo de resignación. Aceptarnos no es otra cosa que apreciar nuestra realidad tal cual es. Es el primer paso para la transformación, para el cambio que responde a la rebeldía que nos provocan las situaciones adversas de la existencia.

En el tramo final de este libro buscamos la paz y el equilibrio a través de nuestra trascendencia, la de los seres humanos. Por eso tenemos que saber que la vida nos presenta muchos escollos, tantos escollos como oportunidades, y tenemos que sortearlos y salir fortalecidos con la íntima convicción de que podemos y merecemos ser felices. Ése es el estado natural de la mujer y del hombre que aspiramos a ser por derecho propio.

Desactivando las emociones negativas y trabajando intensamente para incorporar, día a día, emociones positivas que actúen como poderosos estímulos lograremos alcanzar esa meta de trascendencia que nos integra en un universo que es perfecto, que es la más acabada expresión de la armonía y donde los sonidos de los instrumentos que componen la orquesta de la naturaleza se comunican entre sí y crean una melodía maravillosa que alimenta nuestra alegría de vivir.

Formemos parte de esta sinfonía multicolor en la que los seres humanos tenemos un lugar de privilegio. Si aportamos nuestra creatividad, si somos innovadores y aplicamos estos principios a la realización de nuestro proyecto personal, no habrá límites para nuestros propósitos. Nada es fácil en la vida, no se nos regala nada. Somos puestos a prueba de forma constante y también de forma constante nuestra respuesta tiene que ser: *sí puedo, será difícil pero he de hacer el esfuerzo para demostrarme a mí mismo y a los demás que soy capaz de lograrlo.*

Y tenga la certeza, amigo lector o amiga lectora, de que esto es absolutamente cierto. La historia de la humanidad nos lo ha demostrado de forma reiterada. Cada vez que los seres humanos fueron sometidos a las pruebas más extremas salieron airosos utilizando sus propios recursos, esos recursos que todos poseemos y que guardamos celosamente en lo más profundo de nuestro ser.

Tan celosamente guardados están esos atributos que necesitamos de una situación conflictiva para recurrir a ellos. La elaboración de este proyecto personal de vida que hemos confeccionado juntos es la mejor prueba de que todos podemos lograr aquello que deseamos, si estamos dispuestos a hacer el sacrificio de recorrer el camino correcto, en el lugar y el tiempo adecuados.

Y aquí nos despedimos por ahora. Seguramente nos encontraremos en el próximo libro. Le agradezco profundamente el haberme acompañado. Espero haberle aportado ideas, sugerencias y diversas opciones para que usted reflexione y desarrolle la fuerte convicción de que es una persona dotada de los derechos, las capacidades y el temple necesarios para lograr aquello que se propone. Sólo nos resta, en el próximo capítulo, hacer algunas consideraciones finales acerca de esta propuesta.

Le deseo que el encuentro con lo mejor de su persona le proporcione la fuerza necesaria para recuperar la alegría de vivir si la había perdido y le recuerde que la vida siempre nos da una nueva oportunidad para recuperar nuestra dignidad. ¡No la deje pasar! Quizá sea el tiempo de su transformación, de su cambio hacia un presente y un futuro pleno de realizaciones. Imagínese por un momento teniendo éxito en el amor, en sus relaciones familiares, en lo económico y en lo laboral. En fin, lograr la armonía definitiva es el desafío, y todos podemos conseguirlo si nos lo proponemos seriamente.

¡No claudique jamás! No permita que la adversidad le gane la partida. Usted tiene todos los elementos necesarios para ejercer su derecho al bienestar y a la felicidad.

Muchas gracias y… ¡ADELANTE!

12

REFLEXIONES FINALES

Es bueno admirar a los que han triunfado, pero no hay que rendirles culto como si fueran personas distintas a nosotros. Usted también puede obtener un triunfo. Ellos creyeron que podían conseguir lo mejor y lo consiguieron.

Observe cómo las actitudes de las personalidades triunfadoras son actitudes positivas: creyeron que el éxito era posible y fue posible. Es en eso en lo que sí son superiores.

THOMAS CARLYLE

La historia de la humanidad nos demuestra que todo ha sido posible cuando el ser humano se lo ha propuesto. Los avances tecnológicos y los descubrimientos más maravillosos siempre han respondido a hombres y mujeres que, por más obstáculos que se hayan interpuesto en su camino, no renunciaron a sus sueños.

Esa enseñanza ha de ser nuestra guía y ejemplo permanente. No perder nuestra capacidad de soñar es el mandato. Una vez sujetos nuestros sueños con la fuerza que sólo el deseo y la necesidad pueden darnos, debemos trabajar y trabajar intensamente para lograr nuestras metas y alcanzar nuestros objetivos; ésa será la consigna.

Para conseguirlo es necesario respetar un orden preestablecido por nosotros mismos. La evaluación de nuestra realidad nos ayudará a emplazar el escenario correcto, el escenario donde vamos a movernos constantemente y desde donde asumiremos la responsabilidad de nuestro destino. Aceptarnos tal como somos y aceptar la situación en que podemos encontrarnos hoy es el primer paso para lograr llevar adelante los cambios que vendrán y de los que seremos protagonistas.

Pasado, presente y futuro son los tres tiempos de la vida, pero sólo el presente y el futuro pueden ser diseñados de acuerdo con nuestro modelo de pensamiento. El pasado está íntimamente ligado a nuestra historia personal y no debe convertirse en un obstáculo insalvable para alcanzar nuestras metas. Trabajar en el hoy y soñar el mañana es una hermosa tarea que nos devolverá la confianza y el respeto por nosotros mismos.

Es cierto, muchos de nosotros seguramente hemos vivido circunstancias durante las que nos creímos al borde del precipicio o al final de un camino muy oscuro desde el que no podíamos divisar una salida. En esos momentos de profunda angustia es importante detenerse y reflexionar para establecer un diálogo cálido, fraterno y sincero. Esto nos permitirá conocer nuestro verdadero potencial y valorar hasta dónde podríamos llegar si nos lo propusiéramos. Sí, todos tenemos opciones, sólo tenemos que aprender a verlas.

Es habitual que después de haber vivido experiencias que interpretamos como fracasos, con su consiguiente sentimiento de pérdida, busquemos imperiosamente una salida digna para nuestra situación. La cuestión se dirime entre la autonomía o la dependencia. Conocer nuestra manera de ser nos permitirá saber cuál es el camino que deberemos tomar.

Sin duda, ese camino será el camino de la autonomía y el de ser los agentes responsables de aquello que nos sucede, haciéndonos cargo de todo lo que eso implica. La alternativa es continuar con una relación de dependencia en la que son otras las personas que resuelven qué y cómo llevar adelante nuestra existencia. La decisión está en cada uno de nosotros y es absolutamente definitivo resolver de forma adecuada este dilema.

La construcción de una nueva identidad puede ser una de las opciones válidas ante estas encrucijadas de la vida. Entonces, se impone elaborar un proyecto personal a los efectos de tener un mapa de ruta que nos indique desde qué punto partimos y adónde queremos llegar. También será necesario establecer los tiempos aproximados que vamos a darnos para ir cumpliendo las distintas etapas que conforman esta nueva manera de plantearnos la existencia.

Nuestras creencias, que son poderosas fuerzas que operan en nuestro interior y que determinan nuestra conducta en la vida cotidiana, desempeñan aquí un papel de vital importancia. La fuerza de las creencias es de tal magnitud que sólo nos disponemos a revisarlas e introducir modificaciones que operen a nuestro favor y nos permitan resolver nuestras crisis personales cuando la realidad nos muestra con toda su crudeza y frialdad que estábamos equivocados.

La conducta humana y la calidad de las relaciones interpersonales se van cultivando desde la niñez. A partir de entonces vamos conformando un determinado perfil que nos caracteriza, que le da un sello individual a cada una de nuestras actitudes y que determina nuestra manera de enfrentarnos con cada una de las decisiones que debemos tomar a diario.

No vivimos solos y, por lo tanto, tener un buen manejo de nuestras relaciones con el mundo se vuelve imprescindible para avanzar en la realización de este proyecto personal, que es el motivo de nuestras inquietudes.

Cada vez que actuamos en este escenario correcto donde se desarrolla la obra de nuestra vida, estamos respondiendo con determinados modelos o paradigmas que hemos ido incorporando a lo largo de nuestra existencia. Este modelo comienza a construirse con los principios y valores que nos inculcan nuestros padres o tutores, y a eso se suma luego lo que recibimos de todas aquellas personas que en nuestro desarrollo han tenido una incidencia importante. El resultado de estas influencias conforma un modelo de comportamiento que nos identifica.

Pero cada uno de nosotros también aporta su propia interpretación del mundo y construye así un modelo definitivo con el que responde a los acontecimientos que lo involucran. Sin embargo, llega un día en que nos damos cuenta de que nos hemos estado golpeando una y otra vez contra la misma pared y reconocemos que es tiempo de modificar nuestros modelos o paradigmas porque hemos funcionado hasta hoy con una gran rigidez e incapacidad para adaptarnos a los nuevos tiempos.

Es muy probable que algunos principios y valores sean inamovibles. Pero también es cierto que adoptar una postura más flexible nos permitirá adaptarnos con mayor facilidad a las exigencias del mundo moderno, un mundo cambiante, donde los escenarios están rotando de forma permanente, obligándonos a actualizar nuestra visualización de la realidad. Es así como hemos de cambiar algunos modelos o paradigmas para sentirnos integrados en el mundo de hoy, que puede no gustarnos, pero que es en el que nos toca vivir y el que podemos mejorar si cada uno de nosotros hace su aporte.

Diseñar un proyecto personal de vida es ni más ni menos que estar dispuestos a asumir el control de nuestra existencia. Quizá usted ahora sienta que es la primera vez que hace algo genuinamente por sí mismo. Entonces lo felicito. Esa hora tenía que llegar y me alegro de que haya llegado, entre otras cosas, a través de la lectura de este libro. Al igual que todas las personas, usted merece ser el protagonista de su propia existencia y comprender de forma definitiva que el destino está en sus manos.

Pero esta cantidad de pensamientos que quizá ahora se agolpen en nuestra mente tienen que ser ordenados. Establezcamos pues, cada uno de nosotros, las prioridades. Sepamos a ciencia cierta qué es lo primero y qué puede esperar. Sólo así aprenderemos a jerarquizar y a valorar nuestro tiempo. También es importante aprender a decir *sí* cuando realmente lo sentimos y aprender a decir *no* cuando no estamos de acuerdo con lo que nos plantean. Establecer estos límites nos convertirá en seres humanos respetables y respetados, del mismo modo que nosotros reconoceremos los límites de los demás y su derecho a preservar su espacio.

Las metas y los objetivos que debemos cumplir no tienen por qué estar en contradicción con nuestras emociones, que son también una parte indivisible de nuestra persona y que nos muestran tal como somos. Las emociones nos presentan como seres humanos sensibles y capaces de vibrar ante los sucesos de la existencia. Tenemos que erradicar de una vez el concepto de que fijarse metas y objetivos, de que perseguir nuestros sueños, tiene como precio el abandono de nuestros sentimientos y de los roles que pudimos haber asumido en nuestro pasado.

Podemos ser fieles a nuestro proyecto personal y desarrollar al mismo tiempo una vida compartida. Tener un proyecto de vida nuevo, querer cambiar algunos aspectos de nuestra identidad no nos convierte en frías máquinas que sólo pretenden llegar al éxito. Pero si llegar al éxito es sinónimo de vivir de acuerdo con nuestras expectativas, quienes nos rodean serán también beneficiarios directos de nuestros esfuerzos.

Anhelar la paz y el equilibrio interior forma una parte inseparable de este plan que nos hemos propuesto cumplir para cambiar nuestro presente y nuestro futuro. Integrarnos en el universo con un sentimiento de trascendencia también será una etapa de gozo, de alegría y de reconocimiento por nuestra condición humana: tomar conciencia de que todos, usted, yo y quienes están a nuestro lado, todos podemos cumplir nuestros sueños si nos lo permitimos y si hacemos el esfuerzo de ser cada día un poco mejores.

Ofrecer lo mejor de nuestra persona nos enaltece, nos dignifica y nos lleva a extender nuestra mano para que todos y cada uno de los que nos rodean podamos desarrollar confianza y respeto por nosotros mismos. Las personas que se respetan, que saben hacia dónde se dirigen y que respetan los derechos de los demás, son los que están llamados a construir el mañana, el mundo del futuro, ese mundo donde cada uno ejerce su autonomía e independencia y donde los sueños son posibles y no tienen límites.

Sinceramente le agradezco que haya dedicado su tiempo a leer este libro. Sólo deseo que le haya sido de utilidad, que haya despertado en usted la inquietud necesaria como para preguntarse: ¿por qué no yo? Con eso es suficiente para encender la chispa que alimentará sus sueños hasta hacerlos realidad. Le aseguro que USTED PUEDE LOGRARLO. Póngase ya a trabajar y, si así lo desea, luego podrá contarme los resultados que obtuvo. Sea usted uno más de aquellos que se descubrieron a sí mismos y que comprobaron que todo es posible cuando asumimos compromisos firmes, sustentados en la motivación y en la ilusión de un mundo más justo para todos.

Le deseo el mayor de los éxitos, porque usted se lo merece.

BIBLIOGRAFÍA

ALLEN, Marc: *El emprendedor visionario*, Urano, España, 2002.

BARKER, Joel Arthur: *Paradigmas*, Tercer Mundo Editores, Colombia, 1996.

BIRCH, Paul: *Liderazgo al instante*, Granica, México, 2001.

BOYATZIS, Richard; GOLEMAN, Daniel, y MCKEE, Annie: *El líder resonante crea más*, Plaza y Janés, Argentina, 2004.

BRANDEN, Nathaniel: *Los seis pilares de la autoestima*, Paidós, México, 1995.

CALLE, Ramiro: *El punto de quietud*, Edaf, España 1992.

– *Guía práctica de la salud emocional*, Edaf, España, 1999.

COVEY, Stephen R.: *El liderazgo centrado en principios*, Paidós, Argentina, 1993.

FISCHMAN, David: *El espejo del líder*, Aguilar, Argentina, 2003.

LUDEVID, Manuel, y OLLE, Montserrat: *Cómo crear su propia empresa*, Marcombo, España, 1990.

MAHON, Heberto: *Excelencia, una forma de vida*, Javier Vergara, Argentina, 1991.

MONSALVE, Alex: *Tú también puedes*, Kier, Argentina, 1999.

RIBA, Lida María: *Nunca te rindas*, Vergara y Riba, China, 2001.

– *Para un hombre de éxito*, Vergara y Riba, China, 2001.

– *Todo es posible*, Vergara y Riba, China, 2002.

– *Una pausa para el espíritu*, Vergara y Riba, China, 2001.

SENGE, Peter M.: *La quinta disciplina*, Granica, España, 1995.

Succesories, Inc.: *El poder de las metas*, Granica, España, 2000.

– *La esencia de la actitud*, Granica, España, 2000.

– *Los mejores pensamientos acerca del éxito*, Granica, España, 2000.

Tracy, Brian: *Caminos hacia el progreso personal*, Paidós, España, 1996.

– *Máxima eficacia*, Urano, España, 2003.

Nota: El autor advierte sobre el desconocimiento de las fuentes en algunos de los textos que han sido citados al comienzo de los capítulos. En el caso de que sea reclamada su autoría, este inconveniente será corregido en la próxima edición.

Si, como era mi intención, la lectura de este libro lo ha llamado a la reflexión y ha generado en usted interrogantes o comentarios, tenga la certeza de que son sumamente importantes para mí.

Pongo a consideración de los lectores, que son los jueces inapelables de mi trabajo, los conceptos que se vierten en cada uno de mis libros.

Si siente la necesidad de transmitirme algo que pueda haber surgido del análisis profundo de su situación personal, de su pasado, de su presente o de su futuro, o tal vez sentimientos que se hayan despertado al tomar conciencia de su realidad, no vacile en hacerme llegar su opinión al respecto, sabiendo desde ahora mismo que será bienvenida.

Puede escribirme a la siguiente dirección electrónica: *wdresel@adinet.com.uy*

También puede visitar mi página web y dejar allí su mensaje:
www.exitopersonal.org

Desde ahora mismo, muchas gracias.

Dr. Walter Dresel

ÍNDICE

TERCERA PARTE: ASUMIENDO EL CONTROL
DE NUESTRA VIDA